U0934921

人力资源管理集论

肖兴政 著

科学出版社
北 京

内 容 简 介

本书根据人力资源管理研究对象的不同，以相关企业为例，研究探讨了企业员工的招聘、培训、激励与使用，以及人力资源的开发与合理配置、企业文化建设、企业制度建设和团队管理等。全书分为七篇，第一篇，人力资源管理由九章构成，主要研究了企业人力资源的配置问题；第二篇，企业文化建设由四章构成，主要研究了企业文化建设与作用问题；第三篇，企业员工管理由七章构成，主要研究了企业对员工的招聘、激励等问题；第四篇，企业管理由五章构成，主要研究了企业内容制度、绩效及企业病的防治问题；第五篇，酒类企业管理由六章构成，以相关酒类企业为例主要研究了酒类企业员工招聘、培训及激励等问题；第六篇，盐业企业管理由七章构成，主要研究了盐业企业人力资源配置与开发问题；第七篇，民营与家族企业管理由六章构成，主要研究了民营家族企业员工的培训、凝聚力、团队管理及流失等问题。

本书适合企业管理者、管理类专业特别是人力资源管理专业的学生、研究者阅读。

图书在版编目(CIP)数据

人力资源管理集论/肖兴政著. —北京：科学出版社，2017.6

ISBN 978-7-03-053160-5

Ⅰ. ①人… Ⅱ. ①肖… Ⅲ. ①人力资源管理 Ⅳ. ①F243

中国版本图书馆 CIP 数据核字(2017)第 128150 号

责任编辑：李淑丽 南一荻 / 责任校对：贾伟娟

责任印制：吴兆东 / 封面设计：华路天然工作室

科学出版社 出版

北京东黄城根北街 16 号

邮政编码：100717

http://www.sciencep.com

北京教图印刷有限公司 印刷

科学出版社发行 各地新华书店经销

*

2017 年 6 月第 一 版 开本：787×1092 1/16

2017 年 6 月第一次印刷 印张：18 1/4

字数：412 000

定价：89.00 元

(如有印装质量问题，我社负责调换)

目　录

第一篇　人力资源管理

第 1 章　增强企业竞争优势的人力资源运营战略……3
　1.1　强化竞争优势的理念……3
　1.2　构建战略性人力资源运营模式……4
　1.3　实现人力资源向人力资本的转变……5
　1.4　培育人力资源竞争特性，获取企业持久竞争优势……6
　1.5　加强人力资源管理队伍的建设，提高人力资源运营的水平……7
第 2 章　中小型企业人力资源配置……8
　2.1　引言……8
　2.2　重庆 TY 化工有限公司的人力资源现状……8
　2.3　人力资源的合理配置……10
　2.4　结束语……13
第 3 章　人力资源配置不合理的原因分析……14
　3.1　人力资源配置不合理的原因……14
　3.2　合理配置人力资源的重要作用……16
第 4 章　人力资源合理配置的功能与原则……18
　4.1　企业人力资源管理存在的问题……18
　4.2　企业人力资源合理配置的功能……19
　4.3　企业人力资源合理配置的原则……20
第 5 章　人力资源配置中性别歧视理论浅析……22
　5.1　传统人力资源配置的基本特征……22
　5.2　人力资源配置中性别差异研究的重要性……22
　5.3　性别歧视理论的形成和发展……23
第 6 章　影响人力资源配置中性别差异的原因及对策……26
　6.1　人力资源配置中的性别差异现象……26
　6.2　人力资源配置中性别差异的原因……27
　6.3　解决人力资源配置中性别差异的基本措施……29
第 7 章　对人力资源性别合理配置的思考……32
　7.1　从观念上改变男女不平等的思想……32
　7.2　调整产业结构，拓展女性就业空间……32
　7.3　政府做好宏观引导……33
　7.4　女性应积极主动提高自身素质……33

7.5　解放农村女性劳动力，提高其劳动价值 …… 33
7.6　更高层次地普及九年制义务教育 …… 34
第 8 章　我国女性在人力资源配置中的现状分析 …… 35
8.1　男女从事行业分布和职业结构现状 …… 35
8.2　女性参与劳动率下降幅度与男性相比偏大 …… 38
8.3　女性垂直向上流动困难 …… 38
第 9 章　人力资源配置与就业途径拓展 …… 40
9.1　我国人力资源配置与就业途径拓展面临的问题 …… 40
9.2　人力资源合理配置对就业途径拓展的重要性 …… 42
9.3　实现人力资源配置与开发的就业途径新突破 …… 44

第二篇　企业文化建设

第 10 章　企业文化对员工的作用 …… 49
10.1　企业文化对员工的激励作用 …… 49
10.2　如何发挥企业文化的激励作用 …… 50
第 11 章　企业文化在国企改革中的作用 …… 54
11.1　企业文化内涵 …… 54
11.2　企业文化的作用 …… 54
11.3　建设有国企特色的企业文化 …… 57
第 12 章　群体规范对企业行为影响模型的思考 …… 61
12.1　群体规范与行为 …… 61
12.2　群体规范对企业行为影响的模型 …… 64
12.3　实证分析 …… 66
第 13 章　群体习俗与群体行为 …… 68
13.1　群体习俗的特征 …… 68
13.2　群体习俗的类别 …… 69
13.3　群体习俗对心理与行为的影响 …… 71

第三篇　企业员工管理

第 14 章　人力资源配置中心理因素的影响 …… 75
14.1　心理因素的内涵 …… 75
14.2　管理者用人心理 …… 75
14.3　员工工作心理 …… 77
第 15 章　避免心理因素在人力资源配置中的负面影响 …… 81
15.1　人力资源配置的基本原则 …… 81
15.2　避免管理者用人心理因素的负面影响 …… 82
15.3　解决员工心理因素对人力资源配置的负面影响 …… 83

第 16 章　影响 HR 面试官的心理效应分析 …… 86
16.1　面试中存在的心理效应 …… 86
16.2　心理效应对面试的有效性影响 …… 88
第 17 章　回避面试考官心理效应负面影响的对策 …… 90
17.1　选择面试官 …… 90
17.2　加强面试官的培训 …… 90
17.3　选择有效的面试方法 …… 91
17.4　用团队面试优化面试过程 …… 91
17.5　设定标准化的评定尺度 …… 92
17.6　选择合适的面试方式 …… 92
17.7　改善面试所需物理条件 …… 93
17.8　延长面试的时间间隔 …… 93
17.9　结束语 …… 94
第 18 章　知识型员工概述 …… 95
18.1　知识型员工的含义 …… 95
18.2　知识型员工的工作特点 …… 95
18.3　现存知识型员工激励机制的主要问题 …… 96
18.4　影响激励知识型员工的因素 …… 97
第 19 章　知识型员工激励策略 …… 100
19.1　知识型员工激励的重要性 …… 100
19.2　知识型员工激励不当所带来的消极影响 …… 101
19.3　知识型员工激励机制的构建 …… 102
第 20 章　企业员工冲突的表现形式及基本处理模式 …… 108
20.1　冲突的基本内涵 …… 108
20.2　冲突的表现形式 …… 108
20.3　产生冲突的因素分析 …… 109
20.4　处理冲突的基本技巧 …… 110

第四篇　企业管理

第 21 章　中小型企业福利制度建设 …… 115
21.1　引言 …… 115
21.2　公司案例介绍 …… 115
21.3　公司员工对福利的满意度 …… 117
21.4　该公司福利存在的问题 …… 118
21.5　中小企业如何发挥福利的激励作用 …… 119
第 22 章　绩效沟通与绩效管理 …… 122
22.1　沟通与绩效沟通 …… 122

22.2 绩效沟通在绩效管理中的应用……124
22.3 小结……126
第 23 章 企业病的诊断与防治……127
23.1 企业病及其基本类型……127
23.2 企业病的诊断……128
23.3 企业病诊断的基本方法……130
23.4 企业病的防治……131
第 24 章 几种典型企业病的防治……137
24.1 领导病的表现与防治……137
24.2 资金病的防治……138
24.3 质量病的防治……139
24.4 组织病的防治……141
24.5 衰退病的防治……142
24.6 企业病治疗时应注意的问题……143
第 25 章 “扁平式”企业管理模式……145
25.1 传统管理模式评析……145
25.2 扁平式管理模式的理论分析……148

第五篇 酒类企业管理

第 26 章 酒类企业在员工招聘中存在的问题与对策……153
26.1 NZ 酒业有限公司基本情况……153
26.2 NZ 酒业有限公司在人员招聘中存在的问题……153
26.3 优化招聘工作的对策……156
第 27 章 酒类企业在职员工培训风险管理……159
27.1 员工培训及培训风险理论概述……159
27.2 风险管理理论……161
27.3 酒类企业员工培训存在的主要问题……163
27.4 酒类企业对员工培训的认识与改革……164
第 28 章 酒类企业人力资源成本控制……165
28.1 人力资源成本的含义及构成……165
28.2 KQ 酒业人力资源成本管理现状……166
28.3 KQ 酒业人力资源成本管理存在的问题……169
28.4 企业人力资源成本管理及控制……169
28.5 结束语……170
第 29 章 酒类企业员工激励……172
29.1 激励的作用与类型……172
29.2 XS 公司员工激励现状……173

29.3　XS 公司员工激励存在的问题 ······ 174
29.4　建立有效的员工激励机制 ······ 175
29.5　结束语 ······ 177
第 30 章　酒类企业绩效沟通问题分析 ······ 178
30.1　SJF 公司的绩效沟通现状 ······ 178
30.2　SJF 公司绩效沟通存在的问题及原因分析 ······ 179
30.3　SJF 公司绩效沟通的改进策略 ······ 181
30.4　小结 ······ 184
第 31 章　酒类企业核心竞争力评价模型构建 ······ 185
31.1　问题的提出 ······ 185
31.2　基本假设 ······ 185
31.3　模型建立 ······ 185
31.4　模型求解 ······ 188
31.5　结果分析 ······ 190
31.6　模型评价与改进 ······ 191

第六篇　盐业企业管理

第 32 章　盐业企业人力资源性别合理配置的必要性 ······ 195
32.1　中国盐业历史与现状 ······ 195
32.2　盐业企业人力资源配置中性别平等的必要性 ······ 197
第 33 章　盐业企业人力资源配置问题的思考 ······ 199
33.1　引言 ······ 199
33.2　盐业企业人力资源供需状况 ······ 200
33.3　盐业企业人力资源配置现状 ······ 201
33.4　对现有盐业企业人力资源配置的分析 ······ 203
33.5　盐业企业现有人力资源配置中存在的问题 ······ 205
第 34 章　盐业企业人力资源配置性别合理比例分析 ······ 207
34.1　四川 JD 盐业集团人力资源配置与管理现状分析 ······ 207
34.2　盐业企业合理性别比例分析 ······ 210
34.3　结束语 ······ 213
第 35 章　盐业企业女性职工配置偏低的原因 ······ 214
35.1　盐业企业男女职工配置基本状况 ······ 214
35.2　女性就业压力 ······ 215
35.3　女性就业最佳状况 ······ 215
35.4　女职工配置偏低的原因分析 ······ 216
35.5　女性职工的优势所在 ······ 219
35.6　应对女性配置偏低的基本措施 ······ 220

35.7 结束语 223
第 36 章 盐业企业人力资源配置合理性分析 224
36.1 自贡盐业基本概况 224
36.2 自贡盐业企业人力资源配置情况 225
36.3 盐业企业现有人力资源配置中存在的问题 225
36.4 盐业企业人力资源的优化配置 225
第 37 章 井盐企业辊工人力资源现状调查 228
37.1 引言 228
37.2 调查方法 228
37.3 调查结果 228
37.4 现状讨论 229
37.5 小结 231
第 38 章 井盐企业辊工人力资源的开发 232
38.1 辊工人力资源开发概述 232
38.2 辊工人力资源开发面临的问题 233
38.3 辊工人力资源开发的内容 233
38.4 辊工人力资源开发的方法 234
38.5 小结 236

第七篇 民营与家族企业管理

第 39 章 民营企业技术员工培训问题分析及对策 239
39.1 XQD 电器公司简介 239
39.2 XQD 技术员工培训的问题及原因 239
39.3 民营企业技术员工培训的改进措施 241
39.4 结束语 243
第 40 章 民营企业的团队管理模式 244
40.1 民营企业概况 244
40.2 团队管理模式 244
40.3 团队管理在民营企业中的实现 247
第 41 章 家族企业知识型员工流失的原因 249
41.1 知识型员工概述 249
41.2 家族企业知识型员工流失原因分析 251
第 42 章 家族企业知识型员工流失的影响及对策 256
42.1 知识型员工流失对家族企业的影响 256
42.2 应对家族企业知识型员工流失的基本策略 257
第 43 章 增强家族企业的凝聚力 262
43.1 家族企业发展的障碍 262

43.2 家族企业的基本特点……263
43.3 增强家族企业凝聚力的对策……263
第 44 章 家族企业可持续发展……268
44.1 家族企业的优劣分析……268
44.2 家族企业可持续发展的应对措施……270
参考文献……273
后记……279

第 1 章　增强企业竞争优势的人力资源运营战略

竞争优势是企业在市场经济竞争中提高效益的强势力量。一个企业能否创造并保持竞争优势对于该企业的生存和发展至关重要。

人力资源是企业获取竞争优势的重要来源，但是并非所有人力资源都能成为企业竞争优势的来源。只有当一种资源是具有价值的、稀缺的、难以模仿时，这种资源才具有优势。一般的人力资源是企业竞争均势所必需的资源，但由于同时可以被其他企业占有，因而不能在激烈的竞争中为企业赢得优势。具有价值而且稀缺却易被模仿的人力资源是企业短期竞争优势的来源。当被其他企业模仿复制后，该企业又回到竞争均势。只有那些有价值的、稀缺的、难以模仿的人力资源才是企业持久的竞争优势的来源。

人力资源运营既属于劳动人事管理又具有战略性商业管理职能，要使人力资源成为企业获取持久竞争优势的不竭源泉，关键是要开发和培养具有价值的、稀缺的、难以模仿的人力资源。

1.1　强化竞争优势的理念

1.1.1　树立“以人为本”的运营思想

在知识经济时代，知识是资本，日益成为决定企业生存和发展的重要源泉。人作为知识的载体，作为企业知识资源的驾驭者，人的主动性、积极性和创造性的调动和发挥，直接决定着企业的创新能力，最终决定着企业的可持续发展。因此，企业要发展必须树立“以人为本”的管理思想，高度重视人力资源及其开发管理。在企业经营发展过程中，把对人力资源的有效运营放在头等重要的位置。关心人、尊重人，满足人的合理要求，以调动人的积极性。没有充分认识到人力资源运营的重要性，就不可能从组织和制度上对实施人力资源运营提供保证和支持，人力资源运营战略也就无从谈起。相反，如果管理者重视人力资源运营，则更能从全局上把握企业未来的发展，保持可持续发展的势头。

1.1.2　准确定位人力资源运营的目标

人力资源运营目标的确立，对于整个人力资源运营体系来说是至关重要的。毫不夸张地说，它是人力资源运营的制高点，直接影响着人力资源运营战略的定位及具体实施，也直接关系着企业能否开发出具有竞争优势的人力资源。

著名管理学家德鲁克曾经断言“人是我们最大的财产”。世界上许多成功企业的发展历程表明了人力资源优势在企业中的重要作用。人力资源这一生产诸要素中最为活跃、最具创造力、最有价值的要素已成为经济可持续发展的核心资源。因此，准确定位人力资源运营的目标，就显得尤为重要。

人力资源运营的目标除了要拥有一支素质较高的队伍以外，还应把重点放在创造机制上，即定位于“创造一种自我激励、自我约束和促进优秀人才脱颖而出的机制，为企业的快速成长和高效运作提供保障”。这一目标定位的内涵是：①创造理想的组织氛围，提高个人创造性，培养积极向上的精神，为合作创新和全面质量管理的完善提供适宜的氛围；②创造灵活的组织体系，反应灵敏、适应性强，进而帮助企业实现竞争环境下的战略目标；③提供工作和组织条件，为员工充分发挥潜力提供所需的支持。这一定位体现了企业人力资源运营的目标：企业文化建设与企业商业目标之间形成相互作用，给管理层提供有挑战性、有意义的任务，使员工增强诚实守信意识和责任感，从而建立起“命运共同体”。其结果便是企业业绩的提高、竞争力的增强和人的发展。这时才真正体现了人力资源运营的作用。

1.2　构建战略性人力资源运营模式

企业的设备技术、原材料等物质资源可以购买或引进，而企业发展所需的大量人力资源是难以购买的，必须自己再培养。一个员工要成为高效能的人才，需要有一个长期的知识积累和社会实践过程。因此，企业要想通过人力资源战略以获得企业的竞争优势，就必须将人力资源的运营纳入企业的战略管理之中，构建战略性人力资源的运营模式，从而发挥其在企业战略管理中的战略作用。

1.2.1　战略性人力资源运营模式的特点

战略性人力资源运营模式指企业系统地将人力资源开发与管理活动同企业战略联系起来，以便帮助企业确立压倒竞争对手的相对优势，提高企业业绩，更好地实现企业战略目标的模式。该模式具有以下特点。

(1) 关键性。传统上，企业战略的思考模式，总是先把市场预测、目标完成放在首要位置，之后再思考人力如何搭配，使得人力资源管理的层次停留在作业性、辅助性层面上。现在，人力资源已成为企业获取竞争优势的重要源泉。高层管理者在制定企业战略时，应同步思考人力资源配置，才能真正发挥人力资源的战略作用。

(2) 竞争性。战略性人力资源运营模式要求企业把人力资源运营的重点放在发展企业持久的竞争优势上。它的目的是利用人力资源管理在企业战略管理中的战略性作用，帮助企业确立竞争战略，并采取与竞争战略相配合的人力资源战略。通过开发和培养人力资源的价值性、稀缺性和难以模仿性等特性不断提高企业业绩，增强企业创新和迅速反应能力，从而使企业能在激烈的市场竞争中发挥优势。

(3) 高层性。这一特点具有双重含义。首先，企业应提供适当的机会及渠道让从事人力资源管理的主管能参与企业战略层次的决策；其次，从事人力资源管理的管理者，也必须拓宽自己的工作内容，不应只局限于事务性活动，如人员招聘、工资发放、档案保存等，而应尝试从组织整体、未来发展的角度思考更具前瞻性、战略性的人力资源规划。

(4) 整体性。整体性即企业在实施人力资源运营战略时，不应把它局限于人力资源部门，而应从企业整体的角度去思考这一问题。人力资源部门是执行上的主体，在人力资源运营的技术层面上，提供专家建议和支持，但企业其他各部门也有义务和责任协助。

1.2.2 战略性人力资源运营模式的运作构造

战略性人力资源运营的核心在于通过有计划的人力资源开发与管理活动，更好地实现企业战略目标。因此，战略性人力资源运营模式的运作关键在于使企业人力资源开发与管理活动和企业战略有机结合起来。

1.3 实现人力资源向人力资本的转变

企业能否在激烈的市场竞争中获取竞争优势的一个必要条件是企业人力资源必须具有价值性。如何衡量人力资源能否转变为人力资本，最简单的判断方法是当一个人产出小于投入或自给自足时，人力资源就没有转变为人力资本。换句话说，只有当劳动生产率超过一定水平时人力资源才能真正转变为人力资本。

将人力资源转变为人力资本的关键是人力资源的运营。

1.3.1 数量调控

人力资源的经济投入(低成本)是提高劳动生产率的基本途径之一。不管是何种企业，人力都不能投入太多，各种生产要素资源必须匹配，人均技术装备及资金占有达到一定水平才能充分发挥人的作用。另外，企业的各项资源投入还要根据市场需求及生产任务决定，人力投入太多就会造成劳动生产率及经济效益下降。但是人力也不可投入不足，社会化大生产要求发挥分工协作的作用，人力不足就难以形成专业化分工优势和协作优势，有时还会影响其他生产要素作用的发挥，如设备的利用率。因此，企业人力资源运营的第一要务就是要重视人力资源规划的制定，根据市场需求、企业战略及生产率状况分析现有人力的余缺，余则分流，缺则补充，确保企业在适当的时间、适当的地点招聘到合适的员工。例如，我国多数行业及企业人力投入过多，因此减员增效是人力资源转变为人力资本的重要措施。

1.3.2 合理配置

人员的合理组织与配置，是提高劳动生产率的基本途径之二。合理配置要求做到搭配均衡，人尽其才，各尽所能。整个企业的生产经营活动是由各部门相互协作完成的，因此各部门人力必须搭配均衡，若某一部门人力不足，就会影响到其他各部门的产出而导致整个企业生产率的下降。这是由于每个人的知识技能和特长不同，所以在不同部门及岗位上的作用也不同。

1.3.3 人力资本投资

通过教育、培训提高员工的业务素质，是提高劳动生产率的基本途径之三。美国经济学家舒尔茨曾指出，人力资本投资对经济增长的贡献远比物质资本的增加重要得多。工业经济时代如此，知识经济时代更是如此，谁舍得人力资本投资，谁的产品技术含量就高，更新换代就快，谁就能够在激烈的市场竞争中占据优势；谁舍不得人力资本投资，凝结在产品中的知识技术含量就少，就会在激烈的市场竞争中被淘汰。

1.3.4 员工激励

员工激励是提高劳动生产率的途径之四。组织激励水平越高，员工积极性越高，组织生产力水平也就越高。知识经济是以知识为基础的经济，经济发展的“核动力”是有知识、有高新技术的人力资源。因此，适应知识经济的发展，激励方式也应有所创新。除了给员工提供有竞争力的薪酬待遇，企业还可尝试通过知识资本化的方式，将那些在管理和科学研究中有贡献、有创新，能为企业增加效益的人员，用科学的方法把他们的知识转化为资本，鼓励他们对企业参股、入股，从而使他们的发展与企业的发展紧密联系起来，激励他们更好地工作。

将数量调节、合理配置、教育培训、加强激励等方式结合起来，可以大大提高企业劳动生产率，将人力资源真正转变为人力资本，为企业创造更多的价值，从而也为企业获取竞争优势提供了必要的条件。

1.4 培育人力资源竞争特性，获取企业持久竞争优势

人力资源具有价值性是企业获取竞争优势的必要条件，但是企业要获取持久的竞争优势还需要加强培育有稀缺性同时又难以模仿的人力资源，为此企业应做好以下几方面的工作。

1.4.1 重视开发人力资源的企业特殊技能

企业特殊技能是指员工具有的只对某企业具有价值，而对其他竞争对手没有价值的个人技能。例如，员工具有该企业某种专门技术使用方法的知识或具有对该企业适用而对其他企业不适用的有关企业各项政策和流程的知识等。企业要获得持久的竞争优势，就必须重视开发员工的企业特殊技能。因为企业特殊技能既能为企业提供价值，又不容易被竞争对手模仿，而且也不容易被掌握这类技能的员工转化为市场行为。因此，企业需要加大投资力度，不断开发和培养员工的企业特殊技能，以完成对企业特殊的工作过程和流程。

1.4.2 加强培育有团队精神的企业文化气氛

企业要获得持久的竞争优势，就必须培育有团队精神的企业文化氛围。团队工作是

一种集体主义精神，是个体与群体在目标一致基础上的融合，其主要特征是任务的完成有赖于整个团队成员的共同努力，工作成绩的好坏不是由一个人决定的，成员之间提倡友爱、尊重和信任。通过团队成员思想和心态的高度整合，行动上的默契和互补，促进工作协同，减少内耗，从而形成整体大于部分之和的效应。

1.4.3 有效实施人力资源协同化管理

企业要获取持久的竞争优势，就必须实施人力资源协同化管理，即在实际工作中把各种人力资源管理政策或实践整合成一个系统的有机整体，并且和企业其他方面的运行机制相一致，以创造一种协同效果。实施协同的人力资源管理，由于整个系统组成部分各自的复杂性，竞争对手难以识别和复制，即使竞争对手要去模仿，也需花费相当的时间和精力去开发这种系统和结构，这样就使该企业能够保持一个相对较长时期的竞争优势。

1.5 加强人力资源管理队伍的建设，提高人力资源运营的水平

各项人力资源开发与管理都离不开人力资源管理者。人力资源管理者素质的状况关系到人力资源开发与管理成效的大小。如果人力资源管理者缺乏有关人力资源开发与管理方面的理论知识，不懂人力资源开发与管理的基本原则和方法，就不能有效组织开展人力资源活动，为企业培养具有竞争优势的人力资源。因此，人力资源管理部门要想成为企业领导集体的一部分，确立人力资源管理部门在企业中的战略地位，就必须加强人力资源管理队伍的建设，不断提高人力资源管理者素质，优化从业人员配置，从而增强人力资源部门的含金量。对于人力资源管理者来说，必须掌握人力资源方方面面的理论，研究解决各方面的最佳做法，内容应涉及招聘、职业发展、评估、奖励、组织管理、沟通及其他人力资源专业领域。同时，人力资源管理者还要学习和掌握有关该企业生产经营方面的知识。只有这样，才能使人力资源开发与管理和整个企业的使命结合起来，协调发展。

第2章　中小型企业人力资源配置

——以重庆TY化工有限公司为例

2.1　引　　言

目前各个企业之间人才竞争越来越激烈，对于中小型企业来说，寻找人才更是难上加难，所以中小型企业就必须用其他方式来弥补这个不足。人力资源配置，即人力资源的选择和安置，在安置人员之前，充分的选择是必需的，也是很重要的。在选择人员之前，企业提前做好相应的准备，如岗位分析、岗位描述、职位说明书、职位设置及胜任岗位的技能特征，即在该岗位的人员该做什么、应怎样做等；还有就是对人的了解，可以通过观察、倾听、交谈、测试等方式，去了解员工的性格、技能等。一个企业，既要招聘优秀的人才，又要控制公司成本，还要求效果要好，这就需要公司人力资源管理部门将各方面的资源充分地结合起来，寻找最合适的人力资源配置方式。

2.2　重庆TY化工有限公司的人力资源现状

2.2.1　公司人力资源配置现状

根据公司实际生产经营的需要，共设17个职能部室：党政办公室、人力资源部、财务部、质量控制部、供销部、安全保卫部等。另设有五个分厂：烧碱分厂、仪控分厂、公用工程分厂等。

1. 学历结构

截止到2011年4月底，公司共有正式员工788人，从他们的学历分布状况来看，其中本科生所占比例较小，仅占全部员工的8%，大专、高中、中专、初中学历的相对较多。具体学历情况如表2-1所示。

表2-1　员工学历统计情况　　单位：人

本科	大专	高中	中专	初中	初中以下	合计
60	178	180	136	166	68	788

2. 性别结构

从该公司自身行业特点出发，由于其属于化工行业，因此对人员的需求种类主要偏向于男性。公司的男女性别比例情况如表 2-2 所示。

表 2-2　员工性别统计情况　单位：人

男性	女性
536	252

3. 年龄结构

由于公司 2005 年才搬迁至白涛，现在处于起步与发展阶段，随着企业的不断发展和扩大，对人员的需求量也提出了更多、更高的要求。由于是再建企业，在人才队伍的建设上，偏重于年轻化，以与企业共同成长、共谋发展。因此，公司员工的年龄主要集中在 20～30 岁，占总人数的 62%。其中，21～25 岁的员工最为集中，占企业员工总人数的 44%。另外，40 岁以上的人员比重也比较大。具体年龄统计如表 2-3 所示。

表 2-3　员工年龄分布情况　单位：人

35 岁以下					35 岁以上					
20 岁以下	21～25 岁	26～30 岁	31～35 岁	合计	36～40 岁	41～45 岁	46～50 岁	51～54 岁	55 岁以上	合计
27	350	110	85	572	36	162	10	5	3	216

4. 管理层结构

为了更好地支撑企业的发展，该公司内部的大部分高层领导及中层领导都是由原公司的员工担任，年龄主要集中在 40 岁以上。详细情况如表 2-4 所示。

表 2-4　内部管理人员年龄结构统计情况　单位：人

中层管理人员				高层管理人员			
25～39 岁	40～50 岁	50 岁以上	合计	35～45 岁	45～50 岁	50～55 岁	合计
9	33	4	46	4	3	2	9

2.2.2　公司人力资源配置存在的问题

1. 在招聘环节缺乏科学的人才测评体系

长期以来，我国企业在招聘人才的过程中大都缺乏科学的工作分析和人才测评体系，工作职责、任务及岗位对人员的要求不清楚，TY 公司也不例外。比如，对一般车间工作人员的招聘，只是简单地考查其经验、籍贯、年龄。没有从其知识、技能、能力、个性等方面进行全面整体的把握，使得招聘进来的人五花八门，导致招非所需。把人招进来后，又对其实行静态的管理：放到既定的岗位上，由分厂厂长安排师父带。在对一般管理人员的招聘上，普遍采用结构化面试，对其教育背景、年龄、籍贯进行简单的了解后，便做出录用决定。对中高层管理人员的招聘，都是采用内部招聘。公司中层以上的管理人员，大多数都是从内部选聘上去的，还有个别领导是由集团总部委任下来的。

对于招聘进来的新员工，公司忽视对其进行定期或者不定期的培训与开发，时间一长，能力与岗位的不匹配问题就凸现出来了。

2. 公司内部人力资源短缺与人力资源浪费并存

公司处于发展阶段，经济结构尚不完善，周边竞争企业逐年增多，企业生存环境相对严重，近两年效益也正处在提高阶段，人员需求量大。但是这存在着相悖问题，一方面，公司需要的人才引不进来或者说引进渠道不畅通，公司发展所需的人力资源相对短缺，特别是高学历、高层次人才；另一方面，流失的员工量又比较大。仅 2011 年 1～5 月就流失 87 人，如果按照每月平均流失人数为 17.5 计算，一年员工流失人数为 160 人，流失率为 22%，流失现象比较严重。

同时，公司在人才配置上没有充分发挥现有员工的才能，对现有员工的能力缺乏进一步的认识和提高，在员工管理方面采用的办法是想方设法去卡住人才，防止人员流失，减少人力成本。这样一来，就使得很多员工带着很强的个人情绪上班，工作效率提高不了。还有一部分员工是学非所用或者用非所长，甚至被闲置，造成企业现有人力资源的极大浪费。

3. 人力资源难以合理流动

作为国有企业，由于“惯性”思维，许多人的职位是“从一而终”的，存在着“吃大锅饭”的现象。进入公司 5 年以上 40 岁以上的员工，大多数都会选择工作到退休。这就使得人力资源管理者比较重视人力资源内部存量的稳定，有意无意地反对人力资源在组织内部上下、横向交流，有意无意地排斥资源跨组织的双向流动。然而，公司中的青年员工都向往有新鲜感和挑战性的工作，特别是大学毕业生，而公司这种“从一而终”的内部规则会影响员工积极性和创造性的发挥，不利于企业的长期可持续发展。

4. 人力资源结构不合理

通过对公司人力资源结构的分析，如表 2-3 所示，员工以 20～30 岁和 35～45 岁的居多，该公司属于生产密集型企业，年龄在 20～30 岁的员工居多是正常的。另外一大部分员工都在 40～50 岁，这其中包括公司大部分的高层管理者。公司的整个人员结构存在严重的不合理现象。如表 2-4 所示，公司管理类人员存在严重的老龄化趋势，这种现象从某种角度来说是好事，管理人员有经验、稳重，但缺乏活力、创造性和新观念。

2.3 人力资源的合理配置

在企业生存与发展的过程中，人才起着关键性的作用。由于企业自身的特点和地域条件等各种原因，在吸引人才、管理人才方面困难重重。企业如何合理配置与开发人力资源，成为重要的课题。

2.3.1　树立正确的人才观念

公司在用人方面，倾向于对技术人才的依赖，不太重视对人才管理体制的系统建设。技术人才对公司经营的成败很关键，但这种情况是有条件的，公司要在有序的运作中才能推进技术进步和创新，技术人才也只是企业经营中一个重要的方面。树立全面的人才观是公司吸引人才的基本前提。人才具有多样性和多层次性。企业经营中的方方面面都需要不同的各种各样的人才。除技术人才外，还有管理人才、市场营销人才、公关人才等，而这些人才又居于组织的不同层次。他们可以是高层的管理者，也可以是生产经营第一线的员工；可以是高级的技术开发的专家，也可以是技能娴熟的工人。一切具有可为企业发展所用的特殊技能或才干的人都是企业的人才。一直以来，公司在用人方面存在“唯亲近者是用”“唯家族成员是用”的现象，这种用人观念使公司的发展受到了严重的制约。公司应树立“任人唯贤”的用人观念，无论亲疏，以能力为重，真正将思想品德好、业务能力强的员工放在重要、合适的位置上。这样公司才能拥有一支高素质的员工队伍，从而为实现公司目标提供保障。

2.3.2　合理的人员配置

所谓配置，最简单地说，就是将合适的人放到合适的岗位上。人力资源配置与岗位需求、个性存在这样一种关系：

$$C=f(R, P)$$

式中，C——人力资源配置；R——岗位需求；P——个性。

其中，个性包含：性格、气质、能力、兴趣和爱好。

因此，我们在考虑人力资源配置时，要重点考虑两个因素，即岗位需求和员工个性。岗位需求对于企业来说是明确的，难点是对员工个性的了解。

人从性格、气质、兴趣到专业都有着巨大的差别，有些人也许适于从事办公室工作，有些人也许适于从事推销工作，而有的人在管理岗位上能够发挥其专长。如果各尽所长，对于企业的发展显而易见是有利的；反之，既无法完成组织的既定目标，又会使员工心中不满，从而降低企业的工作效率，实质上就是资源的浪费。解决这一问题，就要求有合理的配置。

1. 招聘环节

在招聘环节，招聘方法的选择将直接关系到能否有效地选到适合的人才。公司在招聘中应选择科学实用的招聘方法和人才测评方法。可以征求相关专家的意见，了解各种方法的特点、内容及适用范围。因为不同的方法有着不同的适用职位和对象，这样才能根据所需选择合适的方法。在招聘过程中，观察法也是很重要的，可根据人的身体姿势、动作、声调、表情等对其做出某些判断。另一重要之处就是要看应聘者的特质和性格是否适合本公司的需要、氛围和企业文化。公司在需要招聘员工时会优先考虑有经验的人，主要是因为他们一到公司就可以立即投入工作，节省培训成本。其实有的岗位还是需要招聘一些无经验的年轻人，以充分保留和发挥他们的想象力和创新能力，培养他们作为以后的接班人。如百事可乐公司就常常雇佣一些年轻人，让他们担起重任。在招聘中我们参考人选的关键标准是根据企业的需要来制定和选取的，不同的企业有不同的标准，同一企业在不同发展阶段要求也不同，同一个企业里不同的工作和职位要求也会有所不同，遵循权变管理原则，因时因地制宜，结合企业的需要和岗位的特点来制定合适的标准，选取合适的人。

2. 用人环节

一般说来，管理者不太可能一步到位地把人才放到最合适的岗位，这时就需要管理者在完成招聘任务后，继续进行考察。管理者应该在新员工入职后一个月内密切留意其工作情况，在此期间内，部门主管应随时与新员工交流工作心得，给予工作技能指导，灌输企业精神和发展愿景。一般情况下，通过一个月的了解，基本上可以根据员工的特点对员工进行分类，并针对员工特点结合岗位要求来安排员工。所谓的人才，并不是能把每件事情都干得很好、样样精通的人，而是能在某一方面做得特别出色的人。像全球快餐业老大——麦当劳的用人原则，其在众多世界级企业中都是独树一帜的。“只用最合适的人，不用最优秀的人。”而这也恰恰揭示了企业用人的根本目的：人才是来创造业绩、实现目标的，而不是装门面的。再优秀的人如果不能融入企业，不能与企业要求、企业文化和氛围相适应，就不会创造业绩，也不会帮助企业达成目标，这就不是企业所需要的人才。

2.3.3 人员内部流动

人员内部流动主要包括：晋升、降职、轮岗等。公司在内部员工流动方面可采用竞聘上岗的方法，在某个干部任期满后，重新公开竞聘上岗；或者是在有空缺岗位或新增岗位之后，实行竞聘上岗。其主要流程可以是：第一，发布竞聘公告，至少要在竞聘之前两周发出，发布于公司的公告栏上；第二，对竞聘者进行初步筛选，职位与竞聘者之间的比例可定为1∶5；第三，进行笔试，试题的设计应有针对性，针对不同的职位要求而设定；第四，组织面试，主考官和考官的选择非常重要，主要由部门主管、人力资源部部长及相关负责人组成；第五，进行讨论，做出是否录用的决定。

2.3.4 做好人力资源开发，提高员工综合素质

人力资源的获取方式有人力资源的获得和人力资源的开发两种。通过招聘得到的高质量的人才是人力资源的获得，对现有人力资源的培训是人力资源的开发。随着企业的发展，对人才的需求愈发迫切，通过以往的情况可以看出，短期内通过外部招聘人才很难起到有效的补给作用。然而，企业内部的开发和培训，不仅可以对员工起到激励的效果，还可以建立保证优秀人力资源不断供给的人才培训体系。

1. 对生产技术人员的开发

对生产技术人员的开发有三种途径：第一，建立评价、培训与待遇相结合的激励机

制。通过完善企业内部薪酬制度，把员工的工资福利待遇、职业生涯、培训等人力资源要素和职业资格证书结合起来，充分调动生产技能人员参加技能培训和技能鉴定的自觉性和积极性，促进他们努力提高自身生产技能。第二，从企业的生产经营实际出发，强化对员工工作业绩的考核，把评价的重点放在员工执行安全规程和操作规程、完成生产任务、解决生产实际问题、进行技术攻关的能力上，将考核评价的过程贯穿到生产经营活动的各个环节中去。第三，采取国家鉴定与内部选拔相结合的方式，通过开展多种形式的技术、技能竞赛等评价方式，及时发现和选拔企业目前急需的高技能人才。

2. 对经营管理人员的开发

第一，职业行为评价。主要是对员工的工作态度、人际关系等的评价，如企业的管理人员承担工作的主动性，对工作的热情程度，是否对企业有归属感，是否能够在周围建立起融洽的人际关系等，对于管理工作的顺利实施，都有着重要意义。第二，素质评价。素质评价包括：以专业知识水平为标志的业务素质；记忆力、注意力、想象力、观察力和思维能力等智力素质；语言表达能力、应变能力、自控能力等情商素质；人格、观念等道德素质；以意志力、心理耐受力等指标来衡量的心理素质等。通过以上评价，促使员工提高管理能力，开发其综合素质。

2.4　结　束　语

人力资源的合理配置对充分发掘企业人力资源的潜力，提升企业竞争力有着不容忽视的作用。人力资源配置必须落实到每个组织具体的工作之中，并最终通过每位人才的潜能被完全释放来实现。从这个意义上讲，人力资源的合理配置关乎人才的发展与提升，关乎企业的生存与持续发展，并将随着社会经济的发展而发展。企业需要从自身的情况出发，建立与现代社会经济发展相适应的人力资源合理配置的观念和模式，通过人力资源合理配置来提升企业的竞争力。

第 3 章　人力资源配置不合理的原因分析

目前，在我国人力资源配置中，普遍存在着一些不合理现象，特别是在女性人力资源配置中存在着较大的差异。女性人力资源没有得到应有的重视，没有被充分地开发和利用，在一定程度上，严重阻碍了人力资源整体的合理开发和利用，造成了大量的人力浪费与闲置，不能适应现代经济的要求，制约我国经济的增长，成为实现经济可持续发展和建立和谐社会的重大阻碍。从企业或者组织的角度来看，人力资源配置直接影响其他资源的合理利用和整体配置效益，它是决定单位组织能否持续、稳定、快速发展的关键因素。

3.1　人力资源配置不合理的原因

3.1.1　企业转变为独立经营实体

在我国计划经济体制下，企业并不是一个独立的经营实体，在很大程度上只是政府的附属，企业对自身利益的考虑不对劳动力的使用起决定作用，因而女性生养负担和家务负担并不构成女性就业的障碍。但是随着经济体制的改革，我国就业制度也逐步市场化。企业成为自主经营、自负盈亏的独立经营实体，目标是追求利润最大化，在劳动力方面必然要权衡成本与产出。因此，传统的女性岗位体制基础发生了动摇，女性的岗位配置由安置就业转向了竞争就业，由于自身素质和成本等因素的原因，企业会考虑到女性要承担生育子女和料理家务等责任，在一定程度上会对工作产生不利影响，虽然通过生育保险制度对生育费用实行社会统筹，可以在一定程度上消除企业雇佣女性对人工成本的不利影响，但在人们的意识中，女性的角色冲突多少会影响劳动效率。从企业角度来说，为了追求利润最大化，自然会降低女性工作岗位的配置。再加之劳动制度的改革、产业结构的调整，在原有公有制单位就业的大批女性从已有的工作岗位提前退休或下岗，根据有关资料统计，女性下岗人数占全部下岗人员的 62%左右，年龄又大多在 35～45 岁，从而使得从整体上来看，女性参加工作的比例又降低了很多。

3.1.2　经济理论指导误区

经济因素论主要有人力资本理论、二元劳动力市场理论和劳动力市场歧视理论。

人力资本理论是由舒尔茨和贝克舒于 20 世纪 60 年代提出的。这一理论认为，男人或者女人之所以对自己的时间和收入采取不同的分配方式，是因为他们不仅仅考虑到当前的就业，而且还为了将来能持续地就业及获得更多的报酬。后来的学者运用该理论来解释男女在职业和收入方面的差异时，拓展了舒尔茨和贝克舒模型中的一个假定，两性在生活方式上来说是不同的，这将会对他们在人力资本上的投资产生极大的影响。一是两性的人力资本投资不同，人口质量的不同主要取决于后天的能力，主要是教育投资的结果，由于种种原因，社会给予女性受教育的机会要少于男子，同时又因为女性的就业模式具有非连续性、临时性等特点，雇主往往不愿意对女性劳动力进行技能培训和专业培训的投资。这些都造成了人力资本存量的两性差别，大大限制了女性在劳动力市场上的竞争能力。二是人力资本的贬值和增值。在女性的整个工作生涯中，一般都会因结婚、生育和照顾家庭而中断工作，这意味着女性一生中获得与职业有关的经验不但要少于男子，而且他们过去所获得的技能在退出劳动力市场时可能会发生贬值，同时女性参加工作的非连续性、选择工作范围的狭窄性、职业流动机会的稀少都使女性人力资本增加的途径受到限制，造成了男女生产效率的不同，这也大大减少了女性改善职业地位的可能性。

二元劳动力市场理论认为劳动力市场在结构上存在着两个不同的部分，一个是主要或者核心市场，一个是次要或者边缘市场。这两部分的差别就是，前者能提供高报酬、事业或者升迁机会和工作保障，后者的特征则是低报酬、工作条件差和无保障。一般来说，主要市场成为男子的市场，次要市场则成为女性的市场。

劳动市场歧视理论模型假定雇主、消费者和雇员可能具有歧视偏好，具有这些偏好的雇主在以下几种情形才会雇佣女性劳动者：①支付给女性劳动者的工资低到足以能抵消因雇佣她们而产生的负效应(如因生理因素影响了工作效率时)；②支付给女性劳动者的工资低到足以能抵消因歧视消费者以较低价格购买女性生产的产品所造成的利润损失时；③女性愿意接受较低报酬，以获得与男性共事的机会。

3.1.3　中国传统思想的影响

也就是文化因素的影响。首先，在传统文化中，旧的、落后的女性观认为，女性的责任和价值在家庭，“贤妻良母”“相夫教子”是女性的天职，近年虽然有所改变，但传统的观念并未从人们的思想深处消失，从很大程度上来说，仍然沿袭“男尊女卑”“夫唱妇随”等夫权思想，只是表现形式发生了变化，不说“男尊女卑”，却说“男主外女主内”。有关问卷调查显示，有 53.19%的男性和 50.14%的女性赞同“男人以社会为主，女人以家庭为主”的传统分工模式，85%以上的家庭劳动主要由女性承担，对于社会本身男女人力资源配置的情况来说，又有大部分女性被家庭所束缚，不能走上工作岗位，只会导致整体人力资源配置的性别比例会越来越不协调。其次，对于近年来社会上“工作好不如嫁得好”的说法，34.11%的人表示赞同，其中女性赞同者比男性高出 7.11 个百分点，这种认识上的误区束缚了女性的手脚，使个人的能力和应有的权利未达到充分地发挥和实现。所以我们发现在城镇中很多年轻女性努力不够，家庭富有的已婚女性辞职回家做全职太太，农村中的已婚女性则足不出户，一辈子过着面朝黄土背朝天的生活，男性自然就成为家庭财富和社会财富的主要创造者，女性由于丧失了经济上的独立权，自然也就失去了应有的社会地位，这一系列的连环原因自然也导致了在招聘用人上出现一种奇怪的“惯性”，也就是“男性优先”。

3.1.4 女性受教育程度不高

中国女性人力资本最薄弱的直接原因，即女性人力资本投资不足，表现为社会对女性人力资本投资不足和家庭对女性人力资本投资不足。有关资料显示，国家对初等教育的投资平均40%用于女性，对中等教育的投资35%用于女性，对高等教育的投资平均27%用于女性，虽然国家有关法规明文规定男女享有同等的受教育权，但事实上仍然有相当多的女性未享受到这种投资。家庭对女性的人力资本投资更为不足。根据妇女联合会抽样调查，18～64岁的农村调查对象中，从未上过学的女性比重为30.19%，男性为11.13%，农村家庭对男孩、女孩上学比重的投资是男孩60%、女孩40%，城镇家庭对男孩、女孩上学的投资比重分别为男孩55%、女孩45%。由于对女性人力资本投入不足，女性的知识和技能低于男性，从而在岗位竞争力上来说自然也低于男性，尤其是在知识、技术密集型的行业中，企业自然愿意选择男性。

3.2 合理配置人力资源的重要作用

3.2.1 开发女性人力资源是构建社会主义和谐社会的客观要求

所谓和谐社会简单地从字面上说，和谐是指“配合得适当和匀称”。和谐社会，就是指构成社会的各个部分、各种要素处于一种相互协调的状态，当然也包括人力资源要素。所以不合理的人力资源配置也会影响社会主义和谐社会的构建，而指派特定角色、责任和期望的社会性别结构是导致男女不平等、阻碍男女共同发展的主要原因。尤其是在现阶段社会转型时期，由于历史、家庭、社会、体制的原因，很多女性得不到自由和全面的发展。“妇女解放的一个先决条件，就是一切妇女重新回到公共劳动中去”，与社会隔离，不仅会造成女性在社会生活活动范围的狭小、内容的贫乏，以及和男性共同参与社会的机会和权利被剥夺，而且还会导致妇女在经济和人格上对男性的依附，最终影响社会的整体发展水平。开发女性人力资源，促进女性的职业发展，这是女性最大的权益。开发女性人力资源，女性得到充分的自我发展和参与发展，才能实现男女平等和整个社会的和谐。

3.2.2 开发女性人力资源是一项重要举措

受人口增长的历史影响，我国人口和劳动力长期过量增长，2010 年总人口将达到14 亿人。据测算，1996～2005 年十年间，平均每年进入劳动年龄的人口达到 2118 万人，扣除退出劳动年龄人口，每年净增劳动力将达到 1082 万人。在今后较长的一个时期，城乡就业矛盾依然突出，结构性失业将更加严峻，劳动关系趋于复杂化。女性人力资源作为创造人类社会文明和推动社会发展的一支伟大力量，其生存和发展水平是社会发展的重要指标，也是衡量社会进步程度的尺寸。增加女性人力资本，有利于改善我国人才资源配置极不合理的现状，促使我国丰富的人力资源优势向人才资源优势转化。

3.2.3 开发女性人力资源是促进我国经济体制改革的迫切要求

当代中国社会正经历从农业社会向工业社会、从传统社会向现代社会转型的时期。市场化是经济体制改革的主导，资源配置从单一向多元格局转变。现阶段，经济结构的特点是从补齐短线转变到解决过剩，从增加品种转变到产品升级和产业结构调整，从国内行业与企业的发展转变到参加国际范围内的竞争，从单纯政府导向转变到在市场配制资源的基础上发挥政府导向作用。充分发掘女性人力资源，发挥我国人力资源优势，完善各类人力资源开发体系，是保证我国社会经济朝着可持续发展方向不断发展的充分条件之一。充分利用女性人力资源，鼓励女性特别是农村女性参与经济建设，能加快我国社会主义新农村和城镇化建设，实现地区协调发展和全国经济一体化，以求尽早地全面建成小康社会。

第 4 章　人力资源合理配置的功能与原则

人力资源是企业的灵魂和核心竞争力。在人力资源管理中，如何合理有效地配置人才，充分发挥出人才的能力，是管理者必须重视的问题。人力资源结构的合理化配置可以充分发掘出企业的人才潜力。目前，各行业之间人才竞争越来越激烈，作为一个企业，要想做大、做强、做久，既需要招聘、任用优秀的人才，又要控制公司成本，还要要求效果好，这就需要企业寻找最合适的人力资源配置方式。

4.1　企业人力资源管理存在的问题

改革开放 30 多年来，我国虽然在人力资源管理方面学习国外先进管理思想的过程中得到了一些经验，但多年来形成的人事管理模式(制度)还没有得到科学的改革。

4.1.1　经验管理

通过调查，国内大多数民营企业和部分国有企业，在人事管理上虽然都设置了“人力资源部”，但其管理方式还停留在凭经验管理的人事管理上。缺乏科学的人事管理制度，如责任制度、工作制度等，一般是“见子打子”的做法，凭经验配置，没有去考察员工的性格、气质等个性问题。

4.1.2　实用主义

一些企业从运行成本上考虑，几乎是需要什么人才才临时去招聘，没有从长远、全局的角度去管理人力资源，更没有对人才进行必要的储备和培训开发。

4.1.3　人浮于事

有些企业在用人上，存在“任人唯亲”的思想，把自己的亲朋好友不分贤愚都招进公司，而且还安排在比较好的管理岗位上，导致管理人员比一线员工还多。一个小小的 200 人左右的公司，管理人员却有 100 多人，这不仅造成人浮于事，影响生产效益，而且还影响其他员工的工作积极性。

4.1.4　忽视考评

对员工的绩效考评应是人力资源管理的一个重要环节，是员工晋升、加薪以及处罚、降级等的重要依据。然而，一些企业不重视对员工工作绩效的考评，而是凭管理者的感觉或亲疏喜好给予报酬；有的虽然有考评，但仅仅是流于形式，没有真正发挥作用。

4.1.5 缺乏民主

许多企业特别是民营企业在人力资源管理上，存在“独断专行”。对人力资源的配置，要么是领导说了算，要么是人力资源部门说了算，缺乏科学依据和民主作风，员工的参与程度很低，甚至没有参与。

4.2 企业人力资源合理配置的功能

人力资源配置的目的是更好地运用“人力”。人力资源配置就是要合理而充分地利用好体力、智力、知识力、创造力和技能等能力，通过一定的方法及途径，创造良好的环境，使其与物质资源有效结合，以创造最大的社会效益和经济效益。因此，如何使人力资源的配置达到上述效果，这不但是人力资源管理学的问题，也是社会经济学的问题。企业人力资源配置的目的就是要促使人的自主意识能自觉地控制和调动其自身潜能作用的发挥，为社会经济发展所用，变成一种社会生产力。人力资源是包含在人体内的一种生产能力，但如果人力资源配置不能使这种能力发挥出来，那么人力资源便是潜在的劳动生产力。如果通过合理的配置，人力资源与生产资料能有效地结合，生产能力得到充分发挥，则此时的人力资源就变成了现实的劳动生产力，就能创造出巨大的经济效益和社会财富。

4.2.1 协调组织内的人际关系和工作关系

任何企业内部都存在着各种各样的人际关系，这些关系往往会对企业的正常运作产生重大影响。融洽的人际关系、工作关系是使员工保持饱满工作热情，顺利开展工作的重要条件，但由于企业内部的员工在性格、工作方式、工作思路及一些利益问题上，常常因存在各种差别而容易产生不同意见和矛盾。这些矛盾有时可以通过加强相互间的沟通和思想交流等方式加以解决，但有时却是无法解决的。对于那些思想交流解决不了的矛盾，最后的解决办法就是人员再配置。一般来说，在一个企业内部，员工们的才能、风格、知识之间存在着互补效应，把能互补的员工合理地配置在一起，可以形成有利的团队优势，提高工作效益。因此，科学合理的人力资源配置，对协调企业内部的人际关系和工作关系，处理和解决有关矛盾，能起到很好的积极作用。

4.2.2 形成企业内部的竞争机制和外部的竞争力

合理的人力资源配置，不仅能提高人力资源配置的次序，还能推动和产生一系列有利于人力资源配置的竞争机制，表现在人力资源配置的动态调整过程中，就是优胜劣汰。对于人力资源，无论是行政配置，还是市场配置，都存在着对人的选择问题，而且这种选择并不是一劳永逸的。任何组织内部的人员情况随时都会发生变化，这就促使组织必须对自己的员工不断进行选择和调整。这种新老交替、优胜劣汰的过程，实际上就是人力资源配置的动态过程。这种动态过程必然带来就业和岗位的竞争，这种竞争正是组织生存和发展的活力，它将使组织更加朝气蓬勃，使人力资源的潜能得到更充分地发挥。

知识经济时代，随着科学技术的进步和信息通信技术的发展，知识的传播将加快。一个组织拥有某项技术，其他组织也可以在较短的时间里获得并掌握该项技术。因此，未来企业之间的竞争不单是技术上的竞争，而是如何使用技术上的竞争，这就是人才的竞争。因此，企业不仅应强调自己的核心技术和核心能力，而且应将人力资源管理作为营造自己核心技术和核心能力的主要途径，利用知识经济时代人力资源管理的系统性和难以模仿性，使企业获得持续竞争优势。

4.2.3 产生双向激励作用

人力资源配置的过程要涉及员工的工作岗位变动、薪金的增减、工作性质或行业的变化等。这些变化都可能转变成为一种内在的激励，这种内在激励又分为上行激励和下行激励，即双向激励。

(1) 上行激励。人的各种需要特别是成就需要是促使人们对激励做出反应的内在动力和基础。大部分人都具有追求个人成长进步、干一番事业、实现自我价值的内在要求。对于组织来说，如果不断地把优秀员工适当地配置到更富有挑战性、能够承担更多责任并享有相应的权利和劳动回报的岗位上，必定会产生一种榜样的力量，从而对优秀人才本身以及其他员工都会产生强有力的、持久的激励作用。

(2) 下行激励。人力资源在层次、类别、素质上都存在差异，人力资源配置必须不断进行择优汰劣。在这过程中，组织内部将对员工随时进行调整，辞退技能过低或表现不好的人员，这无疑会对其他员工在工作、学习上造成一定的心理压力，从而促使他们更严格地要求自己，更加遵守规章制度，更积极地去提高自己的工作技能，避免被组织淘汰。

4.3 企业人力资源合理配置的原则

员工的合理配置，是人员开发、利用和提高企业经济效益、组织效率的关键环节。因此，必须科学地把握人员配置原则，以期达到人员的充分利用和经济效益的整体提高。

4.3.1 知人善任原则

通用公司原首席执行官斯隆说：“如果我们不用 4 个小时好好地安插一个职位，找最合适的人来担任，以后就得花几百个小时的时间来收拾烂摊子。”要提高员工的绩效表现，首先应该知人善用，安排好员工的工作。知人是手段，善任是目的。在企业中知人是为了善任，这就要用人所长，发挥人的特长和优势，尊重人的兴趣和爱好，把其放到最适合的岗位上去，以充分发挥其聪明才智。这需要了解员工的个性，包括气质、性格和能力等，并由此了解员工的潜力和发展趋势。

4.3.2 知事识人原则

知事识人，是指企业在配置员工之前，必须详细了解不同岗位、不同职务的工作内容，在企业中的作用、地位及岗位对员工素质技能的要求，明确各职位需要什么样的人。在“知事”的同时，还要“识人”，就是要对企业的待配置员工有基本的了解，知道员工的知识程度、教育水平等。总之，应当尽可能全面地获取员工的个人信息，信息越丰富，用错人的概率越小。

4.3.3　因事择人原则

因事择人，是指以事业的需要、岗位的空缺和实际工作的需要为出发点，根据岗位对任职者的要求来选定人员。雀巢公司在择人、用人方面也是一个典范，它提出“用人无国界”，即在用人上不考虑是哪国人，只要有能力就一律起用。企业用人的目的在于通过员工劳动，实现组织目标。

4.3.4　任人唯贤原则

任人唯贤是要求企业用人要出于“公心”，以事业为重，真正将思想品德好、业务能力强的员工放在重要的位置上。坚持任人唯贤原则，企业才能拥有一支高素质的员工队伍，从而为完成企业各项任务、实现组织目标提供保障。

4.3.5　优化组合原则

优化组合，就是要考虑员工在构成群体时，彼此的性格、年龄、能力等要素是否匹配，结构是否合理，是否有利于组织目标的实现。优化组合通过两方面来影响组织的效率：一是借助于优化组合，提高工作效率；二是优化组合可以使组织内员工的能力互相补充，形成科学的人才结构，建立优胜劣汰的人员竞争机制，通过公开、公平、竞争、择优，使人员脱颖而出，真正做到能者上、平者让，庸者降、劣者下。

第 5 章　人力资源配置中性别歧视理论浅析

对人力资源配置中性别差异的研究具有特别重要的现实意义，在理论上可以弥补人力资源研究的不足、丰富和完善人力资源管理的理论内涵，使其更加多元化、系统化，具有理论探讨的意义。在另一层面上，对于维护女性同工同酬的权利，保障其各项合法利益，规范社会行为，维护社会的稳定，建立社会主义和谐社会具有较大的社会价值。

当前我国的劳动力市场已经处于全面建设和不断完善阶段，在这个阶段，反映在劳动力市场上最为突出的问题之一就是市场上存在着性别雇用歧视行为。它的存在和影响已经对劳动力市场的正常运行产生了一定的负面效应，从理论上对其展开系统深入的研究已经十分必要和迫切。

5.1　传统人力资源配置的基本特征

我国传统体制下劳动力配置方式的特征表现为：城乡之间的劳动力配置呈分割状态；地区之间劳动力的流动受到了极大的限制；城市范围内的就业具有高度稳定性；企业中只存在单一的用工形式；企业的工资制度呈高度刚性及社会劳动力由国家统一调配和调剂。在市场经济体制下，我国当前的劳动力市场运行呈现出三个典型的特征：承受着巨大的供给压力、呈现了更加自主的需求行为和体现了愈加成熟的政府干预。如今我国劳动力市场的需求情况越来越受关注，供需关系倒置较为严重，导致供大于求。下岗(待岗)人口的不断增加，各大高校扩招录取，为整个劳动力市场提供了非常丰厚的劳动力资源。然而，在人力资源配置中出现的性别差异要求或者说是性别歧视，给整个劳动力市场稳健发展带来了一定的冲击。

对应聘人员性别方面的要求已经泛化成为岗位职责说明中的又一重要内容，性别歧视话题已经成为应聘人员谈论最多、最为敏感的话题，同时企业或部门在作出性别要求时，对企业的形象造成了不小的影响。

如今社会各界都开始关注性别差异问题，并努力想要找到解决这一问题的最佳办法。从目前整个研究领域来看，社会对人力资源配置中的性别差异问题有了较深刻的理解，也找到了一些解决这个问题的办法。例如，以前空中乘务员的性别要求为青年女性，现在“空嫂”这样一个新的劳动力群体也被人们所接受，还有男幼儿教师、男保姆等。性别歧视在这些领域得到了淡化，这就是一个好的开端。

5.2　人力资源配置中性别差异研究的重要性

在人力资源配置过程中将性别差异引入人力资源管理与开发，更便于清楚地分析人力资源管理与开发的政策、措施和实践对男女性别差异的影响。

以往人力资源的研究都是把开发与配置对象看成是高度抽象的“人”，忽视性别差异，没有从更高层次上将人区分为“男性”和“女性”，这是在符合男性中心的价值体系下进行研究的，并把针对男性样本的研究成果概括到全体，社会性别意识淡薄，忽视和排斥女性的经验和情感。将性别差异引入人力资源开发研究，是紧跟时代发展变化的举措，必定可以补充、发展和完善该领域，促进女性人力资源的有效利用和发展，也就能促进整个人力资源的开发与发展，同时有利于建设小康社会、社会主义和谐社会。

5.3　性别歧视理论的形成和发展

5.3.1　国外劳动力市场歧视理论的发展

国外的劳动力歧视问题也是相应存在的，不过他们对性别差异的研究较国内要早许多。国外对劳动力市场形成歧视问题的研究已经较为深入，已经有许多研究成果，其中很多是值得国内借鉴的。

国外早期的歧视理论包括排挤说、累积因果说等。其中排挤说的观点是：“女性总体低收入并不是女性劳动生产率低的缘故，而是被排挤在了更广泛的产业部门之外。”累积因果说的观点是：“由于宗教和种族的原因，黑人问题起因于三种要素的相互作用及不断地强化，并形成了一种恶性循环：一是白人反对黑人的行动；二是黑人的穷困状态；三是黑人的人力资本及文化特征。”

早期的歧视理论并不是经济学家专门研究歧视的产物，关注社会不同群体在政治、文化特别是经济上的平等，才是他们研究歧视的真正原因。因此，早期的学者主要是从就业、工资收入和劳动生产率之间的关系，以及对某类社会群体存有偏见进而影响其生活水平的角度，对歧视问题进行分析和研究的。这个时期尚未出现专门研究劳动力市场歧视的系统性的理论和学说。

统计性歧视是雇主甄选问题的一个组成部分，而所谓甄选问题，按照伊兰伯格和史密斯的观点，是指与生产率有关的可观察性个人特征，并不能对求职者个人的实际生产率做出完全的预测。正是因为雇主获取求职者的全部真实信息要付出一定的成本，这就使得雇主最终将一个群体的典型特征看成是该群体中每一个个体所具有的特征了，并将该群体的典型特征作为雇用个体的标准，从而产生了歧视。统计性歧视理论认为，顾主在使用群体特征的信息时，即使具有相同的、可衡量性生产率的人，只是因为所属群体的不同，也会遭到顾主系统性的差异对待，统计性歧视就有可能存在。在更多意义上，统计性歧视理论更为注重的是雇主与雇员之间的歧视问题研究。

从国外歧视理论的研究与分析中可以看出，当今社会对人们地位、待遇方面的歧视现象越来越重视，也有越来越多的人进行研究工作，并找寻相应的解决办法。

5.3.2　国内劳动力市场歧视问题的研究

与西方歧视理论研究相比，我国的歧视理论研究起步比较晚，关注程度有限，尚在探索之中，并没有形成一套成熟的研究管理理论。伴随社会主义市场经济的发展，劳动力市场中逐渐出现一些性别歧视现象，我国对性别歧视的研究就此诞生。一些学者从不同的角度对性别歧视现象进行了分析研究，提出了许多观点，促进了我国对此领域的研究进程。

1. 歧视的原因论

陈丽华从政策上分析了性别歧视的原因，他认为性别歧视的产生是因为政策本身存在缺陷，政策调控对象的博弈对策可能也削弱了政策效应，政策实施机制的缺陷造成了政策失灵。同时他也承认，社会经济根源的依然存在和市场化进程中的趋利倾向也是性别歧视存在的原因之一。李三梅认为，劳动力市场中的性别歧视是资源或优势不均的必然产物，是信息不完全和先入为主的统计性偏见的产物，是约定俗成和传统思想的产物，是合谋、串谋或某些制度因素的产物。

这些观点从一个侧面反映了劳动力市场或人力资源配置过程中性别歧视的原因，对我们进一步分析、探讨人力资源配置过程中存在的性别歧视现象具有帮助作用。

2. 歧视的特点论

朱艳和戴良铁认为，与西方劳动力市场性别歧视现象相比，我国性别歧视现象有自身的特点。首先在歧视的类型上，我国劳动力市场上的性别歧视是少数人对多数人的歧视，而西方经济学讨论的都是多数人对少数人的歧视问题。其次，我国的劳动歧视带有市场机制转化的过渡性质。再次，我国就业中性别歧视现象引起的有关社会纠纷与西方发达国家相比缺乏系统的劳动法裁决标准，在经济管理法制化的进程中尚处于起步阶段。这一“特点”论，明确提出了我国人力资源配置中的性别歧视特点，就是少数人对多数人的歧视，可谓是一针见血。比如，公司某领导的喜恶或考虑局部利益等，就可能导致人力资源配置中的性别歧视。因此，用人观念的改变是最重要的。

3. 歧视的治理论

田新豹认为，要避免人力资源配置过程中的性别歧视现象，基本办法是用法律的完善来对性别歧视加以禁止，改革相应的制度来消除性别歧视，发挥弱势群体的主观能动性来弱化性别歧视。刘宁对此也提出了相似的观点：一是改变传统观念，消除个人成见；二是加强劳动力市场环境建设和制度建设；三是建立和完善就业服务体系，进行有针对性的高、中、低档的职业培训；四是完善法律法规，加大执法力度；五是对没有性别歧视的企业进行反歧视政府补贴。性别歧视治理论无疑是把解决人力资源配置中的性别歧视问题提升到了法律、制度的高度，应该说在实践上找到了解决这一问题的本质，在理论上使我国性别歧视研究更上了一个层次。

从已有的性别歧视研究文献来看，我国的性别歧视研究虽然有了可喜的开端，也提出了一些具有中国特色的观点，但还不系统，也比较散乱。主要表现在以下几个方面：其一是缺乏判定人力资源配置中歧视行为的具体标准；其二是缺少对人力资源配置中歧视行为的定量分析；其三是缺乏对人力资源配置中反歧视措施实施经济效应的系统的研究。

从我国的劳动力需求结构上来分析，我国的劳动力市场由于人口基数大，待业人员相对较多，存在着巨大的供给压力，供大于求的现象将会在相当长的时期内存在，呈现出更加自主的供求行为。就企业对员工的选择角度而言，供给数量在不断地上升，这不仅给企业提供了更多的选择余地，同时也给企业提供了产生歧视现象的机会。因此，如何更有效地解决好人力资源开发与配置中的性别歧视问题，还需要进行大量的理论研究和实践探索。

第 6 章　影响人力资源配置中性别差异的原因及对策

人力资源配置中的性别差异现象在现实中屡见不鲜。现实中男女就业机会不平等、就业待遇有差别、职业性别隔离等就业权的不平等现象也越来越多。为了扭转性别歧视的现象，虽然劳动法也出台了相应的政策，以保护男女的平等劳动权利，但其在现实中的实际情况却不是那么令人满意，歧视现象依然存在。

6.1　人力资源配置中的性别差异现象

6.1.1　男女就业机会不平等

女性在求职或非自愿离职的过程中，与具有相同生产率的男性被录用或被辞退的概率是不相同的。在应聘求职过程中，女性被拒绝的概率远远大于男性。劳动力市场上的招聘歧视是很久以前就存在的，而与之同时存在的就是性别差异歧视。在招聘时，为避免性别歧视现象过于明显，企业就采取提高应聘条件和标准的方式来规避性别歧视问题，其实歧视现象依然存在，只是表现方式不同而已。

目前我国的一些法律制度也限制了女性劳动权利的行使，在退休年龄的要求上，女性为 55 岁正常退休，而男性为 60 岁正常退休，在考虑到劳动权利的问题上，这无疑也是一种歧视。

6.1.2　职业性别隔离

我国的职业性别隔离突出表现在女性在农、林、牧、渔业及商业、服务业行业的比例一直高于男性。天赋异禀造成男女职业性别隔离这一现象。不过现今社会的发展对各式各样人员的要求已经达到了全能要求的水平，在许多领域，已经不太需要这种正常的职业性别隔离手段。其中最好的例子就存在于医护行业，护士在以前的职业性别隔离的条件下就多为女性，而现在越来越多的男护士比女护士还优秀，打破了这一行业的传统，收效也十分显著。

从表 6-1 中可以看出，从事家政服务人员的男女性别比例大致为 3∶17，女性就业比例明显高于男性，由此可见在家政服务这个行业，男性的就业情况就不如女性那样乐观了。

表 6-1　城市家政服务从业人员性别比例情况

调查总人数/人	239 600	
性别	男性	女性
比例/%	14.9	85.1

表 6-2 中反映的是乐清市农业从业人员的性别构成。可以看出，从事农业生产人口的男女比例约为 1∶1，而在农业企业从事生产人口的男女比例约为 2∶1，由此可见，在整个农业生产总人口中男女所占比例和就业机会还是较为平等的。

表 6-2　乐清市农业从业人员性别构成情况

经营单位	人员数量/人		性别构成/%		
	男	女	男	女	合计
合计	89 886	83 823	51.75	48.25	173 709
农业户	88 994	83 345	51.64	48.36	172 339
农业企业	892	478	65.11	34.89	1 370

6.1.3　男女劳动待遇不平等

女职工提供了相同的生产率，却由于非经济的个人特征即性别不同而受到了许多歧视。男女同工不同酬、男女晋升待遇不相等、男女获得教育培训的机会不平等等现象，都是男女劳动待遇不平等的表现。

男女不平等的原因有很多，如劳动法律法规的欠操作性、劳动法规体系不完善、劳动的执法力度不够、男女劳动权法律意识不强、男女地位的社会效应不平等及男女自身的生理特征不同等。

6.2　人力资源配置中性别差异的原因

6.2.1　人力资源配置与开发中女性相对缺位

人力资源理论经过长期的发展，已经是非常丰富了。从被开发的人员上划分，对人力资源的分类开发，有对新员工进行开发的，有对老员工进行开发的，有对主管人员进行开发的，有对普通职员、技术人员进行开发的，却没有出现过专门对女性员工进行开发的。人力资源开发对性别的划分，主要是把有某些共同特征的人力资源归于一类，便于开发，也更加具有针对性。性别是人力资源的一个重要的划分角度，两性之间有着很大的不同，人力资源的开发方式、方法和策略也应该有很大的区别，因此分类中应该有女性人力资源开发。

6.2.2　组织中缺乏女性人力资源信息系统

进行人力资源配置与开发，首要的是明确开发的需求，因此需要对人力资源现状进行充分的了解。现在的企业基本都没有专门为女性人力资源建立信息系统，对企业里女性人力资源的专门知识、特长、职称、职位等基本的人才状况没有系统的统计与分析，使得中性甚至是男性的数据代替了有着自身鲜明特征的女性人力资源数据，这种性别视角的缺位不利于更有针对性地进行人力资源的配置与开发。

6.2.3 人力资源开发政策缺乏性别视角

组织依照中性甚至是男性的数据作为政策制定的基础，开发活动的内容缺乏性别视角，未仔细分析政策措施分别对男女两性会产生什么样的影响。比如，学习者的语言理解能力、空间定向能力等，男女两性在这些方面是有很大差别的，而传统的人力资源配置与开发活动就没有注意这种生理或心理上的差异。

6.2.4 人力资源配置与开发模式中未渗透性别视角

现在的企业人力资源开发的基本模式是：从开发的需求分析，到开发的方案制定、评价与选择，然后是方案的实施，最后是开发结果的评估，这当中没有一个环节引入了性别视角。企业在进行人力资源配置与开发时，没有具体分析女性人力资源的要求，制定、选择方案时没有结合女性人力资源的特征，分析、评估方案结果时也没有用性别的视角分析对女性造成的影响，使得女性完全淹没在男性之中，潜力没有得到充分的开发。

6.2.5 人力资源开发中性别歧视的法律缺陷

目前，我国还没有一部旨在消除劳动力市场歧视现象的专门法律，但对于女性的就业权利，国家在一系列重要的法律法规中都给予了明确的保障，包括《宪法》《劳动法》《妇女权益保障法》《女职工劳动保护条例》等。这些法律法规为消除性别歧视、保障女性劳动者平等实现劳动就业权发挥了一定的作用，但仍然存在一些缺陷。

1. 现行劳动法律法规的实践性差，可操作性不强

我国目前有关促进就业的法律法规多为原则性规定，难以为实际中发生的问题提供具体的依据和指导。因此，应该对有关内容给予更加具体的说明，尤其是对一些抽象和范围不易界定的内容，做出详细的界定，加强法律法规的可操作性。

2. 劳动法律法规缺乏对性别歧视的具体评判标准

有些歧视可以明显地看出是个人因为性别、民族等原因而受到不同的对待，是一种故意的歧视，而有些人事政策表面上是属于中立性质的，结果却导致因种族、性别等原因而出现差异性结果。这时的歧视是一种结果，而不是一种动机。现在这种表面中性、不存在歧视，而事实上却导致歧视结果的招聘、录用等人事政策越来越多地出现，但现有的法律对如何判定现实中用人单位是否在女性就业时实施性别歧视，并没有给予明确的界定。

3. 劳动法律法规的执法和监督力度不够

目前我国之所以不能有效地制止就业歧视行为，这与执法和监督力度不强有直接的关系。实施经济体制改革以来，女性受到的违反国家法律规定的歧视方式更多，程度也更加严重，如在招聘过程中出现的性别歧视总是不断地出现新花样，因此加大执法力度势在必行。处罚是《劳动法》保障妇女享有平等劳动权的重要手段，它不仅能在一定程

度上对劳动者给予物质和精神的补偿，也能对用人单位的行为起到约束作用。而我国《劳动法》的处罚力度还不够，而且对违法行为重罚不重赔，使受到歧视的女性得不到应有的赔偿，降低了女性利用法律保护自身权益的积极性。

6.3　解决人力资源配置中性别差异的基本措施

6.3.1　在人力资源分类开发中重视女性人力资源开发类别

人力资源开发理论对开发现象的划分越来越多。从人员在组织中所处的时间长短来看，有新员工和老员工的开发；从员工在组织中的地位和价值上来划分，有核心员工、骨干员工和一般员工的开发。作为主体“人”的人力资源开发活动，如果加上“性别”这个划分维度，以往没有被纳入研究视野的范畴、领域就凸现出来。比如，面对女性人力资源独有的生理特征，如何进行职业生涯设计等问题，在以往的研究中被掩藏或被简单化、普遍化了，性别维度的介入可以补缺纠漏，使研究更关注女性的人力资源特点，开发也就更具有针对性，也丰富了人力资源开发理论。这样会更考虑到女性的需求，更考虑到女性的多重角色，更加保障女性对资源的掌握、控制和利用，更考虑到女性在企业中的参与，更把女性作为企业发展参与的主体来看待。

6.3.2　建立两性人力资源信息系统

进行人力资源开发活动，对人力资源状况的了解是第一步。企业决定对谁进行开发、开发的目标、开发活动的内容及开发要达到的效果，必须要有一定的统计数据，但这都是不分性别的，以中性甚至是男性的数据代替人力资源总体情况未能体现出两性的差别，使得女性人力资源的要求在开发活动中未能得到及时与充分的满足，限制了女性人力资源潜力的发挥。在具体进行企业人力资源数据统计与分析过程中，要有性别视角，按性别收集资料，如女性人力资源的数量指标、女性文化素质指标、女性技能素质指标、女性精神素质指标、女性人力资源开发指标。有了性别视角，便于形成一套较为完整准确的可用于性别研究的信息系统，按照性别视角单独记录，才能为决策者提供科学依据。

6.3.3　在人力资源配置的整个过程中引入性别视角

人力资源开发活动是一个系统循环的过程，在这一过程中应该建立带有性别视角的开发模型，每一个环节考虑分别会对男女人力资源产生什么影响，让男女两性人力资源都得到适当的开发。人力资源开发在实践中形成的各种开发方式与模式，具体到不同的对象与客体身上，其应用的具体方式是不尽相同的，要具体情况具体分析，追求开发效果的最优化。由于人力资源开发过程是一个复杂的综合系统，开发者应针对具体的环境条件与被开发者的特点，选择最优化的方案进行开发，因此就必须要有性别视角，分析政策和措施对男女两性的影响，避免做出不利于任何一方的错误决定。从开发需要的角度分析，除了要从整体上分析组织的人力资源外，还要分析女性人力资源有什么具体的要求，便于制定出符合两性要求的开发方案；做方案评价时，也要考虑具体的方案会对男女两性分别产生什么影响；对具体方案的实施与评估，也要有性别视角。

6.3.4 注重女性职员的合适比例

调查显示，在许多企业组织里普通员工中女性的比例过半，而在管理层特别是位居高层的女性比例过小。这一现象使得企业在作有关员工方面的决策时，往往容易忽略决策对女性人力资源的影响，有的决策者甚至会排挤、歧视女性人力资源。比如，企业在对管理干部和后备干部任职条件的规定上，表面上看是中立的，没有性别偏见，但从社会性别视角分析，就会发现许多条例是以男性的生理和成长规律为标准设计的，并没有充分考虑到女性的生理和成长规律，这种规则对女性管理者的职业发展颇为不利。企业需要对女性管理者有一定的指标，才能公正、全面地反映女性人力资源的需求。面对如此失衡的性别比例，人事部门和组织领导在管理干部配备时应注意对女性的同等优先选拔，以保证女性参与决策和职业晋升的同等权利，便于克服性别盲视，保证女性人力资源职业发展道路的畅通。

6.3.5 职业生涯开发中注重女性职业生涯的开发

职业生涯开发是人力资源开发的一个重要内容。女性参与职业活动越来越频繁，她们和男性一样，渴望自身的社会价值能够得到更好的实现，而并不是做一些边缘性、辅助性的工作。为了让她们的职业生涯取得更大的成功，就需要注重对女性职业生涯开发的研究，以避免把传统的对男性职业生涯研究的理论直接运用到女性身上。女性的职业生涯有自己明显的特征，如女性职业生命周期短于男性、女性的就业具有阶段性、工作和家庭的冲突会对女性职业生涯产生影响。所以女性要尽力克服职业生涯发展中的不利因素，以最大限度地取得职业发展的成功。从社会性别角度研究和实践职业生涯发展管理，有助于呈现男女两性职业生涯发展的全貌，发现以前未发现的现象，认识以前未意识到的问题，有助于问题的全面分析和政策措施的科学制定，有助于推进男女两性，特别是女性的职业生涯发展。

6.3.6 完善劳动法律法规

消除性别歧视，首先应该是将现有的法律法规落到实处，真正起到指导和规范实践的作用，将法律上的男女平等变为事实上的平等。此外，还应该对现有法律法规进行完善。

1. 设立专门机构，促进法律执行

建议成立可由劳动就业专家、法律专家和妇女问题专家组成的专门机构，以促进男女平等就业。此机构的主要职责：法律法规的教育及推广；对性别歧视的研究；咨询、调解和代为起诉。

2. 制定相关法律法规、福利性措施，保障妇女就业权的平等

对于就业歧视和职业隔离，制定相关法律法规，使用人单位改变其带有歧视性的人事政策，并使女性从事比例过低的某些工作或担任比例过低的职务趋于合理。对限定女性劳动者比例的用人单位给予相应的补贴，还可以通过减免税费等优惠措施来补偿单位因雇佣女职工而带来的成本过高问题，减轻企业负担，并在全社会范围内提高女性就业竞争能力。

3. 设立赔偿条款，加大处罚力度

现有的《劳动法》只对用人单位违反女职工特殊保护的情况规定了处罚措施，但对女性在解除劳动合同、培训和晋升方面受到的歧视没有制定相应的行政和经济处罚措施。产生性别歧视的最主要原因还是经济利益因素。经济学家认为，从就业歧视中有利可图，是雇主们在雇用中坚持不同程度和不同范围歧视政策的根本原因。

人力资源配置与开发中的性别差异与歧视现象是长期存在的，而且随着劳动力竞争的日益激烈，企业自主权的扩大和所有制的多元化，歧视现象在相当长的时间内还将继续存在。消除歧视不是一朝一夕能够做到的，我们必须将就业纳入法制化、规范化轨道，不断完善劳动立法，为真正实现男女就业的平等提供法律保障，充分开发和合理配置劳动力资源，以求促进劳动力市场的健康发展，对发展经济、保证社会稳定起到积极作用。

第 7 章　对人力资源性别合理配置的思考

对于性别问题的研究和探讨是古今中外人们一直关注和研究的问题，但大都只是从人权角度来进行考察与研究，如妇女解放运动、女权运动等。随着经济的发展、社会的进步，性别因素对于人力资源管理与配置的影响越来越大，特别是在人力资源配置中出现的性别歧视问题，严重影响了人力资源的整体配置与开发。本章将探讨人力资源配置过程中性别合理配置的基本解决思路。

首先我们要理解这样一个观念，即性别保护不等于性别歧视。我们承认，由于男女生理体质不同，男女的思维是有差异的，女性的形象思维优于男性，而男性的抽象思维则优于女性，根据男女不同的思维特点安排相宜的工作岗位，进而使他们最大限度地发掘各自的潜能。实际上，我们这里所说的男女平等并不等于片面地强调“男同志能办到的事情女同志也能办到”。比如，高空作业、野外勘探、井下采掘等适宜男同志的重体力劳动，就不能强求女同志去做，在这方面，国家为了保护女性，是制定了相应的法律法规的，这体现的是法律地位的平等。所谓人力资源配置，就是根据经济发展的客观要求，通过一定的形式和机制科学合理地调配人力资源的行为，其目的是使人力资源与其他资源合理有效地结合，创造最佳的工作效率。问题在于，一些单位在承认这种差别的基础上，对女性更适合的工作，不予提供或者提供很少的工作岗位，我们所要讨论的无歧视人力资源配置是指在承认男女有别的条件下，建立合理的性别角色规范，就是在一个人的生理和性别有一定认同的条件下，确立有利于市场发展和社会进步的人力资源配置。要合理地做到人力资源配置，可以从以下几个方面入手。

7.1　从观念上改变男女不平等的思想

人的一切行为皆源于思想，所以要改变人力资源配置中出现的不合理的性别配置问题，从思想上改变人们传统的观念是非常重要的。“重男轻女”的思想在中国已经有几千年的历史，新中国成立后，虽然国家多年来也在大力宣传男女平等，并从法律方面对女性地位的维护起到了硬性的控制作用，但市场经济体制下，在劳动力市场这样一个软型条件下，女性的地位始终没有得到彻底的改善。男女性别在大多数人的思想里始终有一定的区别，“重男轻女”的思想还有一定的市场。所以充分发挥宣传导向和意识形态的作用是必不可少的。通过舆论、道德、价值观念的作用，宣传男女平等的意识，树立男女平等的理念，以消除对女性的偏见，抵制歧视女性的言行。

7.2　调整产业结构，拓展女性就业空间

发展高新技术产业是我国迎接新世纪新挑战的重要举措，但是我国女性人数多、素

质相对不高，而增强我国综合国力和国际竞争力的措施是建设在社会稳定的牢固基础上的，加之建立社会主义和谐社会，还必须相应地发展能安置大量女职工的第三产业，如社区服务业等。目前，发达国家 95%的就业岗位是由服务业提供的。虽然我国早已经涉及这个领域，但是这个行业仍然潜力巨大，需要大量人力的填充，前景极为广阔。特别是社区服务业最为显著，其特点是福利性和共享性。由于服务对象涉及千家万户，只要能从目前零散分割、量小微薄的简单生活服务扩展到文化、教育、医疗、保健、社交、娱乐等全方位、高品位、高层次的服务，并力争实现社区服务社会化、市场化、企业化、规模化，就能提供数量可观的岗位。而第三产业这些岗位大多不需要太高、精、尖的技术知识和操作技能，而且就工作性质而言，也比较适合女性，这样就可以把社会上大量闲置或者正在从事不适合岗位的女性转移到适合的工作岗位上，同时还可以促进我国第三产业的发展，实现女性人力资源的合理配置。

7.3　政府做好宏观引导

第一，优化女性就业的社会环境。提高女性就业质量，一是要抵制和消除对女性的就业歧视和偏见，尤其是要加强对失业女性的关注和支持，提高公众帮助下岗失业女性的社会责任感；二是政府要多层面解决女性就业的机会问题。第二，充分发挥政府的宏观调控职能，制定有利于就业机会均等、消除行业在招聘过程中的歧视“政策”，促进女性工作岗位的合理配置。使两性的人力资源配置做到平等，将经济社会发展与女性发展相协调的理念渗透到各级决策部门，使之在政策制定和调整过程中注意到对男女两性的不同影响。提高管理层和高决策层的女性比例，形成对决策有效的影响力。为了做出有利的表率，政府可以从公务员的人力资源配置和晋升中提高女性所占比例，起到一个带头的作用，同时也会起到较大的宣传效果。其实宣传也就是让人们从思想上有所改变。

7.4　女性应积极主动提高自身素质

从女性本身来说，不能被动地等待政府或企业打开门户和降低门槛，自己也应该积极参加职业培训和教育，不断提高自身素质，掌握必要技术，增强就业能力。市场化提供了更多的选择和发展的机会，同时也提出了更高的要求，产生了更大的压力。这种情况就要求人们提高自身的素质，学习新技术，掌握新本领。女性应该边干边学新知识，学习职业技能和创业技能，掌握一些经营谋略和基本的经济知识，努力提高个人素质，以增强应对未来的挑战能力。

7.5　解放农村女性劳动力，提高其劳动价值

由于农村妇女在我国女性中占有很大的比例，这些劳动力如果没有得到有效地开发与使用，就会对我国整体的女性人力资源配置起到很大的阻碍作用。在人们的固有思想

中，认为农村女性只有在家里照顾老人和小孩、做农活、干家务，所以部分有能力的女性就被束缚了。如果政府能对农村老人、小孩按区域提供统一的生活保障和服务，那么大部分农村女性就可以从家务中解放出来，进行劳动组合，一方面可以提高劳动效率，另一方面也可以进行自主创业，如根据当地特点开办手工作坊等，也可以进城务工，让她们的潜能得到更大地发挥和体现更大的社会价值。一旦农村女性的劳动力价值和劳动参与率提高，对整个中国女性的劳动力合理配置是有重要影响的。当然，这并不是说要放弃农活，中国现阶段仍然是个农业大国，农业仍然是重中之重的产业，但是因为现在农业种植技术的科技含量仍然不高，在大部分地区特别是落后地区，仍然是靠人力来进行耕种，大部分农民仍然过着“面朝黄土背朝天”的生活，所以同样的农活就会占去更多的人力。如果普及科技种植的方法，提高工作效率，一方面可以使农村女性从事更多的以前只有男性才可以从事的农活，一方面也可以解放更多的农村女性甚至是男性，让他们可以自主经营创办适合自身发展的中小型企业。

7.6　更高层次地普及九年制义务教育

由于历史的原因，中国以前在家庭条件有限的情况下，都只会让男孩上学，女孩一般都难以得到受教育的机会，当时看起来可能没有什么影响，但是在几十年后的今天，那些当时没有受到更多教育的女孩就是今天无法参与到知识、技能要求较高的行业的女性劳动力。所以前车之鉴，我们现在要更进一步地普及九年制义务教育，让男女都享有平等受教育的机会。或许这个作用在一两年甚至五年都看不到明显的成效，但是十几年后，对于提高人口素质，调节我国人力资源性别合理配置的作用将是非常大的。

我国是一个人口众多的国家，人力资源是我们最大的潜在优势，如果能合理地配置这些人力资源，对促进我国经济发展的作用是非常巨大的。但同时它也是一把双刃剑，如果人力资源配置方面出现不合理，不但会造成人力资源的浪费，也会成为我国经济发展的重大负担，制约我国经济增长方式的转变，成为实现经济可持续发展和创造和谐社会的重大阻碍。所以合理配置人力资源，开发、利用和优化女性人力资源，不仅是我国发展的关键因素，而且是使经济发展具有可持续性，达到经济发展和可持续性内在统一的重要途径。

第 8 章　我国女性在人力资源配置中的现状分析

人力资源配置中存在着性别差异，这既有历史惯性的原因，也有观念上的原因，当然也有工种需要方面的原因，这就造成了在一些岗位上男性多于女性，而另一些岗位上女性多于男性。但总体来看，男性用工比女性高，这对于现代化社会来说，不能算是很正常。本章就女性在人力资源配置中的一些情况，进行简要分析，并提出一些看法。

8.1　男女从事行业分布和职业结构现状

8.1.1　我国城镇单位从业人数情况

我国城镇单位从业人数情况，如表 8-1 所示。

表 8-1　2003 年年末我国城镇单位从业人数情况

行业	男性/万人	女性/万人	总数/万人	男性比例/%	女性比例/%
A 农、林、牧、副、渔业	308.42	176.12	484.54	63.7	36.3
B 采矿业	368.55	119.71	488.26	75.5	24.5
C 制造业	1 687.80	1 292.69	2 980.49	56.6	43.4
D 电力、燃气及水的生产和供应	204.89	92.68	297.57	68.9	31.1
E 建筑业	705.33	128.38	833.71	84.6	15.4
F 交通运输、仓储、邮政	454.05	182.47	636.52	71.3	28.7
G 信息传输、计算机服务和软件业	74.71	42.11	116.82	64.0	36.0
H 批发和零售业	347.81	280.34	628.15	55.4	44.6
I 住宿和餐饮业	77.11	95.01	172.12	44.8	55.2
J 金融业	188.83	164.51	353.34	53.4	46.6
K 房地产业	79.79	40.44	120.23	66.4	33.6
L 租赁和商务服务业	120.81	62.68	183.49	65.8	34.2
M 科学研究、技术服务和地质勘察业	151.19	70.68	221.87	68.1	31.9
N 水利、环境和公共设施管理业	103.77	68.77	172.54	60.1	39.9
O 居民服务和其他服务业	30.59	22.2	52.79	57.9	42.1
P 教育	769.96	672.81	1 442.77	53.4	46.6
Q 卫生、社会保障和福利业	201.27	284.52	485.79	41.4	58.6
R 文化、体育和娱乐业	75.86	51.89	127.75	59.4	40.6
S 公共管理和社会组织	862.63	308.12	1 170.96	73.7	26.3
合计	6 813.57	4 156.13	10 969.70	62.1	37.9

我们把以上数据按照男女从事行业比例的分类整理为几组图形，可以更为清楚地看到男女所从事行业的人力配置比例(图 8-1～图 8-3)。

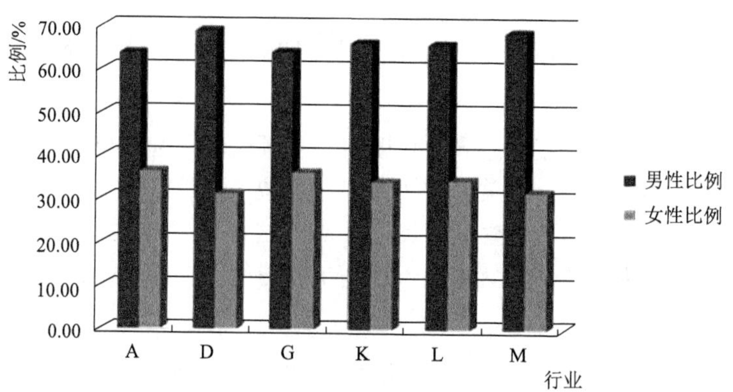

图 8-1　男性与女性人力配置比例约为 2∶1 的行业

注：A 农、林、牧、副、渔业；D 电力、燃气及水的生产和供应；G 信息传输、计算机服务和软件业；K 房地产业；L 租赁和商务服务业；M 科学研究、技术服务和地质勘察业

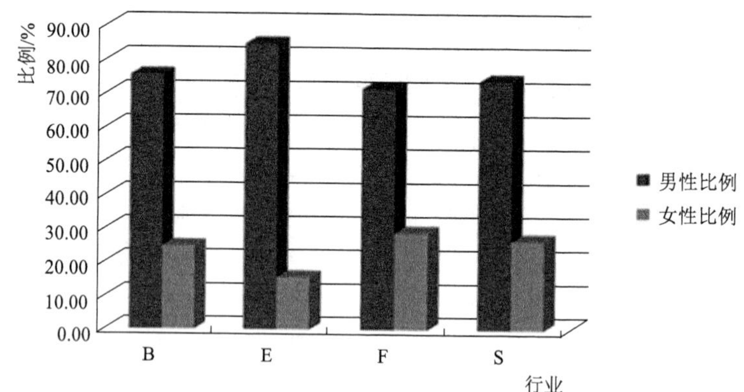

图 8-2　男性与女性人力配置比例大于 2.5∶1 的行业

注：B 采矿业；E 建筑业；F 交通运输、仓储、邮政；S 公共管理和社会组织

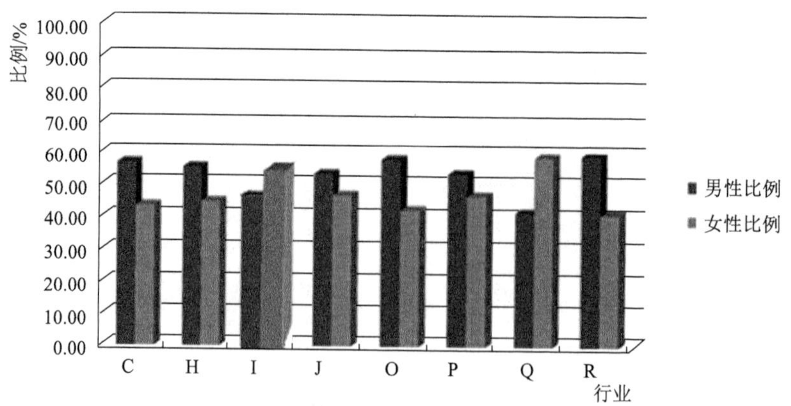

图 8-3 男性与女性人力配置比例约为 1∶1 的行业

注：C 制造业；H 批发和零售业；I 住宿和餐饮业；J 金融业；O 居民服务和其他服务业；P 教育；Q 卫生、社会保障和福利业；R 文化、体育和娱乐业

由此可以看出，女性从业人员较之男性总体都处于偏低的水平，与男性存在一定的差异。男性劳动力从事第一、第二产业的比例较高，而女性从事第三产业的比例较高。第二产业中男女差异主要表现在男性从事建筑业、采矿业、电力业的比例高于女性；第三产业中男女差异主要表现在女性从事商业和服务业的比例高于男性，而在科学研究、公共管理、信息传输等方面所占的比例较低。这种行业差异，一方面是由男女生理差异决定的，另一方面是延续了传统的性别分工模式，影响了女性就业和用人单位对劳动力的选择和配置。

在采矿、电力、建筑、森林伐木等行业中有部分工种是国家有相关的法律条文规定了妇女不得从事的岗位。所以，在这些行业女性的人力配置比较少是比较正常的，也比较合理。但是在房地产、邮政、仓储、租赁和商业服务，甚至公共管理和社会组织等行业也存在着男女人力比例在 2∶1，甚至更高的比例时，就存在不合理因素了。因为像公共管理、仓储、邮政等行业既不属于劳动强度分级标准中的第Ⅳ级体力劳动强度的作业，也不属于连续负重 6 次以上，每次超过 20 公斤的作业，但为什么女性人力配置最多的只占男性的 1/2？更多的女性劳动力到哪里去了呢？是到家庭劳动去了，还是处于失业状态中？即使在中国人口总量中，男性人口较多，但是男女人口总量的比例差异始终在 10%以内。根据国家 2005 年最新的人口统计数据，全国人口中，男性为 67 309 万人，占总人口的 51.53%；女性为 63 319 万人，占总人口的 48.47%，男女比例人口总量基本均衡，所以人口总量的原因对人力性别配置的影响基本不大。那么大量的女性就可能游离于劳动力市场之外，特别是有些有能力胜任相应工作的女性无法发挥自身潜力，造成了大量人力资源的浪费，同时这些游离于人力市场之外的女性不但无法为社会创造价值，反而可能会成为社会和国家的负担，形成相对负担较大的社会现象。其实女性在形象思维、耐性、细致等方面都优于男性，相对来说比男性更适合居民服务和其他服务业的工作。

8.1.2　我国在岗的男女性职工中专业技术人员的构成

虽然女性就业的范围在不断扩大，但是她们主要从事的仍是传统意义上的“女性职业”，即在就业市场上仍存在着明显的性别隔离。在就业结构上，他们仍然处于金字塔的底层。与男性相比，女性从事更多的是技术水平和工资水平比较低的职业，而在那些具有较高知识水平和技能、社会和政治期望比较高的职业中，妇女从业人员所占比例较小，特别是有关党政领导、企业家和学科带头人等高层次人才。在大多数行业中，从事技术行业的工作根本没有违反国家禁止女性参加的工种，但是女性在 60%以上的行业中从事技术工作的比例仍然不到男性的 1/2(表 8-2)，原因又在哪里呢？是因为没有女性愿意从事或者懂得技术性行业的工作吗？如果是，那为什么每年就业市场上都存在着大量专业技术性的女性(特别是女大学生)在劳动市场上徘徊，最终因找不到专业对口的技术性工作而转向于销售、文员、秘书等习惯性的女性工作行业。从某种程度上来说，就业出现性别区别对待的现象，其根本原因也在于人力资源配置中的观念问题。

表 8-2　2003 年年末我国在岗职工专业技术人员构成情况

行业	男性/万人	女性/万人	总数/万人	男性比例/%	女性比例/%
A 农、林、牧、副、渔业	53.58	24.66	78.24	68.5	31.5
B 采矿业	44.19	22.27	66.46	66.5	33.5
C 制造业	283.54	148.07	431.61	65.7	34.3
D 电力、燃气及水的生产和供应	47.05	21.23	68.28	68.9	31.1
E 建筑业	124.03	36.84	160.87	77.1	22.9
F 交通运输、仓储、邮政	61.53	28.49	90.02	68.4	31.6
G 信息传输、计算机服务和软件业	27.46	13.68	41.14	66.7	33.3
H 批发和零售业	58.39	42.61	101.00	57.8	42.2
I 住宿和餐饮业	10.15	7.39	17.54	57.9	42.1
J 金融业	87.92	71.53	159.45	55.1	44.9
K 房地产业	18.79	10.52	29.31	64.1	35.9
L 租赁和商务服务业	21.90	14.49	36.39	60.2	39.8
M 科学研究、技术服务和地质勘察业	75.60	37.22	112.82	67.0	33.0
N 水利、环境和公共设施管理业	17.07	9.27	26.34	64.8	35.2
O 居民服务和其他服务业	3.16	3.94	7.10	55.5	44.5
P 教育	604.49	549.71	1 154.20	52.4	47.6
Q 卫生、社会保障和福利业	130.95	218.36	349.31	37.5	62.5
R 文化、体育和娱乐业	33.98	26.16	60.14	56.5	43.5
S 公共管理和社会组织	77.76	45.00	122.76	63.7	36.7
合计	1 782.35	1 330.66	3 113.01	57.3	42.7

8.2　女性参与劳动率下降幅度与男性相比偏大

现阶段由市场配置劳动力资源，大量劳动力从国有企业和集体企业中脱离出来。根据劳动和社会保障部门统计，全国城镇登记失业人数 730 多万人，登记失业率 4.0%，加上非国有企业，实际失业人数有 1421 多万人，约为 7.0%，大批女工为结构性失业，女性经济活动参与率(15 岁及以上人口)为 72.6%，相当于男性参与率的 86%。在本身就有大量女性人力剩余或者没有充分利用的情况下，更有大量的女性游离在劳动市场之外，成为闲置人员。从总量和女性参与工作的比例上来说，女性人力资源的浪费又加大了。

8.3　女性垂直向上流动困难

很多女性与男性相比较，在职业流动上明显处于劣势位置，垂直向上流动困难。在同等晋升的条件下，更多的老板会优先选择提升男性。职场的男女比例中，从普通职员到高层管理者，女性雇员所占比例呈倒金字塔形。越是高层，女性的身影越少。上海某公司针对都市职业女性的一项调查显示，在公司经理层中，男性为 57.9%，女性为 42.1%，基本平衡，但是在总经理的职位上，男性比例约为 83.4%，而女性则锐减为 16.6%。这种倒金字塔结构不仅出现在中国，在国外也是同样的情形。在美国大公司，女性只占据了高管职位的 16%，在总经理级别的岗位上只占到 13%，财富 500 强公司中女 CEO 只有 6 位。在实际销售额超过 50 亿美元的上市公司管理层中，拥有公司前 5 位高层职位的女性只占其中的 5%，首席执行官中只占 2%。

女性晋升难是因为女性在管理和领导的能力上逊于男性吗?泰来猎头咨询事务所所长纪云认为，女性在能力、知识背景和智力因素上与男性并无差异，而其在沟通能力和亲和力上有着天然优势。担任北京大学光华管理学院女性管理者课程教学的董小英副教授认为，在更强调合作和沟通的新经济时代，女性感性、亲和力等自然属性的特征使得其更具有从事管理的优势。事实上，在经营管理业绩上，女性表现出比男性更稳定和更有成就的特点。4 年前的一项调查显示，当我国工业企业平均亏损率约为 20%时，由女性领导的企业仅有 1.5%的亏损。据中国女企业家协会秘书长史清琪不久前透露，由女企业家协会于 2003 年年底完成的对中小企业女企业家的问卷调查显示，中国中小企业中女企业家企业年利润和 2002 年年底利润比较，亏损面仅为 4%。中国企业家调查系统的最新数据显示，女企业家经营的企业中，盈利企业的比重比男企业家的企业增加 7.8%，持平企业也增加 4.3%，而亏损企业则减少 12.1%。这其中固然有女性所领导的企业多为中小企业的因素，也与女性的经营风格不如男性那样冒险有关。

美国加州管理咨询家珍妮特 • 欧文的一项调研表明，在调查的 31 个项目中，职业女性有 28 项超过职业男性。女性在智能领域的各个方面均优于男性，如完成高质量工作、识别潮流趋势、集纳新的思维并付诸实践等，并且女性更具合作精神。

第 9 章　人力资源配置与就业途径拓展

我国经济正以前所未有的发展速度迈向一个又一个新的战略目标，2020 年建成惠及十几亿人口的更高水平的小康社会的发展愿景已经指日可待。然而，我国人力资源供给高峰的到来，以及市场经济发展的深化、城市化进程的加快、国际经济危机的影响等因素造成的失业压力也越来越突出。在中国这样一个世界人口最多的国家，解决就业问题、保持经济的可持续发展已经成为我们当前最繁重、最艰巨、最紧迫的任务。

我们可以看到，身边无所事事和求职无门的人越来越多。“有岗无人，有人无岗”，中国经济发展中这一矛盾就业现象已引起越来越多专家学者的高度重视，构建和谐社会的历史使命也要求我们对就业途径拓展问题进行认真总结与思考。

人力资源的合理配置是解决就业途径拓展问题的决定性前提条件。只有通过对人力资源的合理配置，推动社会经济的加快发展，才能拓展更多新的就业途径，从根本上缓解或解决我国人力资源就业的供求矛盾。只有通过对人力资源的开发，提高人力资源整体的素质，改善就业结构，才能提高人力资源的就业竞争能力，增加人力资源就业的有效供给，促进就业途径的持续拓展。

9.1　我国人力资源配置与就业途径拓展面临的问题

中国是世界人口最多的国家，可供使用的人力资源达到 7.5 亿人，约占世界人力资源总量的 30%。总体而言，我国人力资源具有现实使用成本低和就业供求矛盾突出的情况，又具有低质、低效和结构失衡、就业竞争能力低的现状。由此导致我国人力资源的失业压力不断上升，人力资源开发与配置已成为我国经济社会发展和就业途径拓展的迫切需要。

9.1.1　人力资源使用成本低与就业的供求矛盾

人力资源是经济社会发展的第一资源和最终决定因素。在我国这样一种特定国情与历史条件下，丰富的人力资源既是经济社会发展的动力，又对发展形成沉重压力。

一方面，丰富的人力资源使得大量劳动力的现实使用成本降低，由此形成国际竞争中产品或服务的低价竞争优势，这是我国经济发展的强大动力之一。其主要表现为：①我国人力资源供给充足，劳动力现实使用成本低，促进了资本积累的形成，并推动经济社会的加快发展。②随着就业结构的转换和城市化进程的加快，转移到生产率更高的第二、第三产业的劳动力会释放出倍增的潜在能量，有利推动经济的快速发展。③上述劳工成本低、生产率提高形成的低价格比较优势，可以促进我国相关产品和服务扩大出口，外资引进和劳务出口也会因此而增加。

另一方面，丰富的人力资源也导致就业的供求矛盾日益突出，这种矛盾主要来源于：

①人力资源供给高峰的到来加剧了就业供求总量的矛盾。大量预测表明，未来 20 年是中国人口数量增长和人力资源供给的高峰时期，就业压力不断增加。②随着国际经济危机的影响，潜在的失业危机将加大就业的供求矛盾和就业压力。③就业结构的转换和城市化进程的加快，又需要为农村转移劳动力创造亿万个非农就业岗位，就业的供求矛盾将不断加剧。④步入 WTO 正常轨道后，某些领域的人力资源实际使用成本低的国际比较优势面临严重挑战。尽管我国劳工成本低，但相对效率有时更低，再加上关键人才的外流，就使我国原有的某些优势也逐渐丧失，竞争的压力也日益显现。

9.1.2　人力资源配置失衡与就业竞争能力低的矛盾

尽管我国人力资源极其丰富，但总体存在低质、低效、结构失衡、就业竞争能力低的状况，在现代化建设日新月异和科学技术蓬勃发展的今天，它对社会经济的发展和就业途径的拓展也形成巨大阻力。

1. 人力资源整体素质较低，技能水平差，就业竞争能力低

第一，由于客观历史条件的限制，我国还有 1 亿左右的人是文盲或半文盲，而且第一产业从业人员占人力资源的 65%，他们普遍文化水平较低。尽管我国有 3000 多万专业技术人员，但他们占人口总数的比例不足 3%，与发达国家的 10%～20%还有很大差距。

第二，面临就业结构转换的亿万农村劳动力大都缺乏基本的知识技能，非农化就业的转换阻力较大。甚至连下岗职工也多数为计划经济时期大中型企业的单一工种人员，缺乏复合性技能，很难胜任新的就业岗位的需要。

如此种种，导致就业条件不足或就业的高层次转换困难，就业竞争能力低。无数的竞业者只能望着一次又一次诱人的就业机会而感慨兴叹。

2. 人力资源开发利用水平低，现实效能低下

由于大量过剩劳动力长期滞留在生产力最低的第一产业中，只能维持最低的平均生产率，这部分人力资源得不到基本的开发和利用，抑制着资本积累和经济增长。

另外，许多经过教育培训的人力资源没有合适的就业岗位，因为所学的知识和技能得不到实际利用，造成现实效能低下。据有关部门统计，我国出生于 20 世纪 50～60 年代的大学生现在大都已退休或知识老化，而出生于 70 年代后期和 80 年代中期的大学生有相当一部分现在已经不干本行，有的被提升为领导，有的到了其他专业领域，有的则去经商了，人才的浪费现象非常严重。

3. 人力资源结构失衡，整体效率低下

这主要体现在以下两个方面：一是技能型劳动力比例过低，高级管理人才和高新技术人才严重短缺；二是非技能型劳动力严重过剩，整体人力资源不配套，难以形成较高的生产率，实际创新能力则更低。

9.1.3 失业压力不断增加与人力资源合理配置的矛盾

我国就业的供求矛盾和低质、低效、结构失衡的现状，对社会经济发展的负面影响已非常突出，并形成了日益严重的失业压力。主要表现在以下几方面。

(1) 由于人力资源的平均文化、劳动技能偏低、创新能力不足，常常只能在低水平上重复生产那些市场已经饱和的老化产品，没有多大销路，企业只好减少生产甚至停产。有的虽然能生产市场需要的产品，又往往由于效率低、成本高，产品质量也不高，甚至一流的技术设备也只能生产出二、三流的产品，市场销路也不广，于是不得不减少生产。这些都导致失业、下岗压力增加。

(2) 由于大量劳动力缺少最低限度的新技能，难以适应产业结构转型升级的客观需要，使其扩大就业和向第二、第三产业转移严重受阻，从而使就业非农化的转换进程放慢。这又使大量开发不足的农村剩余劳动力和新增劳动力的失业压力进一步加大。

(3) 由于人力资源结构失衡，以致整体活力和效能下降，有时即使投入新技术设备和大量物质资源，也难以形成有效生产力，产品或服务还是质量低、成本高，在市场上还是缺乏竞争力，最后仍不得不减少生产和裁员。有时在实验室里搞出了新产品，也难以实现批量生产和生产上的创新，甚至勉强生产出新产品又往往因成本高、质量低而缺乏市场竞争力，到头来还是要减产或裁员。这也使下岗、失业压力增大。

(4) 加入 WTO 后我国劳工成本低的国际比较优势在有些领域下降。这又使一大批相关企业的市场竞争力下降，企业的生产和出口规模会相对甚至绝对缩小，使原本拥有这种比较优势的企业下岗、失业压力开始增加。

素质偏低和结构失衡的人力资源，由于难以形成较高的效率和效益，以致无效供给过多，失业压力越来越大，这正是当前亟待从根本上解决的突出矛盾。

人力资源开发在发达国家已有六七十年的历史，它对于促进其社会经济的发展和提升国民素质，并从根本上拓展就业途径所起的作用极其重大。然而，我国以前一直沿用传统的人事管理模式，真正当代意义上的人力资源管理与开发不过十多年的时间，我们无论在理论还是实践上都欠缺太多，人力资源的科学开发已迫在眉睫。

9.2 人力资源合理配置对就业途径拓展的重要性

人力资源配置与开发是以发掘、培养、发展和利用人力资源为主要内容的一系列有计划的活动和过程。它以人力资本投资为前提，通过对人力资源的教育、培训、管理及人才的发展、培养、使用与调剂等诸多环节，以及政策、法律、制度和科学方法的运用，提高人力资源的素质和能力，挖掘人的潜力，合理配置和使用资源。

如前所述，人力资源合理配置与开发是就业途径拓展的决定性前提条件。一方面，人力资源开发能更快地推动经济的发展，有利于拓展更多新的就业途径，从根本上缓解或解决就业的供求矛盾；另一方面，人力资源开发可切实提高人力资源整体的素质和效率，改善就业结构，增强就业的竞争能力，从而保证人力资源的有效供给和就业途径的持续拓展。

9.2.1 人力资源开发能更快地推动经济的发展，有利于拓展更多新的就业途径

人力资源开发、就业途径拓展与经济发展是相辅相成、相互作用的。就业途径拓展包含于人力资源开发之中，它是对人力资源的合理配置和有效利用；人力资源的开发是保持经济持续快速健康发展的决定性前提条件；经济的发展是新的就业途径不断拓展的根本保证。因此，人力资源的开发与利用对于经济的发展和就业途径的拓展具有极其重要的作用。

首先，人力资源的开发和利用是推动经济增长的基本要素。在现代社会，知识、信息、技术成了社会经济发展的决定因素，而知识、信息、技术的生产、传播和应用，都依赖于高素质的劳动者，需要大批的科技人才和管理人才。从这个意义上说，21 世纪的国际竞争，归根到底是国民素质和人才的竞争，人才是经济社会发展的财富之源，是真正意义上的第一资本。因此，实施“科教兴国”战略，使现代化建设真正转移到依靠科技进步和提高劳动者素质的轨道上来，是我们的基本国策和根本方针。

其次，人力资源的开发和利用能促进劳动生产率和科学技术水平的提高。加强人力资源的开发和利用，一方面可以改善人力资源的素质，提高劳动者的技术水平和熟练程度，使劳动者在其他生产条件不变的情况下提高劳动生产率；另一方面，可创造更多的技术发明创造，并作用于劳动者、劳动资料和劳动对象，从而实现更快的生产增长和更好的经济效益。

再次，人力资源的开发和利用是产业结构转型升级的重要因素。产业结构的不同直接反映国家经济发展水平和人力资源开发的程度。发达国家第三产业在其产业结构中占有重要地位，而发展中国家以第一、第二产业为主，第三产业比例甚小。这种差别与人力资源开发和利用的程度是相关的，只有培养更多更好的科技人才和管理人才并加以合理有效的利用，才能推动第三产业的高度发展和科技进步，从而促进产业结构的转型升级。

最后，人力资源开发和利用的成功与否直接影响经济的可持续发展。可持续发展战略就是把社会经济发展与人口、资源、环境结合起来，统筹安排，综合协调。它主要取决于社会活动的主体——人，即人对可持续发展的认识程度、人力资源的素质，以及人对生产方式、生活方式的控制能力。在有限的物质资源日益枯竭和严重短缺的情况下，人力资源的开发和利用对经济可持续发展的作用就更为重要。

9.2.2 人力资源合理配置能促进就业的持续扩大，有利于就业途径的转换

人力资源的合理配置能切实提高人力资源的素质和效率，改善就业结构，增加人力资源的有效供给，具有较强的就业扩大效应。它会有力地促进其就业或创业能力向高次产业转移以及国际竞争力的提高，从而促进就业规模的扩大与就业质量的提高，这就会使我国日趋严重的就业压力得到有效缓解。目前人力资源的这种就业扩大效应，集中表现在以下三个方面。

(1) 人力资源配置与开发可切实提高人的基本素质与效率，并从根本上提高其就业竞争能力和创业能力，促进有效就业的持续扩大。这将会促进我国就业规模的扩大与就业质量历史性的根本转变。这种就业扩大效应，一是通过提高人的综合素质与就业竞争

力，包括通过职业再培训使失业下岗群体重新掌握新的就业技能，增加人力资源的有效供给，从而直接促进就业的有效扩大与就业效益的提高。二是通过多层次的再培训，提高职工的技能、效率与敬业精神，可使大量冗员转变为能适应改革与企业发展需要的新劳动力，从而减轻甚至消除下岗压力，又可促进内涵式发展、扩大有效就业及提高就业质量。三是可提高人的创业能力和创业精神，使其自主创业和独立创办新企业的能力得到开发，促进其自力更生地解决就业或通过创办新企业扩大就业。这是我国新时期人力资源开发最基本的就业扩大效应。

⑵人力资源配置与开发可直接使亟待转换就业的亿万劳动力掌握必要的新知识和新技能，提高其向高层次产业转移的能力，促进就业结构非农化的转换和有效就业的扩大，这会促进我国就业结构划时代的进步。人力资源配置与开发最终会促进结构转换效应的形成：一方面，它会促进就业数量在转换中有效扩大，使更多人力资源的能量都能得到提升和充分发挥，并由此推动第二、第三产业的加速扩张和就业的再扩大。另一方面，又能促进就业结构升级，缓解就业压力并使第一产业和第二、第三产业的生产率同时得到提高，从而创造出社会生产率全面提升和有效就业持续扩大的新局面。这是我国新时期人力资源开发最核心的就业扩大效应。

⑶人力资源配置与开发还会适应我国入世后的国际环境，有效提高人的相关知识、技能和创新能力，形成和扩大我国低劳工成本的国际比较优势，从而促进相关产业或企业的就业及劳务出口的稳步提升，这将促进我们创造出接近国际水平的就业竞争力，并以更高的效益扩大就业。

9.3 实现人力资源配置与开发的就业途径新突破

长期以来，我们尽管一直在强调要重视教育与培训，要重视人力资源开发，可强调了多年之后至今并未得到根本改观，以至到今天，我国仍然是发展中国家人力资源开发滞后的国家之一，由此形成的就业扩大效应与就业途径拓展也不尽如人意，这一点值得我们深思。那么，如何才能从根本上解决这一难题呢？我们必须在人力资源开发方面有新的突破，这是全部问题的核心与根本前提。

9.3.1 树立“人力资源开发第一”的新理念

这是实现人力资源开发新突破的先决条件。多年的实践已经证明，我国在这方面长期滞后，从根本上说既不是缺少必要的资金和物力，也不是缺少必要的开发基础和条件。对物的开发投入迅猛上升，对人的开发投入反而相对下降，反差极大，其深刻的根源就是“重物轻人”的旧观念。因此，追本溯源首先就要实行观念革命，切实树立“人力资源开发第一”的新理念。

所谓“人力资源开发第一”的理念，就是在整个战略指导思想上，真正把人力资源开发作为国家“第一要务”置于一切物质资源开发的最优先地位。有了这种新理念，我们在实践中才有可能坚持“先人后物”的开发方针，优先加大对人力资源开发的资金、物力及政策投入。首先使之掌握新时期急需的新知识、新技能，从而形成更高的就业竞争能力并释放出更大的潜能。这样不仅能从根本上促进就业途径的拓展和失业压力的缓解，而且还可能由此逐步形成我国特殊的人力资源优势。

尤其值得重视的是，我国新时期就业问题的实质是人力资源质量问题，绝不是靠简单增加就业岗位数量就能解决的。因为如果缺少新时期所需的必要技能，即使一个劳动力有三个就业机会，也难有一个能被他抓住。因此，在战略思想上必须抓住这个关键，首先解决人的能力建设问题，这是新时期拓展就业途径及经济社会发展的根本前提。我们一旦认识这一客观规律并形成新的理念，就会转为强大的物质力量。这一点也正是 20 世纪后半期许多新兴工业国家和某些发达国家得以克服严重失业压力，最终实现有效就业和经济高速发展的核心所在，这一国际经验很值得我们重视。

9.3.2　人力资源开发和就业途径拓展的战略重点

我国新时期人力资源开发的战略重点应向几亿农民和非技能劳动力倾斜，大力提高其知识技能水平和转换就业的能力，这是加快实现就业结构非农化转换和扩大有效就业的决定性条件。农民和非技能劳动力是我国人力资源的“半壁江山”，他们转换就业的成败，对全局具有极大的重要性。但由于他们的知识、技能开发严重滞后于城市，向高层次产业转换又举步维艰，入世后受到的冲击也最大，并对全局产生巨大的压力。

因此，我们必须及时把人力资源开发的战略重点向他们倾斜，大幅增加资金的投入，对其实行强有力的人力资源开发政策。例如，国家和地方政府对农村基础教育、卫生和职业培训等公共支出的投入比例，要提高到接近农村人口所占的比例，以确保对那里的人力资源开发的投入足额到位，从根本上改观农村义务教育滞后、适应市场需求的农村职业技术学校和相关培训机构严重不足的局面。

这里特别值得一提的是，现阶段我国对农民加大能力开发投入，其扩大就业效应和经济社会效益都是很大的。它不仅会以较低代价更快地提升几亿人的基本技能和生产率，促进其加快转换就业和扩大就业，而且会使人力资源的总体能量与国际竞争力得到最快的提升，这一块资源“活了”，全局形势才会根本逆转。

9.3.3　人力资源开发要实行创业能力开发优先的突破原则

重点开发各层次的创业人才，借以提高自主创业和创办新企业的速度和水平。这将会形成拉动我国有效就业的火车头。

创业能力开发的突破，既可直接促进众多劳动力自力更生的就业或创业，更可以收到开发一人、创业一家的开放效应。这种双重的就业扩大效应，在当前我国劳动力严重供过于求、各产业部门吸纳就业能力日趋下降的新形势下，尤其具有特殊的重要意义。它是当前我国投入少、成效大、最经济的人力资源开发方式。因此，我们除了要在各类学校开展创业教育并鼓励毕业生积极参加创业以外，更要对社会各阶层有创业意愿和需求的群体和个人，以最优惠的条件进行创业培训，大力提高其创业能力和相关知识，强化其创业新理念与艰苦创业精神，促进更多的人自主就业或创办更多的新企业以吸纳更多的人就业。这样，随着自主创业和新创企业的迅速增长，就业的供求矛盾就会得到更快的缓解，就业途径的拓展就会取得新的突破。

在科学技术蓬勃发展的今天，我国人力资源的就业途径，既有“质”的要求，又有“数”的压力。只有通过对人力资源的开发来提高人力资源的整体素质和效率，改善就业结构，推动经济的持续、快速、健康发展，以质量的提高来促进数量的增加，才是有效拓展就业途径的决定性前提条件。如果靠简单增加就业岗位的数量，那么“有岗无人，有人无岗”的就业现状则永远无法改变，人力资源的失业压力就会越来越大，全面建设小康社会的发展战略目标将因此而无法实现。

第二篇
企业文化建设

第 10 章　企业文化对员工的作用

——以 ZY 地产置业顾问有限责任公司为例

人是物质力量和精神力量的统一体，既有物质需求也有精神需求。由此，可以把激励分为物质激励和精神激励两种。物质激励通常是通过满足员工的物质需求来实施的，如薪酬激励、福利激励等。精神激励通常是通过满足员工的精神需求来实施的。精神激励比物质激励在某种程度上更具优势。这是因为当物质激励达到一定的程度后就会出现边际递减效应，而来自精神的激励则更持久、更有效。企业文化的激励属于精神激励的范畴，是指企业文化本身所具有的通过各组成要素来激发员工动机与潜在能力的作用。如果企业文化得到了员工的理解和认同，就会产生强烈的共鸣，那么企业文化的激励功能就具有了持久性、整体性和全员性的特点和优势。企业文化能够满足员工的精神需要，调动员工的精神力量，使他们产生归属感、自尊感和成就感，从而充分发挥他们的巨大潜能。

10.1　企业文化对员工的激励作用

企业文化能够对员工产生激励作用的原因是多方面的，包括物质的、制度的、精神的因素，但主要表现在良好的组织环境、组织经营哲学、组织价值观、组织精神等方面。

10.1.1　良好的组织环境

组织环境的好坏与激励作用的强弱密切相关。如果一个组织拥有良好的企业文化，那么它内部的小环境就比较和谐，员工的人际关系就比较融洽。员工身处其中受到感染，具有执著的事业追求和高尚的道德情操，能把对企业的发展与自己的成就密切联系在一起，从而能够以良好的心态进行工作。员工之间的冲突及彼此之间互不服气，为权力、奖金、工资、晋升等争斗的现象就比较少，工作绩效自然提高。同时，在良好的企业文化氛围内，员工的贡献能够得到及时的肯定、赞赏和奖励，从而使员工产生极大的满足感、荣誉感和责任心，以极大的热情投入到工作中，激励效果显著。特别是员工的组织荣誉感，是一种很显在的自豪感，更能起到良好的激励效果。

10.1.2　组织经营哲学

组织经营哲学是理论化、系统化的经营管理观和经营管理方法论。一个组织要获得成功必须要有正确的经营哲学为指导。组织应该根据自己的特点，创造出具有自己特色的经营管理哲学和基本的现代管理观念，如物质观、动态观、联系观、效率观、风险观、竞争观、市场观、人才观等。这些观念的正确与否，直接或间接地影响到员工的观念，对员工起着潜移默化的激励作用。

10.1.3 组织价值观

价值观是组织全体成员的最高追求，以及衡量个人行为之是非、美丑、好坏的准绳，是企业文化的核心。价值观是企业的内在驱动力，是企业至高无上的信条。它通过组织目标、组织精神、组织道德等反映出来。组织价值观能够把员工的价值观吸引和统一到组织价值观体系中来，对员工自己的价值观起主导、修正的作用。它为员工提供共同的思想意识、信仰和日常行为准则，是企业取得成功的必要条件。正确的组织价值观念能够引导和激励员工为了组织的发展而全身心地投入工作，充分发挥员工的主动性、积极性和创造性，强化团队精神，真正起到主人翁的作用。

10.1.4 组织精神

组织精神是在组织活动中形成的、代表组织价值观和员工意愿的、反映组织目标和方向的、对组织发展起巨大推动作用的一种精神力量。美国心理学家双因素理论提出者赫茨伯格认为，改善外部条件的激励方法(如工作条件、金钱地位、安全等)，虽可以提高员工的工作满意度，但未必能使人产生积极行为。只有从人的内部进行激励才能真正调动人的积极性，恰当的精神激励比许多物质激励更有效、更持久。对员工来说，优秀的企业文化实质上是一种内在激励，它能够起到其他激励手段所起不到的激励作用。企业文化能够综合发挥目标激励、领导行为激励、竞争激励、奖惩激励等多种激励手段的作用，从而激发出企业内部各部门和所有员工的积极性，而这种积极性同时也成为企业发展的无穷力量。

10.2 如何发挥企业文化的激励作用

10.2.1 薪酬体系与企业文化有效地结合

一个有效的薪酬体系是建立在支持企业薪酬哲学理论或价值观基础上的，是薪酬分配投资获得正回报率的必要条件。一个薪酬体系的形成是否是合理的，能否获得预期的收益，关键取决于薪酬体系与企业文化匹配的程度。一些从国外引进的薪酬体系在实践中并没有达到预期的目的，其主要原因在于我们拥有与他们不一样的企业文化。1984 年成立的科龙集团是位于广东顺德的大型企业集团，也是中国最大的家电企业之一。科龙集团是国内第一家同时在香港、深圳发行股票的上市公司，邓小平、江泽民等曾亲临视察，由此可见其当年的辉煌。但随着市场形势的不断发展，科龙集团所在的家电行业逐渐呈现严重供过于求的竞争态势，竞争日趋激烈，企业遭遇极大的经营压力。在此背景下，1998 年，科龙聘请以 CI 策划而闻名的台湾某策划专家及某大学教授为顾问，实施一项命名为“万龙耕心”的企业文化塑造工程，希望借助这一“耕心”工程能够进一步凝聚人心，提高士气，以适应家电市场日益激烈的竞争。最终虽然“文化”塑造成功了，却因为“文化”而文化，脱离了科龙实际而未能发挥其应有的作用。

企业文化明确了公司倡导什么、反对什么，这应该是我们制定薪酬体系的基础。如果公司强调业绩导向的文化，那么薪酬总额中浮动薪酬所占的比例就应该要大一些，如中原地产置业顾问有限责任公司(中原地产公司)强调的就是一种业绩导向的文化，其基本工资所占的比例其实很小，员工最主要的收入来源于浮动工资。其浮动工资就是根据员工成交的每单交易所收取的佣金的多少来按相应的比例提成，如果收取的佣金能够达到 5 万元，那么就能获得最高 30%的提成，所以如果收取的佣金多的话，那么员工就不会在乎那点儿基本工资了。而且公司的晋升制度也是根据员工的业绩来定的，当员工的业绩达到公司的规定后就会进行相应的晋升。这一薪酬制度与企业的文化很好地结合，大大提升了员工的积极性，很好地发挥了企业文化的导向、激励作用。同时，公司奖励制度也取决于企业文化的制度层。中原地产公司既注重员工个人的业绩，同时也注重团队的配合，所以公司在奖励时，除了奖励业绩突出的个人，也评出业绩优秀的团队进行奖励，以此来调动与激励从管理层到一线员工所有人的积极性。

10.2.2　运用好基于企业文化的精神激励作用

1. 建立和谐的人际关系

和谐的人际关系是良好组织环境的基本体现，是员工发掘潜能和发挥创造性的精神支柱。

其一，培养简单、轻松的人际关系。当员工中形成一种复杂甚至冲突(显在的或潜在的冲突)的人际关系时，员工每天都要花很多心思来应对这种人际关系，那么投入工作中的精力就不够，团队也很难形成一种强劲的合力来解决工作中的问题。作为企业的管理者，要充分营造企业文化的良好氛围，形成一种从自觉到自发的文化。和谐人际关系的形成，有赖于企业处理好员工的显在冲突和潜在冲突。

其二，实施团队管理。能否组建一个最优秀的团队，取决于这个团队是否和谐，团队成员间相处是否愉快。在一个团队中，如果队员之间都各自为政，而且在工作的过程中经常为一些琐事闹得不愉快，或者团队让队员产生了他在这个团队中是可有可无的感觉，那么队员工作的积极性就会大打折扣，队员间也很难形成有效的合作，整个团队的战斗力也会受到影响。作为企业的领导者就要积极地进行疏通、引导，提高个人的团队意识。有些企业拥有的人才其实不少，如对口专业的硕士生、博士生所占的比例并不小，理论上来说应该拥有很强的市场竞争力了，但事实上恰好相反，其原因是他们都以自我为中心，各自为政，没能形成一个强有力的团队，所以其市场竞争力没能达到预期的效果。在中原地产公司中，各部门的经理经常会让成功做成交易的员工来给大家交流与分享成功的经验，相互学习，同时也会让合作没有成功的员工坐在一起来分析失败的原因。一方面是为了从失败中找出原因，另一方面也是为了消除合作员工之间不必要的相互埋怨，以此在员工之间形成一种和谐的同事关系。

2. 创造良好的社会美誉度

一个好的企业品牌必然产生良好的社会美誉度，这会让员工产生无比的自豪感，会给员工带来许多精神上的享受，使员工在工作中拥有更高的激情去完成自己的工作。中原地产公司秉承“公开资讯、公平交易、不参与炒卖、不吃差价”的服务宗旨，服务于广大的消费者，并得到了消费者的认可和赞美。30 年来中原地产始终如一地坚持这一服务理念，在广大的消费者中树立起了“皇牌代理”的企业形象，并成为全国房地产置业顾问公司百强之首。企业在社会中树立起的这一良好的社会形象，会让员工在日常的工作、生活中都有一种自豪感，因为“我们是中原地产的员工”。在平常的工作中，当顾客得知是中原地产的员工时，他们接待的态度也会好很多，而且对其工作也会比较放心，因为他们相信中原的品牌，所以中原地产的员工在平常的工作中也比较好开展工作，这就使员工在平时的工作中积极性也非常高。同比于其他的置业公司，他们平常的工作就会遇到不小的麻烦，不是来自客户方面就是来自业主方面的，这使得他们成交一单生意都要花费很多的精力，所以最终导致他们的业绩不理想。正是因为如此，中原地产从其他企业中获得不少优秀的人才。中原地产之所以能够取得如今的成就，是因为公司通过自己的企业文化为员工在社会中创造了良好的美誉度，让员工在工作中更轻松、更自信，从而为公司带来了良好的经济效益，同时也带来了社会效益。

3. 健全与企业文化相适应的企业制度

制度建设是构成企业文化的三大因素之一。因此，企业制度应该围绕企业文化去编制、执行和维护，如果与企业文化发生冲突，那么这些制度就将视为无效，应该废除。企业文化通过企业制度而具有强制力，可以视为企业的法规，一旦员工的行为与企业文化相悖，就会受到企业制度的相应惩罚，所以企业文化必须通过制度的强制性手段来引导、规范员工的行为。

前已述及，中原地产公司在其服务宗旨中，严禁员工吃差价。在交易的过程中一旦发现员工吃差价，公司将立刻解除与该员工的合同，并将违规的员工列入行业的黑名单。所以中原地产的员工在交易的过程中除了收取应得的佣金外，不会收取客户的任何费用或礼品。这有力地维护了企业的社会美誉度。

4. 提供良好的学习培训机会

为员工提供良好的学习培训机会，帮助员工实现自我价值，是企业给员工最大的福利。企业文化的最高境界是员工对企业文化自觉的认同与内化，并转变成员工自觉的行为。通过对员工的培训，真正地做到使企业的每一个员工都不折不扣地遵循企业文化，以企业文化来导向员工的日常行为。

中原地产一直都强调要打造学习型的团队，学习文化是员工的一种隐性收入。公司每个部门除了定期举行员工对企业文化的学习外，还会不定期地让不同区域的员工相互考察和学习，参观不同区域的员工对企业文化学习和落实的情况，相互取长补短，以更好地践行和完善企业的文化。

10.2.3　充分发挥传统思想的积极作用

中国优秀的传统思想经过五千年岁月的磨砺，有着其存在的必然性和可持续发展的生命力。在现代企业的管理中，中国的传统思想里有许多值得我们借鉴的东西。在中国的传统思想中，儒家思想占据着主导地位，我们可借鉴儒家传统思想来建设企业文化，并激励员工。

1. “重人轻物”的思想

儒家“重人轻物”的思想与现代企业建设以人为本的文化是相一致的。以人为中心和追求和谐是中国传统文化的一贯思想，这种思想随着时间的变迁早就植根于广大华夏子孙的思想中了。而我们现代企业文化的核心也在于人，充分调动人的积极性，用价值观来协调人们的思想和行为，力求在企业内部形成亲密、和谐的人际关系，使劳资双方和谐、融洽。所以我们可以以“重人轻物”为切入点，来充分发挥企业文化以人为本的激励作用。

2. “中庸”的思想

中庸之道是常人之道，是适中之道，是可行之道。中庸之道有利于实现团结协作。企业文化倡导员工协作团结，重视人与人之间的情感，主张运用共同的价值观念将员工的观念和行为统一到企业的经营目标上来，形成强大的凝聚力，而不是运用各种僵化的硬性规章制度、指标等约束职工，这正好符合传统文化中的中庸之道，中庸之道讲求中道、重情义、不偏不倚等特点。“守中致和”体现在家庭观念上，即崇尚父母双全、子孙满堂、父慈子孝、合家欢乐等，这与企业文化注重通过职工福利保障和对职工家庭成员的关怀从而调动员工的积极性也是一致的。

3. 贵仁爱、尚伦理的思想

在中国传统的思想中十分重视“仁爱”，讲求以和为贵，追求人际关系的和谐、家族和谐，并由此延伸到民族和谐和国家和谐。贵仁爱、尚伦理的思想有利于现代企业的文化建设。一方面，“仁学”强调人必须克制自己的欲望来充实自己，使各种维护社会秩序的行为规范止于礼而富于感情色彩，从而家庭、社会也就稳定了。企业文化所倡导的价值观念和行为规则也必须蕴含这一思想，企业才会稳而有序地发展。另一方面，“仁学”从情感角度肯定了社会秩序的合理性，这个“忠恕”的过程，即推己及人的过程。企业在制定、实施企业文化激励的过程中倡导并培育合理、健康的企业文化，正确、适时的共同价值观和行为规范，使得企业所有成员同其所乐、同其所恶，企业内部形成亲密、信任、和谐的人际关系氛围，激励水平自然会提升。此外，“仁学”还能使管理手段富于感情色彩。企业文化所提倡的经营哲学和各种行为准则，必须通过员工喜闻乐见的形式加以强化。

第 11 章　企业文化在国企改革中的作用

随着新一届政府施政的良好开端，国企改革也翻开了新的一页。随着东北工业基地的改造、中西部国企的改制等，国人的目光也伴随着新措施的出台和政府投入的加大，越来越关注国企的命运。怎么才能真正使国企在市场经济的激烈竞争中获得新生、重新担当起旗手的重任？学者、专家们众说纷纭，仁者见仁，智者见智。本章就企业文化建设在企业改革与发展中的作用谈点看法。

11.1　企业文化内涵

近来，海尔集团等一些企业通过发展企业文化取得了巨大的成绩，这促使国内企业开始关注起企业文化来。大家都试图学习与模仿成功企业的经验，建立一种为我所用的企业文化，以此推动本企业的发展和巩固企业的竞争地位。但现实的问题是，尽管一些企业能够意识到企业文化建设是一种强化员工归属意识、增强员工凝聚力的有效手段，也采取了一些措施，如穿着统一服装、制作企业标志、提出明确口号等做法，但这样的企业文化对企业管理风格及职工归属意识的培养作用似乎并不大，这显然不是大家愿意看到的结果，也就说明这不是真正的“企业文化”。到底什么才是企业文化，成为大家首先关注的焦点。

何谓企业文化呢？

企业文化不是单靠一个成功企业的经验来诠释的，也不是靠企业标志、一套服装、几个口号就能建设起来的。如果将各种观点总结、归纳，我们可以对企业文化做如下理解：企业文化是在企业长期的经营活动中，汲取传统文化的精髓，并不断结合先进管理体制思想和管理理论，针对企业所处的不同时期和企业自身特点，为员工树立一套明确的价值观念、工作态度和行为规范，以便创造出一种自主管理、亲和团结、上下一致的氛围，使员工以高昂的士气投入到组织的各项工作中去。讲求经营之道，实现组织目标，是企业文化的基本内容；培养企业自我精神是企业文化的核心部分；塑造企业形象是企业文化的外在表现。

11.2　企业文化的作用

11.2.1　增强企业的凝聚力和感召力

正如一个国家、一个民族必须有凝聚力才能发展壮大一样，一个企业也需要凝聚力，才能走向成功。共同的价值、信念及利益追求，把全体员工凝聚在一起，增强企业的凝聚力。对一个企业来说，为实现共同的目标而努力奋斗常常是企业发展的动力源泉。因为共同的目标，企业产生极强的向心力；因为共同的价值追求，企业员工有了坚强的精神支柱。为了实现企业的目标，企业中的每个成员会凝聚成一个强有力的团体，迸发出巨大的能量。因此，企业文化是企业成功的黏合剂，是凝聚力、感召力的源泉。

我们熟悉的日本松下公司在经济危机中遇到了巨大的困难，但是它不但没有倒下，反而顺利度过了经济危机并且成为世界家电行业的巨头。其中十分重要的原因就是在最为困难的时候，松下公司里广大的优秀人才和普通员工没有因为企业陷入危机而各自离去，反而主动要求减薪，与企业共渡难关。取得这样的效果，与企业长期追求的“人和”“至善”“上下同欲者胜”的群体共同意识，强调“献身”“报恩”的精神，以及严格遵守等级秩序，极力提倡约束个性、服从大局的企业文化的影响密不可分。当企业文化的感召力深入人心的时候，这个企业的凝聚力是空前强大的，而正是这种强大的凝聚力才能使企业真正地做大做强。

但是在我们熟悉的一些国有企业里，每遇困境时，“树倒，猢狲散”，甚至树还没倒猢狲就已散，这种“大难临头各自飞”的现象在国企并不鲜见。在不少国企里“身在曹营，心在汉”已经成为企业员工们心照不宣的秘密。这样的企业能在遇到困难时立于不败之地吗？究其原因除去制度问题，恐怕一个很重要的原因就是整个企业缺乏凝聚力、向心力、感召力，而通过企业文化管理恰恰可以弥补或增强这点。

实践告诉我们，企业的原动力应该来自员工由于某种共同意识所激发出来的积极性、创造性和工作热情。而凝聚力之所以重要，也恰恰在于它可以围绕企业目标，将员工的这种共同意识凝结成一种极大的集体合力，生出奋发向上的群体意识，空前地焕发起人们的主观能动性，从而最有效地推动企业的发展。简单地靠行政命令是无法达到增强企业员工凝聚力的作用的。而通过企业文化的基础理论我们可以知道，企业文化是在企业长期的经营活动中，汲取传统文化的精髓，并不断结合先进管理体制思想和管理理论，针对企业所处的不同时期，结合员工共同思想，为员工树立的一套明确的价值观念、工作态度和行为规范，以便创造出一种自主管理、亲和一致的氛围，使员工以高昂的士气投入到组织的各项工作中去。可以说，企业文化的土壤是企业本身，耕耘者就是管理者和全体员工本身，优秀企业文化本身就能创造出一种内容丰富、道德高尚，且易为大家接受的文化准则、价值准则，而这种准则本身就十分具体而规范，并且以调控员工的行为，使员工情绪稳定、协调一致，便于企业目标的完成为目的。因此，凝聚力的强弱和企业文化培植的好坏息息相关。

11.2.2　强化企业生存的竞争力

在很长一段时间里，什么是企业的核心竞争力这个问题，成为人们争论的焦点。有人说高新科技是企业的核心竞争力，也有人说企业制度是企业的核心竞争力，后来理论界形成了这样的共识——企业的核心竞争力是一种别人最难模仿的能力。那么在信息技术如此发达的今天，什么才是企业的第一核心竞争力呢？笔者认为应该是企业文化。

大家熟知的美国沃尔·马特公司是世界首屈一指的零售业霸主，在 1968～1978 年的

10 年间，公司纯收入增长了 600%，而在 1987～1997 年的 10 年间，其业绩平均增长速度也高达 26%，这一速度在世界大公司里也实属罕见，在这经营奇迹的背后，企业文化起了相当大的作用。整个沃尔・马特公司上下树立了几个总的经营原则：日落原则(日落原则是其创始人山姆・沃尔顿对那句古老的格言“今天的事情今天做”的演绎。它是沃尔玛文化的重要组成部分，也是员工以他们的顾客服务而闻名的原因之一。日落原则意味着员工要努力做到日落以前答复所有当天的来电，它与山姆・沃尔顿先生的三个基本信仰，即尊重个人、服务顾客和追求卓越，是一致的)、提供比满意还满意的服务原则(不断改进服务，给予更好的服务，这种服务甚至超过了顾客原来的期望)、十步服务原则(所谓“十步服务”就是沃尔・马特公司要求员工，无论何时，只要顾客出现在你十步距离范围内，员工必须看着顾客的眼睛，主动打招呼，并询问是否需要帮忙)、薄利多销原则(薄利多销这一原则早已被广泛运用，但像沃尔・马特公司这样实行力度之大，范围之广，持续时间之久，运用之成功，很难找出第二家)，这些原则的形成不是靠纸上的制度，而是通过公司本身的文化氛围形成的。在整个公司的运作当中，人人都会把为顾客服务放在第一位，通过这样优质的服务使顾客从“心”接受沃尔・马特，从而愿意在此购物。

在这期间不断有许多商家努力模仿沃尔・马特的这些经营原则，但是都无法达到相同的效果。究其原因是沃尔・马特的这些经营原则是公司在其长期的经营管理过程中，通过领导者和员工本身不断努力形成的一种企业文化的理念，它本身不是书本上的东西，而是一种发自内心的、被公司所有人员所接纳的东西。因此，它是在特定的环境下、特定的人群中形成的，是无法完全模仿或很难模仿的。这便是企业取得成功的第一核心竞争力。

然而，我们的有些国有企业，对企业文化的重要性就没有这样的认识。比如，某国有企业在百余年的时间中经历了无数的磨难与挫折、光荣与辉煌。20 世纪 80 年代在市场经济改革的初期，该企业利用雄厚的技术实力、独特的人才优势在竞争中脱颖而出，逐渐成为该行业的领跑者。可以说在人力资源上它有得天独厚的优势，在技术上也十分领先，所以之前的企业领导就认为这些便是企业生存和发展的核心竞争力了。殊不知人力资源在中国是十分丰富的，优秀的人才也可以被竞争对手引进，技术工艺对其所处的行业来说都是可以引进和模仿的，并且模仿应该是十分容易的。这样一来原本存在的竞争优势马上就荡然无存了，甚至由于某些企业在这些方面还存在严重的不正当竞争行为，那就意味着这些已经成为该企业的劣势，因此人才和技术在该企业不能成为核心竞争力。

由此看来，现在有些国有企业之所以在改革中出现困境——核心竞争力不明确应该是其内部因素之一。如上所述，在市场经济越来越健全和发达的今天，人才、技术已经无法再成为大多数国企所能依赖的核心竞争力了，我们只能学习那些优秀企业，建立真正属于自己的企业文化，以此为基础形成一种企业自我的经营理念、运营方式和技术创新体系。在这种基础上建立起来的这一整套理念、方式和体系就是竞争对手难以模仿的了，也是国企真正要寻找的核心竞争力！

11.2.3 影响企业的兴衰成败

企业文化中“文化”不是指企业拥有多少工程师、经济师，也不是拥有多少文凭及图书资料，而是拥有什么样的发展理念、对员工的影响程度、企业发展过程中的变革及超越自我的能力。经营出现失误的企业给人的警示是：企业文化的丢失是企业生存权的丢失，企业文化的缺憾必然导致企业的畸形发展。因为企业文化作为企业的制导系统，决定着企业这个经济组织的发展速度与状态，有什么样的企业文化，便有什么样的企业发展兴衰状况。因此可以说，企业文化的作用是极大的，不仅有动员、鼓舞、组织、指导、推动的作用，甚至在一定的条件下，具有“决定一切”的作用。

那么，困难企业的首要问题是什么？答案是，困难企业的困难首先是观念落后，精神文化贫乏。被誉为“全球最受尊重的企业家”之一的海尔总裁张瑞敏的“商论”令人警醒。他说：企业现存的最大弊病是从各级领导一直到下边，看有形的太多，看无形的太少。上级领导来检查，大多看利润多少、生产多少，很少有人注重企业文化。

张瑞敏总结海尔由一家濒临破产的集体小厂发展成为年销售收入上百亿元的国际化大型企业集团的成就时说：海尔几十年的成就，首先不在于有形的东西，而恰恰在于无形的东西。张瑞敏首先从改变职工的“质量价值观”入手。计划经济体制下员工对质量的认识是，只要产品能出厂就是合格产品。一等品、二等品、等外品，只要能用就可以。为了能够改变这种传统的观念，张瑞敏要求所有海尔人树立这样一种群体意识：“有缺陷的产品就是废品，生产不合格产品的员工就是不合格的员工。”经过这样一系列的努力，海尔在容易被人们所忽视的“看不见的战线”上实现了企业员工观念的彻底变革。海尔成为产品质量优秀的代名词和服务优秀的标志。

企业文化虽然是无形的，但是它是无处不在、无时不有的，“无形的比有形的重要、软件比硬件重要”，这就是经济时代的特征。企业文化管理方式作为管理理论和管理实践长期发展的结果，它的现实意义就在于它直接导向未来。未来的企业竞争是人的竞争，而人的竞争从某种角度上讲就是企业文化的竞争，正所谓“文化是明天的经济”，这也预示着一个企业文化竞争时代的到来。所以企业要想成功，要想成为世界一流的企业，必须依靠企业文化的强大作用，它决定着企业未来的命运！

“求木之根本，必固其根；欲流之长也，必浚其泉。”古人尚且知道这样的道理，作为已经脱离了计划经济时代、处在市场经济改革最前沿的国有企业的管理者，我们必须充分认识到企业人力资源管理中企业文化的重要作用，并且在改革中推进企业自身文化的建立与发展，努力发挥它的作用。只有这样我们的改革才会有希望，才会取得成绩。

11.3　建设有国企特色的企业文化

如何才能建立一种具有国企特点，又有时代特征，还能适应国企改革发展需要的企业文化呢？

11.3.1　引入企业文化的形成机制

企业文化通常是在一定的生产经营环境中，为适应企业生存发展的需要，首先由少数人倡导和实践，经过较长时间的传播和规范管理而逐步形成的。

1. 企业文化是在一定环境中根据企业生存发展的需要形成的

存在决定意识，企业文化的核心价值观就是在企业图生存、求发展的环境中形成的。企业作为社会的有机体，要生存，要发展，但是客观上又存在某些制约因素和困难，为了适应和改变客观环境，就必然产生相应的价值观和行为模式。同时，也只有反映企业生存发展需要的文化，才能被多数员工所接受，才有强大的生命力。

2. 企业文化发端于少数人的倡导与示范

文化是人们意识的能动产物，不是客观环境的消极反映。在客观上对某种文化的需要，往往交织在各种相互矛盾的利益之中，羁绊于根深蒂固的传统习俗之内，因而一开始总是只有少数人首先觉悟，他们提出反映客观需要的文化主张，倡导改变旧的观念及行为方式，成为企业文化的先驱者。正是由于少数领袖人物和先进分子的示范，启发和带动了企业的其他人，形成了企业新的文化模式。例如，大庆的为国分忧、艰苦创业、自力更生的精神，就是王进喜等一批先进的大庆人在艰苦岁月中用自己的实际行动去引导、去倡导出来的。

3. 企业文化是坚持宣传、不断实践和规范管理的结果

企业文化实质上是一个以新的思想观念及行为方式战胜旧的思想观念及行为方式的过程，因此新的思想观念必须经过广泛宣传、反复灌输才能逐步被员工所接受。例如，日本松下公司所取得的成功，就是因为其经过几十年的宣传灌输，终于使企业员工具备了强烈的危机意识和拼命竞争的精神。

当然，企业文化一般都要经历一个逐步完善、定型和深化的过程。一种新的思想观念需要不断实践，在长期实践中，通过吸收集体的智慧，不断补充、修正，才能逐步趋向明确和完善。以联想为例，1984 年联想在中国科学院(以下简称“中科院”)的一间小平房里成立，11 个科技人员靠中科院计算所 20 万元投资起家。创业初期，联想人面对的是关系到生存的竞争压力，充满了创业的决心，也充满了克服一切困难的精神。那时候联想人常说的是“要把 5%的可能变成 100%的现实”。这就是在当时的环境下所表现出来的一种非常坚定的创业文化。当联想进入起步期后，一个要长远持久发展的目标摆在面前时，联想的企业文化走向了规则导向。联想人向规则要“精准和效率”，希望人人都能够“严格、认真、主动、高效”，把很多事情都放到一个个流程制度里去规范它。他们讲“围着规则转”，员工的行为需要规范，业务怎么开展需要规范，企业怎么管理也需要规范。这时的联想文化进入了“严格”文化时期。而当联想进入企业稳步发展期时，团队意识、“亲情”文化在这时就成了企业文化新的方向。我们不难看出联想能取得今天如此大的成绩，与其不断规范、不断发展的企业文化建设密不可分。

综上所述，国有企业首先要创造一种有国企特色的企业文化的形成机制，即在整个经济体制由计划经济向准市场经济转变的过程中，在面临诸多对手的生存竞争中，充分发掘国有企业数十年甚至上百年的优秀文化积淀，积极发挥国有企业思想政治工作的独特优势，从每个企业的实际情况入手，积极倡导一种具有本企业特色的企业文化模式。

11.3.2　企业文化的建设

在建立起本企业的企业文化模式的基础上，我们还要采取“拿来主义”的做法，充分吸取中外优秀企业文化的精华，并且着重抓好企业文化建设中以下几个主要环节。

1. 科学地确定企业文化的内容

在确定企业文化内容的过程中，应考虑以下几点。

(1) 根据社会发展的趋势和文化的渐进性，结合国家、企业的未来目标和任务考虑文化模式。我们不可能照搬某个国家、某个企业的文化模式，因为在不同的文化背景、不同的社会发展时期、不同的企业发展阶段就会产生不同的文化需求，我们必须善于发现、善于变化、善于寻找其中的共同点和不同点，才能为企业找到一种适合自己的企业文化的发展模式。

(2) 对于以前的，或是现有的企业文化采取批判与继承的态度，取其精华，去其糟粕，采取辩证分析的方法，不能简单地肯定或否定。特别要善于发扬本企业已有的优良传统。“稳定”对于一个企业来说至关重要，因为只有稳定的发展才能使人心稳定。对于企业文化而言亦是如此，只有稳定的企业文化才能使员工在长期的工作中得以认同它、接受它。

(3) 博采众长，借鉴吸收其他民族和企业的优秀文化。日本松下电器公司就十分注重荟萃世界优秀企业文化。它规定在国外的子公司有研究各国企业文化的使命，子公司领导人回国述职或参加培训，首先要报告所在国家和地区企业文化的特点。对于外来的企业文化，也不能简单地采取“拿来主义”的做法，而应持认真鉴别、分析研究、有选择地吸收的态度。要搞清楚哪些是优秀的，哪些是适用于自己的。同时，采借别人的长处、精华，还必须进行一番改造，才能适用于自己的企业，特别是具有特殊地位、处在特殊环境下的国有企业更是如此。

(4) 重视个性发展。一个企业的文化个性，是这个企业在文化上与其他企业不同的特性。它只为这个企业所有，只适用这个企业，是这个企业生存、发展条件及其历史延续的反映。国内外的优秀企业，都是具有鲜明文化个性的企业。同是美国文化区内的企业，惠普公司文化便表现出许多与众不同的地方。它倡导团体主义，主张建立轻松、信赖、和谐的人际关系。公司宗旨中明确写着：“组织成就乃系每位同仁共同努力之结果。”而大多数国有企业就像一个模子出来的，缺乏个性化。我们首先必须要认清自己的特点，才能发挥本企业及文化素质的某种优势，在自己经验基础上发展本企业的文化个性。

(5) 着眼企业发展战略，注重培育企业精神。企业文化要配合企业发展战略的需要，为促进企业发展服务。企业精神是企业文化的核心，是企业的精神支柱。企业精神的内容要与企业发展战略相适应。

2. 宣传倡导，贯彻落实

(1) 广泛宣传，达成共识。大庆油田1205钻井队是“铁人”王进喜生前领导的钻井队，以后虽换过不少届领导班子，员工也不断更新，但由于坚持对工人进行艰苦创业传统的宣传与教育，“铁人精神”一直保持并发扬光大。

(2)领导带头，身体力行。企业领导者是企业文化的龙头，企业领导者的模范行为是一种无声的号召，对员工起着重要的示范作用。特别是在我国国有企业更是如此，往往一个领导的优秀与否直接和企业的命运相联系。因此，要塑造和维护企业的共同价值观，领导者本身应成为这种价值观的化身，并通过自己的行动向全体成员灌输企业的价值观。首先，领导者要注重对企业文化的总结塑造、宣传倡导。其次，要表率示范，在每一项具体工作中都体现出企业的价值观。

(3)完善制度，体制保证。企业文化是软硬结合的管理技巧。在建设企业文化时应“软硬”兼施，相辅相成。在培育企业职工整体价值观的同时，必须建立、健全、完善必要的规章制度，使员工既有价值观的导向，又有制度化的规范。同时，在建设企业文化时，要调整好企业内部的组织机构，建立和形成文化建设所要求的组织体系。

(4)树立榜样，典型引导。发挥榜样的作用是建设企业文化的一种重要而有效的方法。把那些最能体现价值观念的个人和集体树为典型，大张旗鼓地进行宣传、表彰，并根据客观形势的发展不断调整激励方法，以利于优秀企业文化的形成和发展。迪尔和肯尼迪在其合著的《公司文化》一书中，把英雄楷模人物作为企业文化五大构成要素之一，认为没有英雄人物的企业文化是不完整的文化，是难以传播和传递的文化。

(5)加强培训，提高素质。一个企业若员工的基本素质不高或缺乏良好的职业道德，生产力是不可能健康持续发展的，企业文化建设也只能是纸上谈兵。加强培训，不断提高企业员工基本素质，是建设企业文化的基础保证。在日本松下电器公司，每一个年轻人走上工作岗位之前，都必须首先接受职业道德、经营思想、集体意识、自我修养的集训，进行语言、待人接物的礼节教育，考试合格后才被录用。

3. 积极强化，持之以恒

企业员工的价值观、信条、口号、作风、习俗、礼仪等文化要素，是不断积极强化的产物。积极强化的刺激往往可以使员工获得奖赏性情绪体验，而消极强化的刺激带给人们惩罚性情绪体验。趋乐避苦、趋利避害，是人类行为的基本法则，在建设企业文化时也应遵循这些法则，对员工行为给予积极强化。

当然，企业文化建设是企业长期且复杂的行为，靠短期突击是不可能奏效的，还是有害的。由组织的少数人创造、倡导的某种文化质，传播到组织的每个团体，再由一个个团体传播给每一个人，使之在企业的每个角落里生根、开花、结果，这是一个长期而漫长的过程。树立国有企业的新的企业文化的模式，不仅要长期积累形成新的文化质，而且要同旧的文化质的“惰性”做反复较量、长期斗争。学习、借鉴别的文化质，不仅要经过鉴别以决定取舍，而且要经过长时间的加工制作、消化领会，才能把它吸收进自己的文化里。因此，进行企业文化建设必须长期努力，持之以恒。

只有通过对上述环节的不断建设，并且环环相扣，才能真正建立起一个属于自己的企业文化机制，才能真正发挥出企业文化的强大作用。

第 12 章　群体规范对企业行为影响模型的思考

12.1　群体规范与行为

所谓群体规范是指群体期望其成员遵循的活动规范或行为准则。群体有正式群体与非正式群体之分，两者的规范都有成文与不成文两种表现形式。但一般说来，正式群体的规范多以成文形式存在，而非正式群体的规范多以不成文形式存在。成文的规范有法律法规、规章制度等，在正式群体(组织)中表现明显，但在非正式群体中，群体规范更多的是以不成文形式表现的，如工作习惯、生活方式、习俗等。群体规范一旦形成便会对群体成员的行为及组织的行为产生重要的影响和作用。

12.1.1　群体规范的形成

群体规范尤其是不成文规范是群体成员在较长时期的相互作用过程中逐渐形成的。心理学研究表明，群体规范的形成，特别是不成文群体规范的形成，通常是在群体成员潜移默化的影响下，在不知不觉的过程中形成的。有些规范被组织吸收、改造与完善，形成成文的规范。在群体规范的形成过程中，模仿、暗示、从众等心理机制都具有十分重要的作用。

1. 暗示

暗示，指间接而含蓄地影响他人的方式。暗示的具体方式有很多种，如语言暗示、语调暗示、体态暗示、动作暗示、表情暗示、眼神暗示等。在群体规范形成过程中暗示的作用非常重要，领导可以经常向员工说明行为规范的重要性，使员工注意自己的行为方式。暗示的效果很可能比直接提出某些标准、要求效果要好。这种暗示还可以通过语调变化来表示，如果员工在某方面做得好，可以提高语调，以轻快的语言表示赞赏；相反，则以降低的语调表示不满意、不赞成。表情、眼神的变化等都可以起到很好的暗示作用。心理学研究表示，群体成员在群体中经常会接受其他成员的某种暗示，因此会不由自主地认为多数人的看法是值得信赖的。在一个群体中，众多的、反复不断的暗示就会形成一种舆论的力量，迫使个体行为服从群体行为，群体规范便在不知不觉中产生了。

2. 模仿

模仿，指再现他人行为的做法，即以某个人的行为为榜样，使榜样的行为通过自己再次表现出来。模仿是一种普遍的社会心理现象，是人类社会行为本能的体现。在群体中，如果某些人(如影星、模特、标兵、榜样等)的行为方式被认为是最适宜的并令人羡慕时，便会引起其他成员的仿效。在某个群体中，具有相同目标的模仿行为就会逐步演化成为群体规范。模仿的内容是十分丰富的，如模仿服装款式、色彩、发型、服饰、行为习惯(工作方式、生活起居习惯)等。模仿的内容可能是个别的，也可能是无所不包的。模仿的内容越广泛，对群体规范形成的作用越大。在群体规范形成过程中模仿的作用是比较大的，这是因为对于一般成员而言，他们很难评价自己行为的优劣，从而也很难表明自己的态度，众多成员的模仿便是给自己提供了一个可信的标准，这便是群体规范。当然模仿首先必须有模仿对象即榜样的存在，榜样可能是普通员工，也可能是某个行业的专家，或是社会知名人士。如果企业在生产活动中能够为员工树立适当的学习榜样(标兵)，这对于引起模仿行为、提高生产积极性、生产效率、保证产品质量是很有意义的。

3. 从众

从众，指群体成员在群体压力下放弃个人信念与态度而采取与大多数人一致做法的行为。从众也是社会生活中普遍存在的一种社会心理现象。群体规范的形式，仅仅依靠暗示与模仿的心理机制是不够的，最终还需要从众的心理机制。

1. 从众心理机制

社会心理学理论认为，从众行为的产生在于感染的力量。个体在受到群体的暗示后会产生模仿动机与行为，同时由于个体之间的相互刺激与作用又会形成循环反应，从而使个体行为趋向一致化，从众的心理过程如图 12-1 所示。

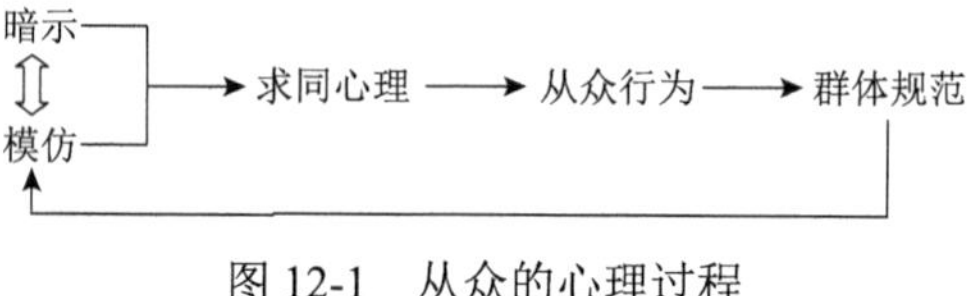

图 12-1　从众的心理过程

在社会生活中，人们普遍希望获得安全感，如果个人言行与大多数人保持一致，就能得到大多数人的认可、支持与帮助，安全性便有了保障，否则就可能被孤立。另外，有些成员对于复杂的活动缺乏自主判断的能力，对个人行为缺乏信心，因而也会以大多数人的做法作为选择依据。总之，从众行为具有多方面的心理学原因。

2. 从众的表现方式

群体成员对群体规范的从众，表现方式是多种多样的，概括起来主要有三种方式：①完全从众，特指从心理到行为上完全从众于群体规范。完全从众是由于个体对于活动对象、活动方式等缺乏了解，还没有形成自己的看法，对于来自群体的暗示和多数成员的意见与做法很自然地全盘接受，从而顺从群体规范。②变更从众，就是放弃自己原有看法后的从众。这种情况的产生是个人对某种活动已经收集到部分信息，因而已经形成了个人的一些观点与看法，但是个人观点与群体中大多数人的观点差距较大，最后自动放弃了个人观点而接受了大多数人的看法，以服从群体规范。③行为从众，这种从众特指内心反对而行为上从众的行为(屈从)。这种情况的产生是由于个人对群体大多数人的看法有抵触，为避免与群体公开对抗，只好在行为上屈从群体规范，而内心并不赞成。比如，有些人对于请客送礼办事的做法非常反感，但是为了把事办妥也只好随着大多数人的做法把办事与吃喝搅在一起。

12.1.2　群体规范与内部沟通

群体规范的形成过程与群体内部的信息沟通过程紧密相关。有效的信息沟通可以加速群体规范的形成。群体的内部沟通有两种不同的方式和作用。

1. 积极沟通与从众

积极沟通是指个体在完成某种行为后获得了心理上的满足，于是把这种满意的感受与经验向群体成员转达的过程。积极沟通有利于群体规范的形成与巩固。不成文的群体规范是在大多数群体成员的相互影响与相互作用下形成的，在这一过程中，只有肯定的、满意的意见才会加速统一看法及规范的形成。例如，在质量意识较强的群体中关于提高产品质量规范的形成过程中，显然是有大量的积极沟通在起着重要推动作用，如老师傅的传、帮、带作用等。

2. 消极沟通与抵抗

消极沟通是指个体在活动过程中所获得的不满意的心理体验，在与其他个体进行信息沟通时所表达的不满意的、否定的意见。消极沟通是消极心理的反映。消极沟通一方面表明了信息传达人可能会终止以前的行为；另一方面还会阻止信息接收人采取相同的行为，其结果是使已经形成或正在形成中的规范被群体成员拒绝，其作用也会因群体成员的抵制而失去作用。比如，某些企业只重利润，“见钱眼开”，不注重员工的劳动保护，使员工在很差的工作条件下进行生产，员工就会产生抵抗情绪与行为，形成与生产活动不利的群体规范而影响生产。对这一点作为企业管理者，应特别引起重视。

12.1.3　群体规范的作用方式

1. 成文规范的作用方式

成文的群体规范是通过组织、行政、政策、法律等手段明确规定的允许的行为、不允许的行为及具体的行为规范，因此是直接对群体行为进行的强制性调节、控制。例如，企业对员工上下班时间、工作服装、操作规程、质量要求等的明确规定，都有明文规定，因而都具有强制性作用。

2. 不成文规范的作用方式

不成文规范是通过群体压力(舆论)而迫使群体成员自觉遵循的，因此不成文规范的作用是间接实现的。不成文规范是约定俗成的产物，要求群体成员自觉遵守，如果成员不遵守规范，就会感受到群体的压力(嘲笑、讥讽、谴责)，使他产生紧张感甚至是恐惧心理，这种心理会产生一种强大的推动力，使他接受规范的制约，调整个人行为，使自己融入群体之中以获得心理上的安全感。群体压力不是命令，而是群体内大多数成员的一致意见，这种一致意见通常会使个体成员在心理上难以抗拒。从某种意义上说，不成文的群体规范作用的发挥借助了群体舆论的力量，使之能够制约个体的行为。当个体行为与群体行为一致时，就会受到群体舆论的肯定，不一致时就会受到群体舆论的否定与谴责。人是有“尊重需要”的，都期望得到他人的尊重，因而人们往往希望得到的是肯定而不是否定，这就会屈从于群体舆论的压力，使自身的行为与群体其他成员保持一致。因此，不成文规范仍具有重要的行为导向功能。

不成文规范的作用有消极和积极之分，消极的作用往往使群体成员不顾成文规范的存在，使群体成员对组织要求产生抵触情绪，进而破坏成文规范，如一些“帮派”的行为；积极的作用，使群体成员的行为遵循成文规范，符合组织要求。

12.2 群体规范对企业行为影响的模型

群体规范对企业行为影响的模型，其逻辑思维过程为：哲理(Pn)→数理(Mn)→哲理(Pn+1)→数理(Mn+1)→……哲理是指研究的哲学基础和定性分析框架；数理是指数学模型和定量分析。一般来讲，研究首先从定性分析开始，然后到定量分析，从理论构架走向数理分析。

由以上关系可以知道，当 n 层的数理分析出现局限性时，就会要求更高层次的哲学突破，提出群体规范研究的新的哲理框架，以扩大原有理论的阐释范围，化解原有数理层次上的局限性。由此，群体规范需要不断的变革，以适应新情况的变化，需要进行数理研究，建立基本的运作模型，从而提高其科学性。

1. 哲理分析

为了建立群体规范对企业行为影响模型，必须从哲理层次上加以分析。前已述及，群体规范具有两面性，积极的一面和消极的一面。积极的群体规范能增强组织的凝聚力，有助于组织目标的实现；消极的群体规范则阻碍组织目标的实现。美国组织心理学家皮尔克根据“规范分析法”，认为群体规范与企业利益是直接相关的，保持企业利益不断增长，需要对其群体规范进行调整、完善与改革。由此，我们可以提出以下群体规范对企业行为影响的哲理框架(图 12-2)。

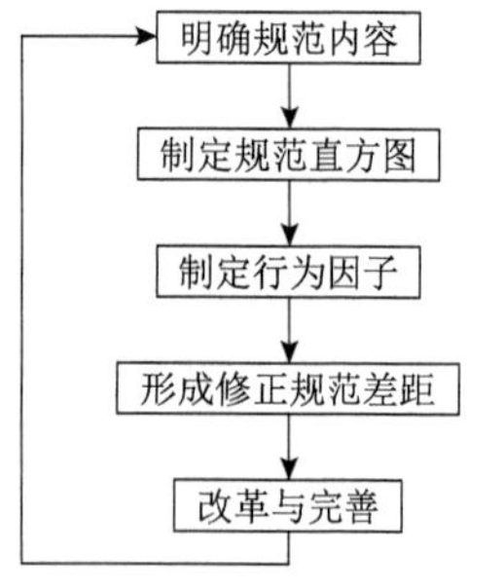

图 12-2 群体规范对企业行为影响的哲理框架

1) 明确规范内容

深入企业内部，了解企业内群体形成的规范，尤其要注意了解起消极作用的规范，并组织群体成员（员工）进行讨论，搜集新的建议。

2）制定规范直方图

将群体规范分类，依据成绩理论，将每一类定出理想的分值，再根据实际的得分，可得二者的差额，这个差额称为规范偏差，即规范偏差 = 理想分值-实际得分

根据规范偏差值，在平面坐标系上绘出直方图（图 12-3）。由直方图可以比较直观地看出某一类规范对企业行为影响的程度。但这还不准确，还要做更准确的分析。

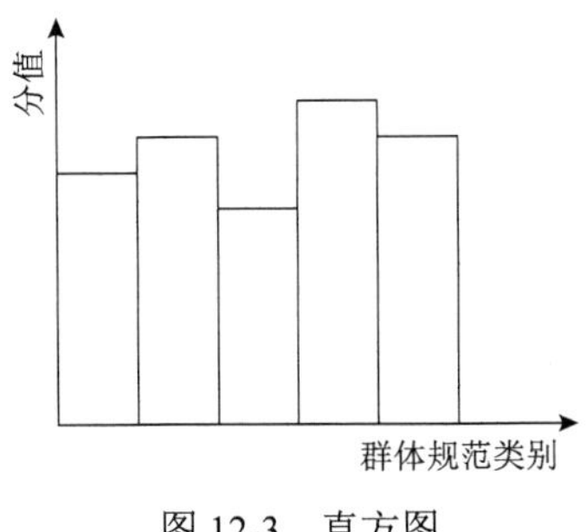

图 12-3　直方图

3）制定行为因子

行为因子，表示某类群体规范对企业行为影响的大小。根据群体规范的分类和企业的实际情况，给出某类（某种）群体规范对企业行为影响的程度（权重）。

4）得出修正群体规范差距

根据规范偏差和行为因子，得出修正规范偏差，在平面图上连接各修正偏差的值，从中找出急需改革、完善或需建立的关键规范。

5）改革与完善

根据上面第 4 个步骤所得到的需改革或建立的群体规范，确定改革方案。同时，对改革方案进行评价，并通过反馈信息，对方案进行必要的调整。

2. 数理分析及模型建立

在哲理分析的基础上，进行数理分析并建立数学模型。

我们用 e 表示规范偏差，理想分值用 F 表示，实际得分用 f 表示，n 为群体规范的类型量。则可以得到式（12-1）：

$$e_i = F_i - f_i \qquad i = 1, 2, 3, 4, \cdots, n \tag{12-1}$$

行为因子可以用数字 1 到 9 来对其进行量化。可用 x 表示，当 x 为 1 时，表示影响程度最小；当 x 为 9 时，表示影响程度最大。行为因子的实际值可以根据专家的评估确定，或根据权重比较进行确定。

规范偏差和行为因子都是表示群体规范对企业行为影响描述的参考依据，可以用式（12-2）将二者结合起来：

$$\hat{e}_i = x_i \cdot e_i \tag{12-2}$$

式中，$\hat{e}$——修正规范偏差；e——规范差距；x——行为因子。

式（12-2）表明修正规范偏差的大小分别与规范偏差和行为因子成正比。因此，在确定优先改革或建立项目时，哪个的修正规范偏差 $\hat{e}$ 越大，其对企业的行为影响也就越大，就须进行优先改革或建立。

12.3 实 证 分 析

某企业群体规范分为 10 类，每一类包括一些分指标作为量化的指标。该群体规范为组织荣誉、业务成绩、利润、合作、计划性、工作督导、训练、创造发明、用户关系、诚实与安全 10 项。

我们可以规定这些群体规范的理想分值为 100 分。

根据调查分析，得到这些群体规范的实际得分为

$$f=\{80, 70, 75, 80, 85, 65, 75, 80, 85, 85\}$$

由式(12-1)可计算出规范偏差为

$$e=\{20, 30, 25, 20, 15, 35, 25, 20, 25, 15\}$$

由此，可作出直方图，如图 12-4 所示。

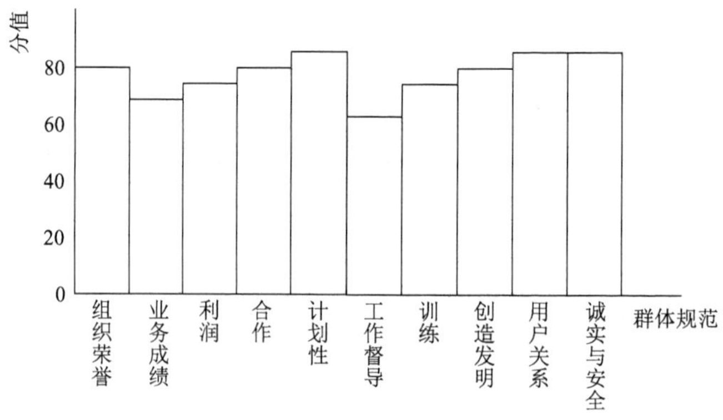

图 12-4　某企业群体规范直方图

经专家对该群体规范的分析研究及评价，得出群体规范对企业行为(生产行为)的影响的程度(行为因子)为：

$$x=\{5, 5, 8, 7, 6, 5, 3, 6, 6, 4\}$$

由式(12-2)可得修正规范偏差为：

$$\hat{e}_i = x_i \cdot e_i \ \{100, 150^*, 200^*, 140, 90, 175^*, 75, 120, 150^*, 60\}$$

由此得图 12-5。

由图 12-5 可以看出，首先“利润”方面的规范对企业行为的影响最大，如果要进行改革，需要从利润着手；其次是“业务成绩”“工作督导”和“用户关系”等，也需要逐步进行改革。改革或新建群体规范，可参考第一部分(群体规范与行为)所述的方式进行。

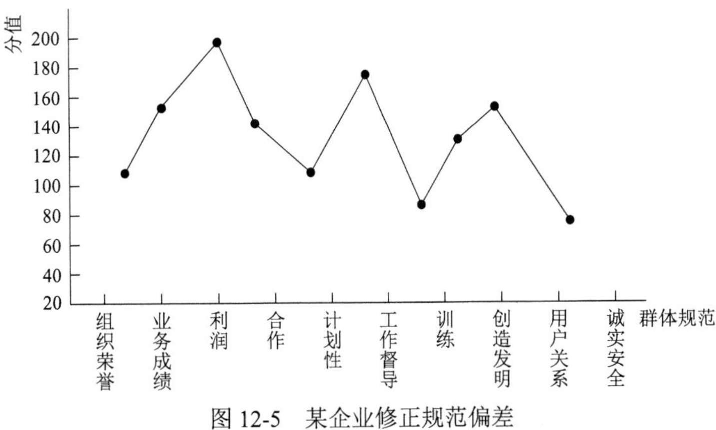

图 12-5　某企业修正规范偏差

第 13 章　群体习俗与群体行为

习俗，是风俗习惯的简称。不同国家、不同民族都有不同的风俗习惯。习俗是长期流传下来的风俗习惯，它在约束人们的行为时采取的是不同于规范的那种明确的表达方式。规范可以是人为规定(制定)的，也可以是群体成员在相互影响、相互作用的过程中不知不觉地形成的。规范可以是成文的，也可以是不成文的。规范具有行为准则的作用，它明确规定什么行为是正确的，是可以接受的；什么行为是错误的，是不能接受的。例如，操作规范、行为规范是明确规定的。习俗则是一种较自然的行为习惯，如生活习惯等，并无明确规定。习俗与规范从不同角度约束着人们的行为。

13.1　群体习俗的特征

13.1.1　社会性

群体习俗的形成离不开特定的社会环境，是人们社会生活的组成部分，带有浓厚的社会色彩。群体习俗首先是由众多的社会成员在共同的社会生活中共同参与而形成的，在其形成乃至发展变化的过程中，都有着深刻的社会方面的原因，如社会环境因素、社会形态、社会意识的变化都会使某些习俗发生某种程度的变化，如社会主义社会的习俗就不同于封建社会的习俗。

13.1.2　时代性

群体习俗不是固定不变的，它要随着时代的变迁而有所变化。不同时代有不同的政治、经济、文化背景，在这种不同的时代背景下，人们在适应过程中就会自然而然地形成不同的风俗习惯，如新中国成立前的生活习俗就与新中国成立后的生活习俗有着很大变化。

13.1.3　阶层性

群体习俗会因群体处于不同的阶层显现出明显的阶层性。由于各阶层的生活环境、文化层次、思想观念、经济条件等不同，因此形成不同的阶层群体习俗。如农民阶层的习俗与工人阶层的习俗就存在明显的差异；知识分子阶层与商人阶层的习俗也有很大差异。

13.1.4　地域性

群体习俗的形成都有其特定的自然、社会基础，通常是特定地区范围的社会生活的产物，因此带有独特的地域色彩。例如，四川人爱吃辣的习惯、广东人喝早茶的习惯、东北人喝烈酒的习惯等，都是人们在特定的地域环境中长期生活而形成的传统行为。尽管随着科技的不断进步和经济的不断发展，人们的社会交往范围不断扩大，但群体习俗的地域特征仍将长期保持，因为习俗的制约因素是复杂的。

13.1.5　非强制性

群体习俗并非通过强制手段推行，而是由无形的社会性行为约定俗成地产生。习俗虽然不具有强制性，但却具有强大的影响力，使生活于该习俗范围内的人们自觉或不自觉地遵守习俗，用习俗来约束自己的行为。从最终效果来看，习俗与规范具有异曲同工之效。

13.1.6　稳定性

群体习俗是人们在长期的社会生活实践中逐渐形成的，其中某些习俗经过世代相传而保留至今。可以说，习俗是经过漫长时间考验和反复锤炼而形成的，它对人们日常生活的影响作用也是长久而相对稳定的，如千百年来形成的中华民族的传统美德和良好的风俗习惯等。

13.2　群体习俗的类别

13.2.1　物质消费习俗

物质消费习俗主要是由自然、地理、气候等因素影响而形成的消费习俗，而且这种消费习俗主要涉及有关物质生活范畴。物质消费习俗与社会经济发展水平之间具有反向关系，即经济发展水平越高，物质消费习俗的影响力越弱。这类消费习俗主要包括以下四个方面。

(1) 饮食消费习俗。在我国，主要的饮食习俗除有“南甜北咸东辣西酸”外，还有北方人以面食为主，南方人以大米为主；沿海居民喜吃活鱼，内陆居民较多食用冷冻食品；南方人比较喜欢口味清淡的饮食，北方人比较喜欢浓重口味的饮食，西北一带的居民尤其偏爱大油大肉的饮食等。其中，有些饮食习俗主要是受供应条件限制而形成的，随着经济的发展和人们消费水平的提高，这些饮食习惯已经发生了很大的改变。

(2) 服装消费习俗。我国地域广阔，大多数少数民族又是按地域而聚居，因此也形成了各具特色的服装、服饰消费习惯。东南部与西北部地区在服饰方面有很大的不同，如西部居民包头、束腰习惯就是其他地区所没有的。各少数民族的盛装打扮也是汉族人所没有的。

(3) 住宿消费习俗。受不同地区生活环境及经济发展水平差异性的影响，居民在住房方式上也有很多不同。比如，在西北牧业地区，人们在建造固定住房和进行室外装修时，仍习惯于住蒙古包，即使随着经济的发展，可移动的帐篷式蒙古包已经很少了，但人们在建造固定住房和进行室内装修时，仍习惯于采取蒙古包的方式。又比如，在陕北地区，人们习惯于把住房建成窑洞式；南方地区的民房，很多不安装窗户；东北地区的民房很多要安装玻璃，等等。

(4) 日用消费习俗。除上述饮食、服饰和住宿方面的差异外，各地区居民在日常生活消费习惯方面也有各不相同的习惯做法，在此不再详述。

13.2.2　精神文化习俗

精神文化习俗特指受社会的、经济的、政治的、文化的传统影响而形成的非物质方面的习俗，包括喜庆类、纪念类、信仰类和文化类四个方面的习俗。精神文化习俗具有比物质消费习俗更强的稳定性特征。这是因为精神文化类的东西比物质类的东西更容易继承与流传，也不会像物质的东西易于“腐朽”。所谓“精神不灭”，就是这个意思。

(1) 喜庆类习俗。这是群体习俗中最主要的一种形式，是人们为了表达各种美好感情，实现某种美好愿望而引起的某种具有特定意义的生产、生活习惯。这类习俗的演化过程，时间相当久远，因此覆盖的地域范围比较广。例如，我国的春节就是我国人民为庆祝春天的到来，祝愿春天播种能带来丰收的果实，使人们丰衣足食，而历经世代实践形成的内容丰富多彩的盛大节日。中秋节是人们借助八月十五日的皓月当空寄托合家团圆、生活美满的美好祝愿而形成的节日。其他的还有诸如乞巧节、元宵节、泼水节、火把节，还有国外的狂欢节、情人节、圣诞节、感恩节等，都是喜庆类习俗的标志。喜庆类习俗大多数以节日为表现形式，节日期间都有各种寓意深刻的文化娱乐活动，以增强节日的隆重和喜庆，同时也加强了人们之间的文化、商业交流。许多企业利用这种民族节日，进行商业活动，效果显著。除了这些有寓意的节日外，还有结婚、寿辰庆贺的礼仪形式等，也是喜庆类习俗。

(2) 纪念类习俗。这是人们为了纪念某个事件或某位人物而形成的习俗，也是一种比较普遍的习俗类别。纪念类习俗大多与重大历史事件相关，具有较强的民族性、地域性特点。例如，我国人民端午节吃粽子的习俗，就是为纪念战国时期楚国的爱国诗人屈原而形成的。由于人民对爱国者的敬仰，这一习惯从原来的楚地蔓延到了全国。国外的圣诞节是为纪念耶稣诞辰而形成的节日；美国的母亲节是经过安娜·贾维丝的倡议和努力而形成的纪念母亲，对所有母亲表示崇敬的节日；感恩节是北美人民为纪念印第安人在 17 世纪对早期移民的救助而形成的节日，等等。得以流传下来的纪念习俗，也大多以节日的形式表现。

(3) 宗教类习俗。这是由某种宗教信仰而演化来的习俗。这类习俗大多与宗教教义、教规、教法等有着直接的关联，因此宗教色彩极重，而且约束力极强。例如，伊斯兰教的开斋节、宰牲节、佛教的泼水节、基督教的复活节、犹太教的成年礼等，都属于传统的宗教节日，这些节日也都有特定的习惯做法与程序。

(4) 文化类习俗。这是由于社会文化发展到一定水平而形成的具有深刻传统文化内涵的习俗。能够流传至今的文化习俗应当是为现代人所接受的，与现代文化具有较强相容性的。一般来说，文化类习俗形成的时间比宗教类、喜庆类习俗短，稳定性相对较差。在我国较有影响的文化习俗主要有各种地方戏剧的演出，以山东潍坊地区风筝节为代表的北方地区春季放风筝的习俗，河北省吴桥人民普遍喜爱的杂技表演，南北地区风格各异的舞龙、舞狮子活动，被外国人称为“中国功夫”的年轻人练武习惯，老年人练气功、打太极拳的习惯，近年来兴起的老年人跳广场舞，等等。现在流行的商业色彩较浓的各种文化节日，如酒文化节、茶文化节、旅游节、桃花节等，都属于文化类习俗。

13.3　群体习俗对心理与行为的影响

如上所述，习俗涉及的内容相当广泛而丰富，而且形成过程历史悠久，因此对人们心理与行为的影响也是广泛而深刻的。

13.3.1　保持相对稳定的习俗心理

由于生活习惯具有相对稳定性的特点，群体长期受习俗的影响，自然会对符合习俗的形式产生偏爱，因而会经常根据一些习俗的内容与形式来要求自己，形成较稳定的习俗心理。比如，临近端午节就会购买粽子，临近中秋节就会购买月饼，为祝贺春节更要购买大量的带喜庆色彩的节日商品等。这种习俗给企业的生产、经营等活动带来了明显的规律性，企业可以抓住这些群体习俗及心理特点，抓住商机，组织生产与营销活动，不仅满足了人们的习俗心理需要，而且也提高了企业的效益。

13.3.2　形成普遍一致的习俗行为

受群体习俗的影响，个体会经常把群体习俗中的一些言行作为标准来衡量自己和他人的言行，从而使自己在特定时间范围内的行为与群体行为保持普遍一致性。如中秋节购买月饼的行为、青年人喜欢穿牛仔裤的行为等，都是受这种群体习俗的影响。企业的生产、经营活动，要重视这种群体习俗的一致性，重视人们普遍的消费习惯。但是，如企业要想体现自己的特色和满足消费者的个性化需要，企业就要在这种行为的一致性中发现差异才能获得经营的更大成功。比如，中秋节前人们都要购买月饼，如果各企业的月饼都是一种形状、一种口味，恐怕销售会受到制约；如果月饼品种各异，并针对不同消费者分别制作，就会在较短的时间内取得突出成果。要做到人无我有，人有我优，形成特色。

13.3.3　制约个体心理与行为的变化

群体习俗导致了人们行为的定势化，所以人们适应某种习俗的心理与行为差异不大，人们在日常活动中的言行在较大程度上被群体习俗所影响和制约。不仅如此，当新的生活方式产生后，由于与传统习俗相冲突，人们的心理会倾向于传统习俗，对新的生活方式有所抵触。比如，在 20 世纪 80 年代初期，人们抵制穿“喇叭裤”“西服”，在这种情况下，群体习俗不利于个体心理与行为的变化，不利于新的生活方式的推广。为推进新的生活方式以适应社会与时代发展的进程，就要尽可能发现新的生活方式与群体习俗的共同点，以加速习俗心理与行为的变化。比如，新中国成立后，对原有落后的群体习俗的改造及对新的生活方式的提倡，还有近年来企业进行的“企业文化”的建设等，强调“以人为本”的生产、服务观念，就是对新习俗的引导与推进。另外，加强宣传，也是推进新习俗形成的必要手段。因此，对于企业来说，企业要推销某种新产品，加强广告宣传是必要的。广告可以对人们的行为产生不自觉的影响，从而引导人们形成新的生活方式、新的消费习惯，并进一步形成新的群体习俗。比如，现在流行的贷款买房、按揭消费的趋势。这种消费方式，在过去是根本不可能的。

第三篇

企业员工管理

第 14 章　人力资源配置中心理因素的影响

人力资源配置是组织管理中的一个重要组成部分。合理地选人、用人，使员工找到其最适合的岗位这是人力资源配置的基本行动准则。随着企业逐步走向市场，企业的管理方式有了较为深刻的变化，从侧重物的管理、制度化管理，转向侧重对人的管理，更加注重人的能动性的发挥。因此，在企业生产经营活动中，分析员工和领导的思想行为、心理因素也成了企业成长过程必修的课题。影响组织人力资源配置的因素很多，本章从心理因素方面探讨如何优化人力资源配置，以达到最优的人力资源配置，推动企业的可持续发展。

14.1　心理因素的内涵

心理是运动、变化着的心理过程，包括人的感觉、知觉、记忆、思维、想象和情绪等，往往被称为事物发展变化的内因。事物发展变化必须具备两个条件：内因和外因。内因一向被认为是第一位的原因，外因则是第二位的原因。内因是事物变化发展的内在根据，是事物存在的基础，是事物区别于其他事物的内在本质，是事物运动的源泉和动力，规定着事物运动和发展的基本趋势。

管理心理学是把心理学的知识应用于分析、说明、指导管理活动中的个体和群体行为的工业心理学分支，是研究管理过程中人们的心理现象、心理过程及其发展规律的科学。

管理心理学以组织中的人作为特定的研究对象，重点在于对共同经营管理目标的人的系统的研究，以提高效率，在一定的成本控制条件下，最大限度地调动人们的积极性和创造性。当今的管理心理学都是以人本思想为前提的。它有助于调动人的积极性、改善组织结构和领导绩效，提高工作生活质量，建立健康文明的人际关系，达到提高管理水平和发展生产的目的。本书中的心理因素是指在人力资源配置过程中，影响人力资源配置的心理因素，主要是以管理者(领导者)和员工(被领导者)的心理为出发点，分析管理者的用人心理和员工的工作心理(人力资源配置心理)，从而优化人力资源的配置，做到科学性、合理性或人性化。

14.2　管理者用人心理

管理者的用人心理是指管理者在人力资源配置中对其下属赋予一定的职责和任务时的各种心理活动现象的总和。它是研究管理者在不同的时间、地点和条件下各种心理现象的特点、产生、变化及其发展规律的心理活动过程，探索管理者用人原则，分析研究管理者用人心理，从而谋求人与事的最佳配合及管理者与被管理者的心理平衡。管理者用人心理具有鲜明的个性色彩，受管理者的世界观、人生观(心态、经验等)所支配。

14.2.1 首因效应

首因效应又称为“第一印象效应”，就是指知觉对象给知觉者留下的首次印象对知觉者以后评价、判断知觉对象所起到的影响作用。具体来说，人们在初次接触某人时，在心理上会对该人产生带有情感色彩的感性认识，从而影响到以后对该人的认识与评价。因为首因效应是人们通过第一印象所获得的，主要依据的是人的外部特征，包括人的仪表、容貌、举止言谈、动作行为、性别、年龄及一时一事的行为表现等，而人的这些外部特征反映的并不一定是他的本质特征。如果管理者仅凭第一印象选才、用人往往失之偏颇。这种效应最典型的消极作用是以貌取人、感情用事，有时甚至会给工作带来巨大的损失。显然，首因效应容易使管理者在选才、用人时，过分偏重表面现象，很容易被假象所迷惑。

14.2.2 近因效应

近因效应是指知觉对象给知觉者留下的近期印象对知觉者判断、评价知觉对象所起到的影响作用。管理者注意被管理者近期的工作表现是对的，但有时也会导致“一俊遮百丑”“近过掩前功”的失误。近因效应与首因效应相比较而言，前者一般是对初次见面的陌生人发生作用，而后者一般则在较熟悉的人之间产生影响。

14.2.3 晕轮效应

晕轮效应，亦即光环效应，指某个人的突出特征会像耀眼的光环一样，给周围的人留下深刻的印象，使人们很难看到他的其他心理活动和行为品质。比如，员工曾被评为“优秀员工”“劳动模范”等，很容易在以后的工作中掩饰或使人们忽视其瑕疵甚至错误。管理者在用人时，也容易被这种光环所蒙蔽、干扰而作出不正确的判断。

14.2.4 月光效应

月光效应，也称借光效应。月亮本身并不会发光，但却可以借助太阳而发出皎洁迷人的光辉，产生众首仰望的效应。在现实生活中也有类似的现象，比如，某人多次参加歌手大赛，均未获奖，但经某位名人推荐或包装后，立即名声大振，从此各种殊荣、大奖接踵而至。同理，某员工本来工作一般，但由于他与某位领导曾经同窗或爱好相同且交往甚密，则很可能立即得到重用，身价倍增，跻身于好的岗位。

14.2.5 完美效应

完美效应指的是对人才要求过严、过高，刻意追求十全十美的完人心态，而所谓的完人在世界上是不存在的，全才和奇才也只具有相对的意义。因此，管理者若以完美的眼光选拔人才，他就只会注意千里马，而忽视了百里马，更冷落了老黄牛，因而容易造成人才就在眼前却视而不见的情况。这种现象表现为管理者一方面大声疾呼要重视人才、引进人才，另一方面又对自己单位的人才视而不见，导致“外引而内乱”。

14.2.6　教条效应

教条效应是指注重以“本本”选人，唯学历、资历是重。学历是一个人学习的经历和记录，它象征着一个人所拥有的知识。因此，管理者选才、用人注重学历是对的，但不能唯学历论，因为学历和能力并不是等同的。有的人虽然学历较高，但却不一定能胜任工作；相反，有的人尽管学历较低，可工作能力却较强，能很好地完成任务。

资历是一个人生活(工作)的经历和记录，它反映的是一个人生活(工作)的历史，但资历和能力也完全是两码事。资历深的人一般经验丰富，但能力不一定很强；而资历浅的人尽管经验较少，但也有能力超群的佼佼者。

14.2.7　定势效应

定势效应，也称“刻板效应”。定势效应是指人们很难改变其头脑中已经存在的关于某一类人(事物)的固定印象。这种印象往往由来已久，根深蒂固。例如，一些管理者想当然地认为，名牌大学毕业的学生能力强，而一般大学毕业的学生能力差，因此对一般大学的毕业生不屑一顾。

14.3　员工工作心理

员工是组织生产经营活动的主体，包括生产过程中的各种操作者、辅助、服务人员及管理人员。他们的心理状况，直接影响生产经营活动能否正常进行和生产效益的高低。员工心理因素主要有：动机、情绪、压力、投射心理等四个方面。各种因素在生产经营中对生产经营是否正常进行、效益高低，都会产生不同程度的影响。

14.3.1　员工心理动机对工作的影响

动机是指引起个体行为、维护行为，并将此行为导向某一目标的内在动力。员工心理动机可概括为三个类型：主动性、附和性、被动性。

员工心理动机的主动性表现为工作主动、积极。员工个体往往由于在生产经营活动中所处的地位、承担的责任、对事物的认识程度、周围环境条件、自身的兴趣、爱好、特长等，表现出对工作的积极主动。接受任务愉快，能对任务的要求、目标做深入的了解、探讨，并在完成任务的过程中，主动出主意、想办法，利用自身的条件，克服困难，按时、保质、保量地完成任务，并努力创造良好的生产经营业绩。

这种主动性，在艰苦的条件下，常表现出一种创造力，更多的是不计较个人报酬，以企业的集体荣誉、集体利益为重，加班加点，把工作放在第一位。可以说，员工心理动机的主动性是生产经营正常进行，并提高经济效益的有力保证。

员工心理动机的附和性表现为“从众、随大流”，这一点在实际工作中占的比例相对较大，在平均主义现象、干好干坏一个样现象、奖罚不明现象、激励约束措施不明确现象的影响下，员工个体附和性表现较明显，缺乏主动完成任务的热情，等、靠、要的意识比较严重。

产生附和性心理动机的员工，一般是从对得起工资、对得起领导者的角度出发，能够在督促中完成本职工作，往往情绪化比较严重，顺心情、效益好就热情高，反之就差。近年来，由于外界环境的影响，这部分人过分强调自己的利益，对员工的主人翁地位认识较差，不愿意参与企业管理，在等待中过日子。如果各方面管理严格，附和性就会向主动性转化，变成积极因素，促进生产经营任务的顺利完成，进一步提高效益。如果要求低一些，这种附和性就会影响正常工作，效率低下，任务的完成缺乏保障，出现误工、误时等现象。

员工心理动机的被动性表现为工作被动、缺乏主动性。被动性的产生，有可能是由于员工与领导者之间产生了误解，或对某种工作兴趣不高，也有个别人不思进取，无论什么条件、什么环境、什么岗位上的工作都不想完成，而只贪图享受安逸不劳而获。这种被动性在工作中的表现是工作不配合、不负责任。这在员工中占的比例虽然很小，但它造成的影响却较大。有这种心理动机的人有时出现对生产经营活动的抵制，或潜意识的抵制。它不同于意见不一致，表现出找客观理由不完成任务，消极怠工，拖拉推诿现象严重，不寻求与大多数职工的一致，有的甚至故意出难题，不正确使用甚至破坏工具、设备，牢骚满腹等，对生产经营活动造成严重影响。

14.3.2　员工情绪对工作的影响

员工情绪，是指员工个体在从事某项生产经营活动中产生的心理状态，一般表现为积极情绪、消极情绪两种形式。

员工个体情绪往往因言语、态度、家庭、人际关系而产生，每个职工都有自己的行为方式，也都有自己为人处世的特点，而且又存在许多与众不同的想法，因而在生产经营活动中总要按自己的方式去工作。

员工的积极情绪是保证工作任务完成的良好条件。员工在切身利益得到保证，或感受到某一激动人心的场合时，就很容易产生一种冲动的热情，做出平日难以完成的事情。虽然这种心理情绪缺乏一定的目的性、创造性，一般情况下容易受到外界条件的干扰，产生得快，消失得也快，但通过正确的引导，不断激励，这种积极性就会表现为持久的热情，从而对提高效率，顺利完成工作起到促进作用。

员工的消极情绪，在实际生产经营活动中，是一种不利因素。员工个体在劳动时精力不集中，不执行操作规程，忽视自身责任，有时可能无意识地造成劳动工具、设备的损坏，严重时也可能发生机械事故、人身伤亡事故。消极情绪对生产经营活动构成了较大隐患，对完成经常性的工作任务，提高效率常造成一些意料之外的责任性后果。

14.3.3　员工心理压力对工作的影响

员工心理压力是指员工个体在群体工作环境中，因群体规范、群体氛围而产生的约束性心理。员工的心理压力，无论哪种形态，对生产经营活动都可能起到促进作用或消极作用，更多的时候，压力可以转化为动力。压力有两种形式：一是有形的，一是无形的。

规章制度、操作规程、责任制与岗位规范等约束条件是造成员工心理压力的有形性原因。员工在工作中，效益意识、安全意识、责任意识的逐步确立，使他们认可企业对员工的约束，懂得遵守各项规章制度，是保证自身安全、保障切身利益的前提，深知违章违纪的后果。产生这种压力后，员工个体产生从众心理现象比较突出，对生产经营活动的顺利进行是一种保证。这种压力能保证制度、规范的正确执行，带有强迫性，时间长了这种压力就会变成员工自觉自愿的行为。这种行为包含许多积极的意义，会使大多数员工把它变成牢固的思想观念，使之在生产经营活动中发挥潜移默化的作用，而不需管理者经常性地检查、督促。

领导者的影响力，员工个体之间的相互关系，工作环境形成的氛围，是员工心理的无形压力。对无形压力处理得当，会对生产经营活动起有益的推动作用。

员工个体往往因领导者的关心、鼓励和周围人的帮助，而产生无形的压力，由此相应产生一种责任感。然而，这种责任感较为朴素，有时也很狭隘，这种情况往往能使员工的切身利益得到较好的照顾。由于传统观念，员工的报恩思想普遍较重，有意识要把生产经营活动完成好，这样就会自觉地去工作，努力提高效益，达到预定的工作目标。一旦工作目标完成，这种压力就会很快减小，同时极容易产生请功的心理，觉得领导对我好，同志帮助我，自己也要对得起大家。这就产生了对某个人负责，而不是对企业、对集体负责的态度，把工作关系变成了私下交往的关系。因此，对无形压力产生的情绪要及时分析，正确引导，使之向着有利于生产经营的方向发展。

同时，由压力产生的顺从常有表面反应和内心反应的不同，有些人则是自觉自愿地与群体规范保持一致。这两种顺从会产生不同的结果，内心的顺从会表现为员工长期稳定的自觉行为；屈服压力的顺从，会使职工行为不稳定，在一定条件下顺从会马上转化为不顺从。

企业员工的心理与企业绩效密切相关。据美国压力协会调查，员工 90%的健康问题与精神压力有关。过度的压力会导致冠心病、精神疾病及癌症等。研究还表明压力与精疲力竭、情绪沮丧等工作表现之间有直接关系。据美国专业研究机构调查，每年因员工心理压力给美国公司造成的经济损失高达 3050 亿美元，超过 500 家大公司税后利润的 5 倍！

一项由纽约健康中心组织的全美调查报告显示，受压力和不良情绪影响的员工平均每人每年损失 16 个工作日。西北人寿保险公司对雇员进行的一项有关工作压力的调查透露，有 1/3 的员工由于压力考虑辞职，有 1/3 的员工预计会对未来的工作精疲力竭，14%的员工因为工作压力辞职或更换工作，70%的人认为压力导致工作效率和生产力降低。

中国人力资源开发网发起的“2005 年中国员工心理健康”调查结果显示，有 25.04%的被调查者存在一定程度的心理健康问题，也就是说每四个被调查者中就有一个人存在一定的心理健康问题。其中更有 2.24%的被调查者存在着严重的心理健康问题，有 22.81%的被调查者存在比较严重的心理健康问题。

2005 年北京零点市场调查公司对 415 位公司白领进行了关于工作压力的调研。结果显示，41.1%的白领们正面临着较大的工作压力，61.4%的白领正经历着不同程度的心理疲劳，而这些状况直接影响着公司的业绩与发展。

过度的压力给经济带来的负面影响同样也是惊人的。据统计，2003 年在美国由于工作压力引起的旷工、拖延、过度劳累、低生产力、人员更替频繁及员工的医疗保险赔付等方面，共导致经济损失达 2000 亿美元。根据针对 6 家美国公司 46 000 多名员工所做的近 3 年的调查分析，治疗抑郁和精神压力导致的各类疾病，其医疗费支出是其他致病风险因素(如吸烟、肥胖症及不良生活习惯)所引发的卫生保健费的 2～7 倍，受精神压力或抑郁困扰的员工花费的医疗费用，比没有这些心理问题的员工多出 2.5 倍左右。

人们发现，压力和健康、绩效之间的关系如图 14-1 所示。

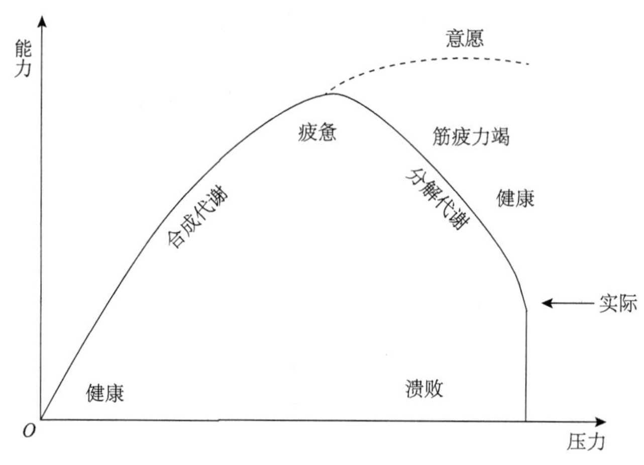

图 14-1　压力和健康、绩效关系图

我们可以看出，压力与绩效(能力)之间存在倒 U 曲线的关系。开始，绩效随着压力增加而提高，当压力到达某个临界值时，压力(压力)增加将导致绩效降低，如果压力继续增大，实际能力和预期绩效的差距会更大，这时人们忽视了休息的需要，趋向于逐步增加的负面精神和情感混乱，这些混乱可以导致他们的绩效出错。压力再继续增加到某一点时，个体的健康会出现崩溃，绩效也极低。此时就是因过劳而导致的筋疲力尽。

14.3.4　员工投射心理对工作的影响

投射心理也称投射效应，是指人们在日常生活中常常不自觉地把自己的心理特征(如个性、好恶、欲望、观念、情绪等)投射到别人身上，认为别人也具有同样的特征。比如，某员工对某事、某领导或某员工不满意，他也希望别人对这件事、这位领导或这个员工不满意，否则就会产生矛盾，影响相互之间的关系而影响工作。

了解了管理者与员工会产生这样一些心态，那么在人力资源配置过程中，作为管理者，就要避免“管理者用人心理因素”的不良影响；同时，要通过一些科学的方法去测试员工的各种需要，避免消极心理因素的影响。

第 15 章　避免心理因素在人力资源配置中的负面影响

人力资源是社会各项资源中最关键的资源，是对企业产生重大影响的资源，历来被国内外的许多专家学者及成功人士、有名企业所重视。现在的许多企业就非常重视人力资源的管理。人力资源配置就是指在具体的组织或企业中，为了提高工作效率、实现人力资源的最优化而对组织或企业的人力资源进行科学、合理的配置。然而，在配置过程中受多种因素的影响，如领导者(管理者)的用人心理因素、员工的工作心理因素等。如何解决和避免这些心理因素的影响，做到人尽其才、人当其位，从而提高生产效益，顺利完成组织目标，是人力资源配置的重要内容。

15.1　人力资源配置的基本原则

人力资源管理要做到人尽其才，才尽其用，人事相宜，最大限度地发挥人力资源的作用。但是，对于如何实现科学合理的配置，这是人力资源管理长期以来亟待解决的一个重要问题。怎样才能对企业人力资源进行有效合理的配置呢?必须遵循如下原则。

15.1.1　能级对应原则

合理的人力资源配置应使人力资源的整体功能强化，使人的能力与岗位要求相对应。企业岗位有层次和种类之分，它们占据着不同的位置，处于不同的能级水平。每个人也都具有不同水平的能力，在纵向上处于不同的能级位置。岗位人员的配置，应做到能级对应，就是说每一个人所具有的能级水平与所处的层次和岗位的能级要求相对应。简单说，就是“人当其位”。

15.1.2　优势定位原则

人的发展受先天素质的影响，更受后天环境与实践的制约。后天形成的能力不仅与本人的努力程度有关，也与实践的过程有关，因此人的能力的发展是不平衡的，其个性也是多样化的。每个人都有自己的长处和短处，有其总体的能级水准，同时也有自己的专业特长及工作爱好。优势定位原则有两个方面：一是指人自身应根据自己的优势和岗位的要求，选择最有利于发挥自己优势的岗位；二是指管理者也应据此将人安置到最有利于发挥其优势的岗位上。

15.1.3　权变原则

权变原则是权变理论的应用，是指当人员或岗位要求发生变化的时候，要适时地对人员配备进行调整，以保证始终使合适的人工作在合适的岗位上。岗位或岗位要求是在不断变化的，人也是在不断变化的，人对岗位的适应也有一个实践与认识的过程，由于种种原因，使得能级不对应，用非所长等情形时常发生。因此，如果搞一次定位，一职定终身，既会影响工作又不利于人的成长。能级对应，优势定位只有在不断调整的动态过程中才能实现。

15.1.4　内部为主原则

一般来说，企业在使用人才，特别是高级人才时，总觉得人才不够，抱怨本单位人才不足。其实，每个单位都有自己的人才，问题是“千里马常有”，而 “伯乐不常有”。因此，关键是要在企业内部建立起人才资源的开发机制，使用人才的激励机制。这两个机制都很重要，如果只有人才开发机制，而没有激励机制，那么本企业的人才就有可能外流。从内部培养人才，给有能力的人提供机会与挑战，造成紧张与激励气氛，是促进公司发展的动力。但是，这也并非排斥引入必要的外部人才。当确实需要从外部招聘人才时，我们就不能“画地为牢”，死死地扣住企业内部。

心理因素对人力资源配置有着重大的影响力，甚至可以左右企业的生存，因此合理运用心理因素可以优化人力资源配置，避免各种心理因素的影响。

15.2　避免管理者用人心理因素的负面影响

避免管理者用人心理因素的负面影响(首因效应、晕轮效应、刻板效应、类己效应、对比效应、情绪效应、性别效应)，可以从以下几个方面来考虑。

15.2.1　民主性

传统意义上的民主性包括平等心理和民主意识，这种心理原则是指管理者(领导者)在选才用人时，能尊重员工(下属)的人格尊严，创造人人平等的民主气氛，从而重视群众监督、民意测验和民主测评等选才形式的一种心理倾向。这种用人心理原则的实质是管理者把选择、提拔人才的权力下放给了群众，使员工摆脱了对领导者个人的依附性，便于有效地遏制用人方面的不正之风。

15.2.2　信任性

信任是相对于怀疑而言的，这里所说的信任就是指管理者在选才用人时，通过解除、改变和缓解下属的心理戒备状态和精神紧张状态，从而使他们能够毫无顾虑、主动热情地全力进行工作的一种心理影响。这种用人心理原则具有以下几层积极含义。

(1)管理者如果信任员工，就会使他们由于得到尊重而感到实现了自身价值，进而会大大增强他们的工作责任感，提高他们的工作积极性，激发他们的工作潜力。

(2)管理者充分信任员工能有效地防止那些别有用心者对人才的诽谤、诋毁和陷害。

(3) 管理者的充分信任会使员工敢于讲真话，提建议，有利于组织的发展。

(4) 管理者要及时评价员工的各项工作情况，并适当给予一定的精神鼓励和物质奖励。

(5) 管理者应给予员工充分的权力，让他们在各自的职责范围内大胆地进行工作，避免事必躬亲。

15.2.3 重能力

这种心理原则是指管理者在选才用人时，不能只看下属的表面现象和外在条件，而应充分考虑其实际工作能力的一种心理影响。坚持这种用人心理原则必须注意以下几个方面。

(1) 管理者要对本组织的员工逐个进行能力鉴别和分析，分门别类，从而确定选才用人的目标范围。

(2) 管理者要正确理解能力与学历、能力与资历的辩证关系。

(3) 管理者要注重各类人才的岗位教育和特殊技能训练。

15.2.4 理智性

理智是人的一种内在因素，用人的理智性原则就是指领导者在选才用人时，应避免盲目冲动的感性行为，在是非、利害关系面前要保持清醒的头脑，随时以理性战胜自己情感的一种心理因素。这种心理原则要求管理者在选才用人时应注意以下几点。

(1) 管理者要养成自勉的习惯，努力提高自己适应各种复杂环境的能力，要习惯于在逆境中工作和生活。

(2) 管理者要注意控制自己的思想情绪和个人情感，不断地加强自己的道德修养。

(3) 管理者还应保持其在组织中的“随和”性，要富于幽默感，从而增加对下属的吸引力。

15.2.5 宽容性

宽容泛指对人的宽恕、包容、关怀、呵护、体谅和理解，是一种高尚的道德情操。用人的宽容性原则就是指管理者在选才用人时，不能对下属求全责备，对他们各方面的失误、缺点应给予更多关爱和体谅的一种心理影响。应注意的是这种宽容性心理是以坚持原则为前提的，它和那些圆滑世故、八面玲珑的“老好人”心理有着本质的区别。

15.3 解决员工心理因素对人力资源配置的负面影响

员工是企业最宝贵的财富。只有了解员工的心理，解决了员工的问题，企业才能真正实现长久的可持续发展。优秀的企业员工不仅是企业最宝贵的财富，更是企业成长的生力军和战斗队。同样，成功的企业也都非常重视吸收、培养优秀的人才。人才战略已经成为当今企业的核心竞争力之一。如何解决员工的心理因素呢？本章运用双因素理论来分析员工心理因素问题及解决措施。

15.3.1 保健因素的运用

保健因素，是指那些与工作条件相关的能够在工作中安抚员工、消除员工不满意感或消极情绪的因素，包括公司的政策与管理、技术监督方式、人际关系、工作条件、福利、职业安定等。其实通俗地说，就是人们需要生存的基本保障。员工首先需要满足的就是基本生存所需，企业效益与每个人的福利薪金息息相关，这些最基本的生存条件得到满足，“让员工过上富裕和有尊严的生活”，员工才有可能安居乐业，实现企业的战略思想。不可否认跳槽是当今社会一种很常见的现象，但对于大多数普通平凡而又脚踏实地的员工来说，一份相对稳定的工作，一份基本固定的收入，一个基本宽松的工作环境和基本融洽的人际关系，就基本满足了员工的需要，使其劳动积极性维持在原有水平。也基于此，领导者致力于企业效率的最大化，就是让企业员工首先在薪酬福利上有所保证，再在培训发展中创造机会，竭力消除不满的消极态度，努力调动职工的积极性。

15.3.2 实施激励因素激发员工潜能

激励因素，是指那些与工作本身特点和内容联系在一起的，能促使人们产生工作满意感或得到奖励的因素。换言之，拿钱干活不是激励，只有一个人自己产生动机时，我们才可以说受到了激励。实施激励机制永远是企业最关心的问题，必须将人员的激励摆在优先考虑的位置，把人员激励作为一项长期的持续的工作来策划，充分挖掘和发挥其内在潜能，激发员工追求卓越而不是得过且过，为企业激发异乎寻常的生产力，自觉自愿为实现企业目标而奋斗，唯此才能不断提高企业的市场竞争力，才能在激烈的竞争中站稳脚跟，有所建树。

著名的家族企业广东格兰仕企业集团公司在 27 年的发展历史上，经历过无数次市场挑战，才成为深圳华为公司总裁任正非所言的“虽九死一生还活着的企业”。其实，很少有人知道，1994 年格兰仕还曾经遭遇过一次水灾。这场百年难遇的洪水使厂区一片汪洋，水深近 3 米。洪水全部退去后，大部分生产设备都在泥水中浸泡了两个多月。很多机器设备从泥里挖出来，表面已然满是锈斑，在很多人眼里如同一堆废铁。格兰仕 14 年打下的基业，眼看着被这一场大水冲走了。

但实际上，格兰仕只用了 3 个月就恢复了生产。洪水退去后连续一个月的时间，很多格兰仕女工都自觉自愿加班加点地去擦洗这些机器，她们的手变皱了，还沾着别的东西，洗也洗不掉。走在外面，一看她们就是格兰仕的人。

为什么格兰仕会出现这种现象？格兰仕对员工实施的是“赞赏管理”。根据格兰仕总裁助理赵为民的介绍，其“赞赏管理”分为四个方面：及时表扬和赞美、好的心理激励与奖励、提拔平台、感恩心态。对待基层工作人员，格兰仕一般采用刚性的物质激励；而对待中高层管理人员，则更注重采用物质和精神相结合的长期激励。

在格兰仕，基层人员的考核规则、过程和结果都是公开的，在每个车间都有大型的公告牌，清楚地记录着各生产班组和每位工人的工作完成情况和考核结果。要考核生产班组整个团队的产品质量、产量、成本降低、纪律遵守、安全生产等多项指标的完成情况，同时记录着每个工人的完成工件数、加班时间、奖罚项目等。根据这些考核结果，每个人都能清楚地算出自己该拿多少，别人强在什么地方，以后自己需要在什么地方改进。

对于中高层管理人员，平时格兰仕只给他们发放几千元的月度工资，而把激励的重点放在年度上。格兰仕把公司的整体业绩表现、赢利状况和管理者的薪酬结合起来，采取年终奖、配送干股、参与资本股的方式，递进式地激励优秀的管理者。比如，所有考核合格的管理者，按考核等级都会有数量不等的年终奖；另外公开评选优秀的管理者，参与公司预留的奖励基金分配，这个奖励基金是按公司的赢利状况提取的；其中最优秀的几名管理者则配送次年的干股，不需要支付现金购买公司股份，能够参与公司次年一定比例的分红；经过几个年度考核能提升到公司核心层的高层管理者，则可以购买公司股权，成为公司正式的股东。目前已有 50 多名中高层管理者拥有格兰仕的股份（资本股），有 70 多名管理者拥有干股，共同构成了格兰仕的利益统一体。

通过格兰仕的激励措施，我们可以知道，格兰仕企业从某种意义上说，认识到保健就是稳定，激励就是发展。既要有相对稳定的环境，更要有持续发展的机遇，而两种因素亦可转化，物质奖励也可起激励作用，但高薪或加薪并不是吸引人才的关键，金钱有时仅可称为保健因素。按照马斯洛的需求层次理论，人有生理需求、安全需求、社交需求、尊重需求、自我实现需求五个需求层次，管理者想要持久而高效地激励员工，必须改进职工的工作内容，进行工作任务再设计，给予表扬、认可、成长、发展、晋升的机会，薪酬只是一种认定，在领导能力、绩效管理、沟通、工作环境和工作满意度都良好的企业，员工的需求已进入尊重和自我实现的层次，简单的物质奖励和经济手段已不是唯一，通过实施方案增加员工责任感的措施才是长久之计。

许多成功的企业有共同的成功经验，即在不断深化企业改革的过程中，一贯注重遵循心理科学的基本原则，特别是注重公平和竞争心理环境的建设。他们打破了传统的干部和工人的界限，实行干部竞争上岗的制度；在分配方面，实行按实际业绩考核确定报酬的制度。不断开放竞争范围，把人才竞争逐步扩大到更高层次的竞争，使企业人力资源配置达到最优化。但是由于人的心理是难以观察的，在工作中很难把握领导和员工的心理状态，因此很难最佳最优地进行人力资源配置，还需要更加深入的研究。

第 16 章　影响 HR 面试官的心理效应分析

员工是经营业务的基本资源，是现代企业中最珍贵的资源，这已经成为现代企业管理最基本的理念之一。企业要在激烈竞争的市场上立于不败之地，其关键因素是人力资源。人力资源管理的目标就是吸引、培养、保留和回报对公司做出贡献的员工。招聘是企业吸引人才的主要途径。面试是招聘系统中极为重要的环节，是招聘工作中一个必需的步骤。直接影响选才的有效性。统计表明，99% 的企业在进行人员招聘时都采用面试的方法，但许多企业由于没有系统地研究过面试方式的效果而对其缺点不甚了解或主观加以淡化，使面试的优点难以充分体现。“辛苦招到的人在实际工作中并不能胜任工作，或者好不容易招到了一个非常看好的重点培养对象，结果工作不久就提出了辞职”，这种尴尬的局面在企业中仍然普遍存在。此类问题大多是由于面试官自身的心理状态引起的，很多情况下甚至是在无意识中出现的，因此此类问题往往比较难以发现和解决。本章针对面试中影响面试官的心理因素做一些探讨。

16.1　面试中存在的心理效应

面试者的评判结果很容易受面试官面试时心理活动的影响，所以面试官有必要了解负面的面试心理效应以调整自己的心理活动。

16.1.1　首因效应

也称第一印象效应，人们根据最初获得的信息所形成的印象不易改变，甚至会左右对后来获得的新信息的解释。在认知过程中，人们尽管可获得多种信息，但最终形成印象的却是最初信息，其余信息则被忽略。这种效应对面试官来说，容易被感官所蒙蔽，导致以偏概全、只顾一点不及其他或一俊遮百丑的结果，对被试者来说是极其不公正的。

16.1.2　晕轮效应

又称光环效应，是指在认知时，人们常常将所知觉到的特征泛化推及其他未知觉的特征，从局部信息得出一个完整的印象。当一个人在某方面有显著优点时，人们会误认为他在其他方面也有同样优点，即一好百好。在面试中某一应试者谈吐儒雅、思路清晰，面试官可能认为此人各方面能力都很强；某一个应试者看上去亲和力很强，面试官可能认为他能与所有人相处融洽。

16.1.3　刻板效应

又称定势误差或群体定见或板块效应，是指人们对某个群体中的人形成的一个概括而固定的、归类化的看法。生活在相同文化背景中或同一年龄阶段的人，常表现出很多相似性，人们在社会知觉中对这种相似特点加以归纳，形成认识并固定下来，形成刻板效应。比如，面试官可能认为，女性做事都很细致，刚毕业的大学生能力差等，从而影响面试的效度。

16.1.4　类己效应

又称自我对比效应或惺惺相惜效应，它是指人们往往以自己的标准来审视评价别人。人有一种求同的潜在意识，类己效应就是这种典型表现。面试中，面试官将自己的性格、能力、兴趣、爱好等拿来与面试者进行对比，与自己相似的，总是给予较高评价；与自己格格不入的，则给出较低评价。

16.1.5　对比效应

也称类比效应或比较效应，是指人们在认知过程中，把两个或者多个事物放在一起进行对比而后得出结论。面试官在连续面试多名应试者时，做出的面试评价结果会受前面应试者的影响，并会下意识地产生对前后应试者进行比较的心理态势。比如，当一个潜能一般的应试者被编排到一个能力较差的应试者之后，面试会获得较高的评价；而当一个潜能一般的应试者被编排到一个优秀的应试者之后，面试则可能获得较低的评价。

16.1.6　负面效应

也称瑕疵效应，是指事物存在的瑕疵(缺点、不足)影响其完美并给人们留下较强烈的印象。在面试中，面试官对应试者的负面信息，主要是其表现出来的缺点和不足，比较敏感。对于一个既有优点又有缺点的应试者，面试官可能倾向于放大其缺点，而忽视其优点。这样必然影响对应试者的客观评定。

16.1.7　从众效应

也称附和效应或随从效应，指人们在感知过程中，对事物的认识、评价受他人的影响。当多个面试官同时面试一个应试者时，对应试者的评价可能会相互影响。有时，即使少数人的意见中肯，但迫于各种原因和压力，如不愿坚持己见，害怕承担风险等，进而弱化自己的看法，服从多数人的意见。这无疑左右了最终评价。

16.1.8　中央趋热效应

也称中间效应，是借用人们的视觉效应，即人们在感觉(视觉)事物时，总是首先集中在整体的中间位置。应用于面试中，指面试官对多个应试者进行评分时，会形成这样一种趋势，即对面试者的评价分数集中在中间位置，区分度不高，使得评分结果差距不大，导致面试测评失去了应有的意义。

16.1.9 情绪效应

人们在感知事物时，总是伴随着一定的感情，如喜、怒、哀、乐等。面试官是人，也有情绪的起落。情绪好时，兴致盎然，注意力集中，评分较准确；情绪欠佳时，心不在焉，看到的负面信息远多于应试者的优点，致使评分受到影响。且面试本身是一个互动过程，面试官的情绪必然要影响到应试者的发挥水平，这使得评分差距在有失客观公正的基础上进一步拉大。

16.1.10 性别效应

性别效应是指人们对人的认知会因性别不同而产生不同的心理态势。异性相吸、同性相斥，这是自然界的普遍规律。面试官在一定程度上会受异性吸引，尤其对外表气质佳、言谈举止得体的异性容易产生好感。

16.2 心理效应对面试的有效性影响

心理效应是社会生活中较常见的心理现象和规律，是某种人或事物的行为或作用，引起其他人或事物产生相应变化的因果反应或连锁反应。同任何事一样，它具有积极与消极两方面的意义。因此，正确地认识、了解、掌握并利用心理效应，在人们的日常生活、工作当中具有非常重要的作用和意义。

面试是一种面对面的测试，是根据组织招聘或选拔人才的标准和要求，在一定场景下，面试官以问、听、察等方式与应试者进行全面沟通，较为综合地评判应试者素质的一种直观测评方法。面试具有三个鲜明特征：一是测评直观，感知真实。面试者通过亲眼看、亲耳听，直接感知应试者的现场表现，从而更准确地考察应试者的形象、素质和相关能力。二是全程互动，深入考察。通过双方互动，考官可以更为机动灵活地测问考生，从而实现更深入的考察。三是多角度考察，综合评判。面试不仅能考察应试者的口头表达能力、临时应变能力，还能考察实际操作能力等。正是因为以上特征，面试具有笔试无法替代的功能和优势。因此，在完整的招聘中，面试不可或缺，它能弥补笔试的不足，是对笔试最有力的补充。据统计，目前我国采用面试招聘的比例高达 97%，这足以表明面试的重要性。上述所叙及的十个方面的心理效应的负面性，在一定程度上影响了面试官的判断，从而也在一定程度上影响了最后的招聘结果。

除此之外，面试官在面试中往往没有用足够的时间对应试者进行充分的考核。面试官一般比较喜欢谈论他们感到熟悉和有把握的话题，而这些话题有时对考核应试者从事某项工作的能力没有太大的帮助。例如，某一部门的经理人员会更多地谈论该组织和部门的状况，在此方面花费了较多的时间，而对应试者的考核则只能依靠大体印象做出判断。当应试者在进行一系列分别面试的时候，每位面试官都把大部分时间花在进行公关和实况简介上，实际用来全面考核的时间则相对较少。这不但增加了企业的面试成本，而且降低了面试的效率。

面试官有时向应试者提供相互矛盾或者有误导作用的信息。如前所述，面试官可能在不同的精神状态下，给同一应试者不同的心理暗示。当面试官精神状态较好时，与面试者充分交流会使面试者感觉到面试官对其感兴趣。当面试官精神状态不佳时，就会给面试者相反的暗示结果。不同的面试官也可能对同一应试者发出不同的信息。一个面试官可能会使应试者相信这里有发展机会，而另一个面试官可能会给应试者留下从内部提拔到高层的机会很少这一印象。有些面试官为了说服应试者接受该组织的聘用，会对企业的相关因素进行夸大其辞的描述。当应试者到企业后发现企业实际情况与面试官所言不符时，大多会不久便离去。这样不但有损企业的形象，浪费了人力、物力、财力，而且也影响了将来的招聘工作。

第 17 章　回避面试考官心理效应负面影响的对策

在面试中，面试官心理的负面效应必然影响面试的有效性，对人才招聘和选拔产生不利影响，造成人才招聘成本的增加与浪费，甚至对组织的发展产生不良后果。因此，思考和探索减少其影响，对提高面试的有效性有重要意义。

17.1　选择面试官

面试官本身素质的高低、经验的丰富与否往往直接决定了面试的有效性。具有高素质的面试官能够很好地驾驭面试的整个情景，并能根据应聘者的表现给出恰当的评价。俗话说，一流人才识一流之善，二流人才识二流之善。面试官的水平高低决定着他会选择什么样的人，这就要求面试官不仅要有丰富的知识，如心理学、行为科学等方面的知识，善于从应聘者的言行、态度、礼节等外部行为表现，考察其内在心理特征，而且要掌握一定的面试技巧来活跃面试气氛，完成预定的面试任务。

一个合格的面试官，应具有以下特征：①良好的个人品质；②具有相关的专业知识和相关的工作经验；③良好的观察和判断能力；④对人际关系较为敏感；⑤熟练运用各种面试技巧；⑥掌握相关的人员测评技术；⑦了解职位组织状况及职位空缺要求。这就如同组织选拔员工，与其选聘素质一般、能力平平的人员，期盼通过进入公司之后的大力培训来提高其素质和能力，还不如一开始就慧眼识才，选拔优秀的符合组织要求的员工。这远比前者更能节省人力资本，提高人力资源管理效率。

微软公司用老员工面试新员工的方式值得借鉴，由于他们了解该职位需要面试者所应具备的能力，所以更能准确地、有针对性地面试应试者，避免了招聘不合适的人才进入公司。因此，组织在考虑招聘和选拔人才时，应首先考虑好面试官的人选，包括组织内部人力资源部门主管、聘请外部人力资源专家、学者等，从而为组织挑选到合适满意的人才提供基本保障。

17.2　加强面试官的培训

不同的岗位对员工有不同的素质、能力要求，这需要面试官仔细捉摸与把握。面试前对面试官进行系统的培训，不仅能使其巩固自身的知识和经验，而且还能温故知新，体会到新的面试技巧。微软公司任用老员工为面试官，他们在进入微软之前同样会面对以前老员工的面试，加上在工作岗位上的多年磨炼，对面试者的要求会比较熟悉，并通过自身的经验及阅历能够有效控制面试中负面心理效应的出现。微软要求面试官根据微软公司的成功六要素设计种种问题考察应试者的多种能力，这不是谁都能做到的，需要长期的积累和培训。因此，尽管面试官经验丰富、技能专业，但依然有必要对他们进行某些方面的培训。首先，要使他们对每种心理效应的含义、表现、产生原因及其后果都有全面而清晰的认识，如首因效应、晕轮效应、刻板效应等，正所谓“知己知彼，百战不殆”。其次，是态度上的培训。要使其保持客观公正的态度，要本着认真负责的态度对待面试工作。再次，是对情绪控制技能的必要训练。最后，还要把握岗位要求的素质能力标准及其对应表现的应然性。

17.3　选择有效的面试方法

很多时候，科学有效的方法远比就问题本身苦苦寻找解答更容易化解矛盾。“工欲善其事，必先利其器。”选择有效的面试方法，能消除某些负面心理效应产生的条件，从而避免无效面试的出现。微软公司放弃根据岗位职责说明书来进行面试，而是根据不同岗位的不同需要来确定面试的问题。在微软的面试过程中不会出现同样的要求和问题，面试官在评价应聘者时也不会出现同样的结果，这样有效地避免了中央趋热效应的出现。

现行的面试方法种类较多，常用的有结构化面试、公文筐测验、无领导小组讨论、工作样本法、角色扮演法、演讲法等。每一种面试方法都有各自的优缺点，测评的侧重点也有所不同。总而言之，可根据各种面试方法的特征，择其善者。

在当前的面试形式下，应试者的能力因素、人格特征、工作动机、智力水平等这些内心深处的潜在素质，即使是优秀的面试考官也难以完全获知。根据哈佛大学麦克利兰教授提出的冰山模型，水面下的潜质只有通过心理测试才能测量出来，而潜质又是成功的关键，因此引入心理测试至关重要。通过心理素质测评中的能力倾向测验、适应性测试、人格测验、心理健康状况测试等，能有效地防止人为掩饰，比较真实地反映出一个人的内心世界和诚实与否，可以判断一个人具有什么样的能力优势，了解一个人是否符合某一岗位的需要，从而预测他在所从事的工作中的适应性、成功的可能性及发展的潜能；可以判断一个人智力结构水平的高低，根据他的智力发展水平来分配不同的工作，真正做到人尽其才，才尽其用。

由此可见，心理素质测评能使相应的职位找到合适的人，并且相应地也可能让该职位上的人产生更多的工作满足感、有更好的工作表现和更高的工作成就，从而提高面试的效度。

17.4　用团队面试优化面试过程

团队面试是把几个人组成一组来面试应试者。它一般是整个招聘面试中的第二次面试。团队面试对团队成员有一定的要求。一般来讲，团队面试应该把面试官人数限定在四到五个以内，因为超过这个人数可能产生一种威慑作用而且难以协调；在团队组成中，应至少有一名是女性，以减小异性效应带来的影响；团队成员的性格、气质、知识也要有一定的差异(互补)；团队成员对应聘者的评分应该独立而且互不影响。微软公司每一次的面试都有好几位微软的老员工参加，他们事先都分配好了任务，考察应聘者各个方面的能力。面试完成后把自己的意见及建议和应聘者探讨过的问题告知所有面试官，微软通常是获得面试官同意以后才雇佣一个人，避免了面试官近因效应、首应效应的影响。

团队面试可以从很多方面优化面试过程。首先，它可以减少多个单独面试所造成的内容重复与疲劳。其次，因为面试官都采用相同的一套问题及答案作为评估应聘者的依据，这就可能使面试官在评估的依据上互相质疑对方。这种质疑迫使面试官更加认真地考虑聘用决定的理由并采用更加客观的标准。再次，团队面试可以使不同水平的面试官之间互相学习。优秀的面试官能更容易地把诀窍传递给水平较差的面试官。最后，团队面试向应试者传递一个良好信息：团队合作是我们企业所提倡的工作方法，也是我们的文化之一。

17.5　设定标准化的评定尺度

面试的目的，就是要衡量应试者的能力素质、资格条件、个性特点是否符合工作的实际需求，符合到什么程度、不符合到什么程度，但面试时接受的是每一个人不同的行为标准，必须用一个标准的评定尺度才好统一把握。面试评分是面试中的重要环节，应统一评分尺度，实现面试评分的一致性。要做到这一点，首先是要制定面试评分标准，面试测评标准包括三个方面的内容：一是测评指标，即反映应试者素质、资格等典型行为；二是水平刻度，是描述这些行为表现所体现出的能力、素质和资格条件的数量水平或质量等级的量表系统；三是测评规则，即一定水平刻度与一定行为指标之间的对应关系。面试测评标准集中体现为面试测评的量表系统，体现为一个好的面试评分表，面试测评标准可以作为面试官培训的指导材料，提高面试官对各测评要素的认识，提高其判断能力，以保证评分的统一客观。同时一个好的评分标准可以弥补面试官水平参差不齐而造成的评分误差，也可以规范面试官的评分行为。其次，在面试评分中合计总分的方法采用体育比赛中的通常做法，去掉一个最高分和一个最低分后取平均值，当然这种方法的前提条件是各面试官之间具有一致性。面试评分中心理效应的影响是困扰面试工作的一个突出问题，所以说面试官的选择和培训是一个十分艰巨的任务。

17.6　选择合适的面试方式

通常来说，面试主要有模式化面试、问题式面试、非诱导式面试、压力式面试等几种常用方式。因此，在决定面试的方式时，需要根据岗位类型的不同而采取相应的不同的面试方式。模式化面试是面试官根据预先准备的题目而逐一发问的方式。这种面试对面试官的技巧要求不是很高，比较适用于招聘熟练工人和一般管理人员、技术人员。问题式面试是面试官根据岗位的特征及要求对应试者提出一个问题或计划，请其予与解决，通过观察其表现以判断其解决问题的能力。它适用于招聘中层管理人员和中级技术人员。

非诱导式面试是面试官与应试者海阔天空地交谈，让其自由发表议论，在闲聊中观察应试者的组织能力、综合素质等。知识面及谈吐和风度的面试方式，这种面试比较适用于招聘企业高、中级管理人员。压力式面试是面试官有意识地对应试者施加压力，通过对应试者的背景和思想进行深入追问来观察其对这些突如其来的问题的反应，从而判断其应变能力的方式。它适用于一些特殊的岗位，如需要高度警觉性的岗位、营销人员的招聘等，同时对招聘高级管理人员也是比较适用的。虽然这些面试方式在其特定的使用范围内具有比较好的效果，但综合起来运用能够发挥更大的效用。比如，在招聘企业高级管理人员时，在面试开始阶段可以先采用非诱导式面试进行，以制造轻松的沟通气氛，然后再针对不同的问题分别运用不同的面试方式。对一般性问题可以用模式化面试方式进行，对复杂的决策问题可以运用问题式面试，而对有时间限制，需要果断性决策的问题则运用压力式面试。通过综合运用这些面试方式可以多方面了解应试者的知识和能力，从而使面试更科学。

微软公司综合运用了问题式面试、诱导式面试、压力式面试等面试方式，从各个方面综合考察面试者的能力。面试官通过提出特别有创意的问题来测量面试者的思维和独立思考问题的能力与方式，与面试者相互探讨专业方面的问题来考察其专业知识深度，微软对面试者要求较高的职位也不惜采用压力式面试，这些面试方式体现了微软公司对其所需人才的严格要求。

17.7　改善面试所需物理条件

不少人甚至包括一些专业的人才招聘工作者，认为面试只需通过面对面的交流、问答便足以当场确定应试者综合素质的高低。这种看法事实上忽略了人的知觉和记忆的局限性和偏差性。实际操作过程中，要克服负面心理效应，使面试尽可能科学，选拔到真正的人才，面试组织者往往还需借助一定的物理条件，以保证对应试者的面试表现有全面而清晰的认识。这些物理条件包括摄像机、录音机、面试的场地等。通过提供和改善必要的物理条件，使面试官对面试者的外在形象、反应能力、口头表达能力、灵敏程度等有更清晰、更全面、更完整、更准确的认识和记忆，进而根据这些认识对最初的印象、评分作出必要的修改，进而完善评判结果。

17.8　延长面试的时间间隔

为完成招聘任务、节省招聘成本，人力资源部门给面试官规定面试时限，如要求在一天或几天时间内必须完成面试任务，这种做法会给面试大打折扣。殊不知，要真正了解一个人需要经过较长时间的接触。一方面，短时间的面试对应试者的了解并不全面，面试官草草做出评价，致使评分不客观。另一方面，如果参加面试的人数众多，面试官在几天甚至一天之内做完全部面试，难免疲劳，从而影响工作情绪，左右评价的客观性和准确性。因此，要提高面试的信度和效度，应该适当延长面试时间间隔。比如，可在一个月之内多次面试一个求职者；延长多个应试者面试的时间间隔。这种做法可避免对比效应、晕轮效应等。微软公司对面试者的面试不仅会有多个面试官轮流进行面试，还会反复进行甚至持续几个月，最终让每个面试官达到一致，面试主管才会游说面试者把微软当作唯一的工作选择。严格的组织、谨慎的态度和深入的面试，体现了微软对选人的重视。

17.9 结 束 语

随着社会的进步和企业的发展，面试的理论和方法不再一味地沿袭传统的做法，对传统的方法不断地进行分析、总结和提高，从而避免其中产生的负面心理效应。一些专业领域的人员大力开展研究工作，提出一些新的面试方法和观念，并在实践中尝试应用这些新方法，但在面试的操作过程中仍然存在着一些问题。本章只是大体地提出了一些需要引起面试官注意和改进的方面，没有提出实际的操作方法和技巧供面试官借鉴和实施。大多数组织的人力资源管理部门都有一套自己的人员面试招聘与录用工作方法，有些工作过于简单，缺乏系统性和科学性，以至于影响了面试的质量。要想面试取得好的效果，使面试官在短时间内清楚地对一个陌生的面试者的性格、能力、专长做出正确的判断，还需要不断地对面试进行改进，使面试的过程更加科学化、规范化。

第 18 章 知识型员工概述

21 世纪是知识经济的时代，产生了“知识型员工”这一特殊群体。知识型员工具有高级专业知识和技能，从事企业中重要的管理和技术岗位，对企业的生存和发展起着至关重要的作用，他们是能够创造企业最大财富的特殊群体。开发知识型员工的潜能，发挥他们的积极性、创造性，对知识型员工的激励势在必行。要高效益地激励知识型员工，必须了解知识型员工的特点和影响激励的基本因素。

18.1 知识型员工的含义

关于知识型员工的定义，著名管理学家彼得·德鲁克提出了知识型员工的概念：知识型员工属于那种掌握和运用符号和概念，利用知识或信息工作的人。一方面，能充分利用现代科学技术提高工作的效率；另一方面，知识型人才本身具备较强的学习知识和创新知识的能力。

加拿大著名学者弗朗西斯·赫瑞认为：“简而言之，知识型员工就是那些创造财富时用脑多于用手的人们。”

就目前而言，知识型员工应当是组织的管理者、技术开发者等，具有一定或较高理论知识和学问的人才，如职业经理人、高级业务员、技术开发员、医生、律师、教师、会计师、工程师、科研人员、理论工作者等。由此可以得出知识型员工的双重性：知识型员工拥有知识资本，使其成为资本拥有者，这是其资本性的一面，但同时知识型员工又是劳动者，其人性的一面与普通员工没有本质区别。

从经济学的角度来看，每个人都有一定的人力资本，但是由于每个人的教育、背景、能力、智商等不同，不同的人拥有的人力资本力量也就不尽相同。知识型员工相对普通员工而言，受过更多教育，拥有更强的能力，进而拥有更多的人力资本，能够创造更多的社会财富。因此，对知识型员工能力进行激励使之发挥最大的潜力成为当今各位管理者和学者关注的一个重点。

18.2 知识型员工的工作特点

从表 18-1 中可以看出知识型员工的工作特点与其他员工相比具有较大的差异。知识型员工有较强的自我意识、独立的价值观、较高的自省能力等职业特征，这些特征要求企业能够区分出知识型员工和普通员工，并根据其特征采取不同的激励措施。

表 18-1 知识型员工和普通员工的特点比较

项目	知识型员工	普通员工
基本特点	专业性较强	专业性较弱
心理需求	较强的社会尊重、自我实现等精神需要	较弱的社会尊重、自我实现等精神需要
价值观念	侧重精神方面的价值实现	侧重物质方面的价值实现
工作形式	以脑力劳动为主	以体力劳动为主
工作环境要求	通常较高	一般，甚至较低
工作时间	一般超出明示的工作时间和空间限制	一般限于明示的工作时间内
工作的自主性	较强	较弱
监视与督导	一般不需要，甚至反感	通常需要
工作难易程度	较复杂	较简单

18.3 现存知识型员工激励机制的主要问题

18.3.1 只注重薪酬激励模式

随着知识经济步伐的加快，我国的一些企业已经认识到人力资源尤其是知识型员工的重要性，开始积极引进高素质的员工。在引进知识型员工的具体措施上，大都采用高额收入的办法，这样会造成一种攀比心理。需要说明的是，员工现金收入越高，现金报酬对他们的边际效用也就越小，对他们的激励作用也就越弱。

18.3.2 绩效考核体系缺乏量化指标

因为知识型员工从事的工作是复杂的难以量化的工作，很多企业仍然沿用传统的、以经验判断为主的考核评估手段、不科学的分配方式和简单的物质激励手段。绩效考核缺乏量化，考核过程不沟通，考核结果不反馈，考核结果不与奖罚挂钩等因素都造成了绩效考核体系的不完善。

18.3.3 知识型员工参与性差

知识型员工具有一定的特殊性，他们不是管理层，却是企业的核心力量，一般来说他们不习惯于受指挥、操纵和控制，有一定的自主性。然而，在我国企业特别是一些国有企业中，企业领导只把知识型员工当成技术工人或普通员工，没有赋予他们参与公司管理的权利，通常只是命令式的分派任务，这就压制了知识型员工的积极性，没有充分挖掘他们的潜力。

18.3.4 缺乏长期激励机制

长期激励机制的缺位，是致使人才战略难以很好实施、人力资源管理处于低效状态，极大地影响企业发展后劲的重要原因。知识型员工长期激励机制的缺位主要表现在：一是在人才开发问题上存在一定程度的短视；二是大部分企业的薪酬完全由基本工资及年度奖金构成，缺少长期的激励机制；三是缺乏科学合理的员工职业生涯规划。

18.3.5　轻视内在性激励的积极作用

尽管物质激励在某一阶段有很强的激励效果，但随着物质激励效果的边际效应递减，物质激励的作用将停留在一个有限的空间里。随着知识员工的需求层次越来越高，仅仅有物质激励是无法发挥有效的激励作用的，必须结合内在性激励，通过工作提升员工的成就感与满足感，才能真正做到事业留人。

18.4　影响激励知识型员工的因素

18.4.1　知识型员工的动机

1. 动机与工作效率

人们倾向于认为动机强度越高，对行为的影响就越大，工作效率也就越高。但事实并非如此，心理学家耶克斯和多德森的研究表明：动机强度与工作效率之间的关系是一种非线性关系。耶克斯—多德森定律(Ferkts-Dodson law)指出：各种活动都存在一个最佳的动机水平，且动机的最佳水平随着任务的难度系数增大而降低。

在图 18-1 中，横坐标是指动机强度，动机强度根据箭头方向由弱到强；纵坐标是指工作效率，工作效率也随箭头方向由弱到强，弧线表示工作的难易程度。图中有 A、B、C 三条弧线：弧线 A 表示工作比较容易，弧线 B 表示工作难度适中，弧线 C 表示工作难度很大。三条弧线都有一个最高点，最高点表示该工作在对应的动机强度下，能够达到最高的工作效率。从图中可以知道，弧线 A、弧线 B 和弧线 C 这三条弧线的最高点所对应的动机强度是逐渐减弱的。由此可见，在难度系数较高的工作当中，较低的动机水平有利于任务的更好完成。

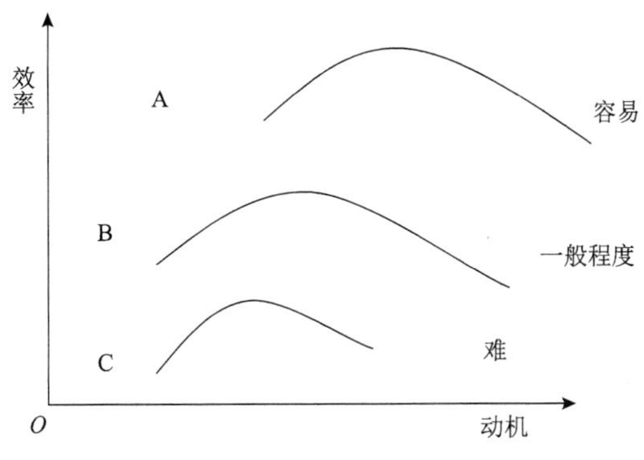

图 18-1　动机强度与工作效率之间的关系

2. 知识型员工的主要工作动机

1) 以高层次需要为主导需求

由马斯洛的需要层次理论可知，知识型员工的主导需要集中在社会需要、尊重需要和自我实现需要这三个较高层次的需要上。知识型员工绝大多数受过高等教育，从事的工作主要以脑力工作为主，薪酬福利待遇及工作环境通常较好。对于这些人来讲，工作是一种证明自身实力，实现自我价值和理想的一种工具。因此，较高的薪酬福利待遇对于吸引和留住知识型员工会起到保障的作用，但要真正激励他们发挥自己的潜能和创造力，组织必须从工作的挑战性和成就感、职业生涯发展等方面入手。

2) 工作内容

在劳动力市场上知识型员工处于供不应求的状况。对他们来讲，能否找到工作不会成为很大的问题，问题在于找一份什么样的工作。所以，在找工作时知识型员工除了注重薪酬福利待遇之外，更注重工作本身，考虑工作是否适合个人的特长，是否能够在工作过程中实现自己需要的知识和经验的积累，是否能提供学习和发展的机会等方面。赫兹伯格的激励—保健双因素理论对知识型员工的管理具有非常重要的指导意义：他为我们指出在“满意”和“不满意”之间还存在一种“中间状态”，消除了不满并不意味着知识型员工已经满意。提高知识型员工的满意度要从工作本身出发，对于工作相关的责、权、利进行重新分配，对组织的价值体系和文化进行改造。

3) 较高的成就动机

知识型员工相对于普通员工来说，有更为强烈的成就动机，这一点是毫无疑问的，这也是他们花费比普通员工更长的时间、更多的精力、财力接受更高的教育的主要原因所在。心理学家麦克利兰认为：任何时候，人们的行为都是由他们的需要决定的。人们对权力、关系和成就需要的追求或许能解释人们的行为。这也在知识型员工激励方面为我们提供了指导，我们要为知识型员工提供较高的收入，满足他们在成就方面的需要，因为金钱的获得被视为一种对成就的看得见的量度；同时我们还要为知识型员工提供专业和管理两方面的职业发展通道，满足他们对于权力和社会关系的需要。

18.4.2 知识型员工的性别、年龄、学历的影响

在性别方面，男性比女性更看重个人发展，而女性比男性更看重收入，因此应当采取不同的激励措施。

在年龄方面，总的说来，玛汉 • 坦姆仆在 1989 年通过研究发现，知识型员工在不同的事业发展阶段对于其激励因素的需要强度不同。知识型员工在事业初期比较重视金钱财富方面的激励，而在事业发展期关注的重点开始转为个体成长，随着时间的推移，待到事业稳定期则比较重视业务成就方面的激励。年龄越大，越偏好于薪酬福利激励；年龄越小，越偏好于个人成长激励。在学历方面，学历越高，越看重个人的发展；学历越低，越看重收入的高低。

18.4.3　企业性质的影响

有学者对不同企业性质中知识型员工的需要差别进行研究，调查结果表明：民营企业与合资企业的知识型员工将个人成长排在第 1 位，而国有企业的知识型员工则将个人成长排在第 4 位；民营企业与合资企业的知识型员工将金钱财富排在第 5 位，而国有企业的知识型员工则将金钱财富排在第 1 位。

18.4.4　社会经济与文化的影响

社会经济的发展决定了知识性员工的动机需求，社会文化决定了知识型员工的价值观。比如，美国文化比较推崇自由、独立，而中国文化则更多地讲求家庭关系、企业团结等。中国的知识型员工会更多地考虑家庭的关系，会把企业当作家庭来对待，因此其激励因素会与美国知识型员工有所差异。美国经济比中国发达，因此中国知识型员工更多地看重薪酬激励，而美国知识型员工则更注重个人的发展前景，但随着中国市场经济的不断发展与完善，人们生活水平与质量的不断提高，这一现象开始逐渐变化，这是我们必须注意到的。

第 19 章　知识型员工激励策略

激励是引导人们做出特定行为而不是另一些行为的力量的组合。管理者们致力于激励组织中的员工，让他们发挥最高的绩效水平。这意味着鼓励他们努力工作、减少缺勤和为组织的使命作出贡献。因此，激励对提高员工的工作积极性、创造性地完成组织任务，有重要的积极意义。

19.1　知识型员工激励的重要性

激励是管理中最重要的职能，其主要作用体现在以下几方面。

19.1.1　提高员工的自觉性、主动性和创造性

人的行为常常带有个人利益的动机，而利益是调节人的行为的重要因素。企业设置的目标应当承认和尊重个人利益，让员工看到在实现组织目标的过程中也包含着自己的个人利益和个人目标。这样，员工的自觉性、主动性及创造性都会得到充分的发挥。

19.1.2　激发员工工作的热情和兴趣

通过激励，使员工对本职工作产生强烈、深刻、积极的情感并以此为动力，将自己的全部精力投入并达到既定目标。

19.1.3　发挥员工的潜力

激励可以使人有持久的干劲，充分发挥人的因素，挖掘人的潜能，从而提高工作绩效。一般来说，在目标一致、客观条件基本相同的情况下，工作绩效与能力和激励水平之间存在以下关系：

$$绩效=f(能力\times 激励)$$

1963 年，心理学家奥格登进行了“警觉性实验”。该实验用一个光源调节发光强度，记录被试辨光强度变化的感觉以测定其警觉性。实验结果如表 19-1 所示。

表 19-1　奥格登“警觉性实验”结果

组别	激励情况	误差次数	顺序
A	不施加任何激励	24	4
B	精神激励(个人竞赛)	8	1

续表

组别	激励情况	误差次数	顺序
C	精神激励(集体竞赛)	14	3
D	物质激励(奖惩)	11	2

从表 19-1 可知，如果不对员工施加任何奖励，则其警觉性是最低的；采取精神激励比物质激励的作用更大；精神激励方面，如果采取个人竞赛，则能充分发挥和挖掘个人潜力，最终使其产生最大的激励作用。

19.2　知识型员工激励不当所带来的消极影响

19.2.1　高流动率和高流动成本

当前知识日益受到重视，高知识可获高薪的市场行情引发了知识员工的高流动率。以世界知名的咨询公司麦肯锡公司为例，该公司在 1998～2000 年 3 年内员工流动率最低的一年是 17%，最高的一年是 22%，年度平均员工流动率保持在 20%以上。企业知识型员工的高流动率给企业带来了至少四方面的消极作用：一是企业组织结构的不稳定；二是企业文化建设的不连续、不稳定；三是降低工作绩效；四是巨大的流动成本。如表 19-2 所示，员工的流动成本由分离成本、招聘成本、选拔成本、雇佣成本和生产损失成本构成，而每一部分又由若干成本构成，由此可见，员工的流失会给企业带来很多无谓的损失，这不仅仅是经济上的损失，也会影响其他员工的工作情绪。

表 19-2　员工流动成本

分离成本	招聘成本	选拔成本	雇佣成本	生产损失成本
辞职面谈成本 各种手续成本 对员工的补偿费用等	广告成本 付给中介机构的费用 申请人及招聘人的交通费 杂费等	面试费用 对应试者的学历和资格检查费用 体检费 行政管理费用等	行政管理费用 工作安排费用 上岗培训成本 正式培训成本 制服成本等	空缺成本 离职前的生产损失成本 新手浪费带来的成本 不善管理的成本费用等

19.2.2　重视短期利益，忽视长远利益

这主要是由于我国大部分的高新技术企业只重视激励的短期作用，因此知识型员工只是选择短时间内有利于自己的行为，而忽视企业长期发展可能带来的损失。

19.2.3　消极怠工

由于知识型员工的工作绩效难以衡量，工作的努力程度也难以比较，因此当激励措施不恰当的时候，知识型员工会利用这一特点，消极工作，缺乏应有的工作热情。这不仅会影响其自身的工作绩效，还会给其他员工带来影响，同时还可能会滋生内部矛盾。

19.3 知识型员工激励机制的构建

19.3.1 知识型员工激励机制的基础

美国保罗·麦耶斯的研究成果表明，知识型员工激励要素前四位排序为个人成长、工作自主、业务成就和金钱财富。根据此要素，第一激励因素的调查结果如表19-3～表19-5所示，分别反映不同性别、不同年龄、不同学历的知识型员工的第一激励因素的调查结果。根据此调查结果可以知道，采取何种激励措施是根据知识型员工的需要来决定的。因此，我们只有根据他们的需求才能做出最好的激励措施，才能最有效地激励知识型员工。

表19-3是根据性别的不同来进行比较的。从纵向来看，不管是男性还是女性，收入这一因素都有着很重要的作用。43.55%的男性选择收入作为第一激励因素，60.34%的女性选择收入作为第一激励因素。收入是员工生存和发展的必要条件，因此无论是知识型员工还是普通员工都比较看重收入的多少。个人发展和业务成就对于知识型员工的激励作用也是相当重要的，26.77%的男性选择了个人发展作为其第一激励因素；而19.83%的女性选择了业务成就作为其第一激励因素，因此企业在满足收入这一前提下，应更加注重对男性知识型员工个人发展的激励。横向来看，女性显然比男性更看重个人收入，女性的比例比男性高16.79百分点，将个人发展作为第一激励要素，男性比女性高11.25百分点。

表19-3 按照性别差异所得的调查结果

	类别	男性		女性	
		人数/人	比例/%	人数/人	比例/%
第一激励要素	收入	120	43.55	86	60.34
	个人发展	74	26.77	22	15.52
	工作自主	18	6.45	8	4.31
	业务成就	64	23.23	35	19.83

表19-4是根据年龄的不同来进行比较的，将知识型员工分为三个年龄段：35岁以下、35～45岁和46岁以上。从纵向来看，35岁以下的员工有38.56%和30.93%的人分别选择了收入和个人发展作为第一激励因素，这就说明35岁以下的知识型员工有很强的上进心和冲劲，可以为企业带来活力和很先进的生产力，35～45岁的员工与35岁以下的员工则有较大差异，他们当中有51.64%的人选择了收入作为第一激励因素，而仅有18.85%的人选择了个人发展，这说明他们希望得到一份稳定的收入和安稳的生活，因此针对此类员工，企业应当充分保障其收入，在此基础上加以感情的挽留等措施，这些员工有着丰富的知识和经验，能够为企业带来很现实的利益，从而保证企业生产力的持续发展。对于46岁以上的员工来说，收入更是显得尤为重要，75%的员工选择了收入作为第一激励要素，因为一份稳定的收入可以保障他们的晚年生活，而个人发展、工作自主

和业务成就对于他们来说已经显得不那么重要了。

从横向来看，年龄越低，收入相对较低，但追求个人发展。从表 19-4 可以发现 35 岁以下的知识型员工将个人发展作为第一激励因素的占总数的 30.93%，比 35～45 岁的知识型员工高 12%，比 46 岁以上的员工高 22.11%；年龄越高，收入相对越高，但仍然看重收入这一要素。46 岁以上的员工将收入作为第一激励因素的占 75%，比 35 岁以下的员工高 24%，比 35～45 岁的员工高 36%。

因此，可以得出一个结论：知识型员工的激励机制还应当考虑年龄问题，一般来说，年龄影响着员工的职业生涯规划和工作动机，即影响着激励措施。

表 19-4　按照年龄差异所得的调查结果

类别		35 岁以下		35～45 岁		46 岁以上	
		人数/人	比例/%	人数/人	比例/%	人数/人	比例/%
第一激励要素	收入	103	38.56	59	51.64	26	75.00
	个人发展	83	30.93	22	18.85	3	8.82
	工作自主	13	4.67	10	9.02	1	2.94
	业务成就	69	25.84	24	20.49	5	13.24

表 19-5 是根据学历的不同进行比较的。根据表 19-5 可以看出：学历越高，越重视个人发展而忽视收入这一要素。本科及以上的员工选择收入作为第一激励要素的占 40%，比中专、高中及以下的员工低 19.26%，比大专低 11.15%。本科及以上的员工将个人发展作为第一激励要素的占 32.90%，比中专、高中及以下的高 16.23%，比大专高 14.01%。因此，根据学历的高低选择不同的激励手段也是很重要的。

表 19-5　根据不同学历所得的调查结果

类别		中专、高中及以下		大专		本科及以上	
		人数/人	比例/%	人数/人	比例/%	人数/人	比例/%
第一激励要素	收入	37	59.26	101	51.15	62	40.00
	个人发展	11	16.67	37	18.89	51	32.90
	工作自主	4	5.56	14	6.91	9	4.52
	业务成就	12	18.51	46	23.05	35	22.58

19.3.2　激励机制的四项基本原则

激励机制理论就是以制度化为基础，以人为中心的人力资源管理理论，其最根本的目的是正确地诱导员工的工作动机，使他们在实现组织目标的同时满足自身的需要。激励机制的原则包括以下几方面。

1. 物质利益原则

物质利益是一个人生存和发展必不可少的条件，也是员工工作的主要目的。物质激励措施是其他激励措施的基础，也是采取其他激励措施的前提，即使在满足了员工的物质利益后也不应该忽视物质利益原则的重要性。

2. 公平公正原则

根据公平理论，任何员工都希望被公平对待，这个公平不仅包括其所得的绝对量，还包括可比的相对量。因此，管理者不仅要注重对知识型员工的差别激励，也要注重知识型员工激励措施相互之间的公平与公正。

3. 差异化和多样化原则

所谓差异化就是针对知识型员工的不同特点和需要采取不同的激励措施；所谓多样化就是指管理者应注意激励措施的多样化。差异化和多样化的结合可以使激励措施起到最大的作用，同时也有利于控制企业的成本。

4. 讲求效应原则

企业采取激励措施的最终目的和核心是达到利益最大化，即效应原则。效应是激励的核心，既是出发点，也是落脚点。

19.3.3　激励机制的构建

知识型员工的激励机制需要从两个方面来构建，外在性激励和内在性激励。内在性激励是通过创设一定工作条件，让员工在工作本身中得到乐趣，这里的工作不是作为工具被使用的，而是作为直接满足人的活动、人的价值、人的全面发展的高层次需要的条件而使用的。而外在性激励是通过组织所控制的奖酬资源，鼓励员工在完成企业目标的前提下实现自己的利益目标，此时工作具有手段和工具的意义。

1. 内在性激励

内在性激励主要指在物质性激励以外提供给知识型员工精神方面的满足感，它充分考虑了知识型员工的工作特点，满足了知识型员工需求层次高的特点。内在性激励措施主要包括以下几种。

1）建立优良的有助于知识型员工成长的企业文化

企业文化不仅是知识型员工凝聚在一起的纽带，也是企业所有员工凝聚在一起的纽带。由于知识型员工很注重精神的升华，因此企业文化对于知识型员工的激励作用远远超于一般的员工。优良的企业文化能够为员工提供一个良好的工作和组织氛围，员工受其感染，能够将企业的发展与自己的成就密切联系在一起。比如，麦肯锡的“不晋则退”理念创造了一个有竞争力的又有人情味的企业文化，它远远区别于“末位淘汰”的理念。麦肯锡公司始终保持20%的淘汰率，不仅没有为公司带来恶性竞争的环境，甚至使那些被淘汰离开的员工心存感激，最重要的是公司也成功地保留住了一流的人才，为公司的发展提供了最坚实的人力资源基础。企业文化对员工激励的作用过程如图19-1所示。

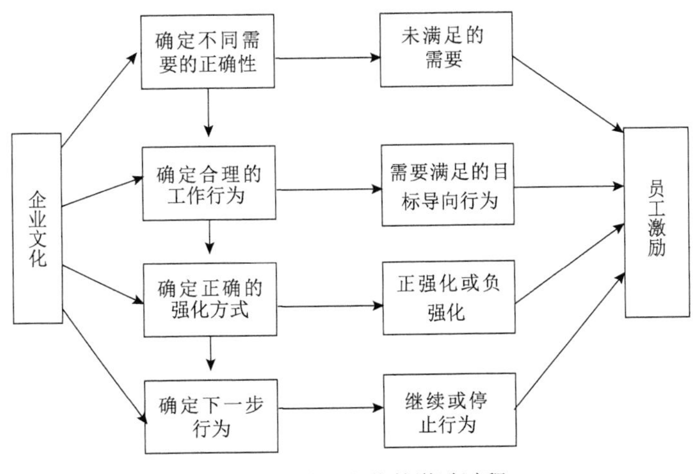

图 19-1　企业文化的激励过程

2) 对企业实行知识管理

知识管理是在信息管理基础上的延伸，它是以信息资源的开发、收集、存储、整合、利用为前提，利用信息与个人、组织的交互活动，将信息资源发展作为企业的知识资源，实现知识创新的管理活动。实施知识管理需要人力要素的主动参与，人的主观能动性在知识管理中好比汽车的发动机，是知识管理的动力。知识管理的成功运用需要人力要素最大限度地发挥主观能动性，产生、挖掘和利用知识，以实现知识创新。因此，对知识型员工实施知识管理，创建知识激励机制，促进员工知识交流与共享。

3) 利用工作设计来激励员工

知识型员工都是具有差异化的个体，有自己的特点和兴趣，工作的特点与员工的个性相结合，将有利于激发员工的工作热情与工作潜力。工作本身的趣味和挑战性是员工自我实现的动力和基础，富有这些特征的工作就成为激励员工的主要手段之一。比如，设置工作目标，使工作目标明确、清晰且具有一定的难度；工作扩大化和丰富化使员工对工作始终保持较高的激情；工作岗位轮换可以调节员工厌倦工作的情绪，使其掌握更多相关岗位的技能，促进员工的职业发展。

4) 利用目标来激励员工

目标是行动所要得到的预期结果，是满足人的需要的对象。目标同需要一起调节着人的行为，把行为引向一定的方向，目标本身是行为的一种诱因，具有诱发、导向和激励行为的功能。目标设置的原则：目标的具体性原则、目标的难度适宜原则、目标的可接受性原则、目标过程中的及时反馈原则。

5) 利用参与和授权来激励员工

参与管理，是指员工参与组织内的各级管理决策，增进心理满足感并提高工作效率。现代人力资源管理的研究和实践经验表明，知识型员工都有参与管理、被认可、受尊重的愿望，让员工参与管理，可以使员工形成对企业的归属感、认同感和成就感，让员工感觉自己受到重视，满足其自尊和自我实现的需要。因此，企业应建立合理化的参与制度，使公司管理、员工建议和自我管理相结合。

合理授权是指领导知晓员工有达到目标的能力，并实施有效的权力托付，让员工有一定的自主权去完成任务。曾有人说过，“没有高度信任，管理者不可能发掘员工最大的头脑潜力”。知识型员工出于高度自信和自我实现的需要，通常具有挑战环境、挑战自我的强烈欲望，所以在管理知识型员工方面，企业一方面要根据任务要求进行充分的授权，允许员工自主制定他们自认为最好的工作方法，不宜进行过细的指导和监督；另一方面，激发知识型员工的创造力，需要管理者在语言和行动等方面表现出对他们的信任，而不是压制和告诫。

6) 利用培训和开发来激励员工

大量的实证研究发现，人力资本投资带来的收益远高于物的投入收益。曾有人说过，“未来唯一持久的优势，是有能力比你的竞争对手学习得更快”。一个企业尤其是高新技术企业要想发展，就要想方设法使他的员工提高工作能力，培训正是提高这种能力的主要途径。同时，由于知识型员工有着强烈的自我成长和知识更新的欲望，而员工的培训和教育正是员工不断成长的动力与源泉，所以为员工提供学习、培训机会，重视员工的个体成长和事业发展，是企业吸引员工、留住员工的重要条件，是企业激励机制的一个重要组成部分。

7) 实行弹性工作制激励员工

知识型员工更多地从事思维性工作，僵硬的工作规则对他们没有多大的意义。知识型员工更喜欢富有自主性和挑战性的工作，喜欢更具张力的工作安排。因此，组织中的工作设计应注意考虑体现员工的个人意愿及价值，尽可能为员工创造一个既安全又舒畅的工作环境。在不断扩大工作范围，丰富工作内容，使工作量化、完整化的同时，逐步实行弹性工作制，包括弹性工作时间、在家办公等多种形式。现代信息和网络技术的发展，为弹性工作制的实现提供了有利条件。利用网络终端在家办公，不仅满足了知识型员工的工作特性，而且可以为企业节省管理成本。加大工作时间的可伸缩性和工作地点的灵活性，并建立以团队友谊为重的企业风格，使员工觉得工作本身是一种享受。

2. 外在性激励

外在性激励主要包括物质性激励与社会性激励两种，知识型员工的外在性激励措施主要包括以下几个方面。

1) 利用薪酬福利来激励员工

薪酬福利管理是现代人力资源管理的一个重要环节，也是员工选择工作的一个决定性因素。企业应该就不同类型岗位的工作特点做区别对待，使其具有针对性，使员工的收入拉开档次，特别是对于经营管理和技术性等关键岗位的员工。同时，奖金的形式应考虑长期激励，如年薪加股权、技术入股等中长期激励手段。另外，福利作为员工总薪酬的一个组成部分，它对员工工作态度及员工对企业忠诚度的影响也是不容忽视的，因此企业应当严格按照国家的规定向员工发放福利，同时也可以加入其他福利项目，增强福利的多元化和激励性。比如，对优秀的研发人员可享受带薪免费旅游，对于多数刚参加工作的员工或已经结婚且工作时间较长而没住房的员工来说，为他们提供集体宿舍或比商品房价廉的住房等，这些都将在很大程度上激发员工工作的积极性，提高工作绩效。

2) 利用员工持股和股权来激励员工

股权，是激发员工通过提升企业长期价值来增加自己财富的一种长期激励方式，它将个人的利益与企业长期联系在一起。实施股权激励制度应该以企业现实为依据，紧扣企业战略。当企业处于不同的发展阶段时，应该采用适当的股权激励制度按企业现实和股东意愿，再加上企业对激励资源的释放强度和激励对象的预期强度，达到一个平衡点，这样我们就知道用什么激励形式和多大强度的激励形式了。

3) 利用绩效考评来激励员工

绩效考评是指用系统的方法、原理，评定、测量员工在职务上的工作行为和工作效果。员工的绩效考评主要包括业绩考核、职务执行态度考核、能力考核、性格评定、能力开发考核、适应性考核。

4) 利用团队来激励员工

知识型员工的工作更多是以工作团队、项目组的方式开展的，工作的业绩在很大程度上取决于项目组成员对知识的创造和应用及他们之间相互协调与合作的关系。对于团队整体来说，要有好的业绩，就要对团队整体进行有效的激励，而在团队的具体目标下，要创造很好的业绩，就必须对团队内部的个人进行有效的激励，同时搞好团队的内部建设，这样才可促使一个融洽的团队创造良好的业绩。因此，应该从以下几方面建立良好的团队激励机制：一是给团队制定清晰的目标；二是肯定团队的贡献，提高知识型员工的成就感；三是培养良好的团队文化和精神。

5) 利用组织环境激励员工

知识型员工在工作中更倾向于自我引导、自我控制、自我发展，希望有更多的自主性，他们强调工作中的“自我管理”，减少等级的束缚等，也就是要求企业要有一种自由、平等、相互信任、相互尊重的组织氛围。企业要提倡管理者与员工之间的双向沟通，靠理解、尊重和关怀，靠高尚的人格和互动的心灵建立管理者和员工之间的关系，并通过这种心灵沟通和感情认可的方式，使员工在自觉自愿的情况下主动发挥其潜在的积极性，愿意为企业奉献。

第 20 章　企业员工冲突的表现形式及基本处理模式

冲突是矛盾激化的一种表现形式，有矛盾就会导致冲突，冲突有各种各样的表现形式，有潜在的冲突，有显在的冲突。冲突的产生是组织内部能源的一种消耗，冲突多了内耗就多，如果得不到解决，组织就会面临很大的危险。因此，认识冲突、了解冲突、处理好冲突，不仅对构建和谐组织有着重要意义，而且对组织的稳定与发展起着重要的保障作用。作为一个发展中的企业，没有冲突是不可能的，关键是如何去处理好冲突，特别是潜在的冲突，能够使冲突消失于未然，“不战而屈人之兵”才是上策。

20.1　冲突的基本内涵

从企业管理的角度来说，冲突是企业矛盾发展到一定程度的表现形式，实质上是两个以上相互依赖的人或人与组织(公司)之间的一种互动关系。冲突具有四个特点：其一，冲突必须是双方都能感觉到的；其二，冲突是一种潜在的或显在的确定性行为过程；其三，冲突是客观的，有其必然性；其四，冲突是可解决的。在组织(公司)中，冲突可能在各个层面上发生：个人层次、团体层次、组织层次等，不同层次的冲突表现出不同的特征与形式，这里主要是从个人层次研究冲突问题。

20.2　冲突的表现形式

冲突的基本表现形式有两种，即显在冲突和潜在冲突。在这两种基本形式下，冲突当然也会由于冲突强度不一样，其具体的表现形式也不一样。显在冲突主要以“争吵”“对抗”“打架”“旷工”“怠工”“抵触”等形式存在；而潜在冲突主要是以“心照不宣”“钩心斗角”“不配合工作”“赌气”“暗中拆台”“流言蜚语”“背后下药”等形式存在。

对于显在的冲突，容易认识也比较好处理；对于潜在的冲突，由于其隐蔽性，既难以认识了解又难以处理。但只要我们在管理过程中，仔细观察、认真分析，还是能掌握潜在冲突的某些规律的。潜在的冲突，可能会出现以下一些现象：①员工工作积极性降低，相互之间配合度减弱；②个人或班组生产效率有逐渐下降的趋势；③员工迟到现象变得相对频繁或请假现象增多；④找领导(管理者)反映情况或问题(对某人情况的反映)的人数增多；⑤损失浪费有加重的趋势；⑥员工有出工不出力的怠工现象；⑦员工对领导或管理者热情降低或有不礼貌的现象；⑧经常听到员工之间议论或诋毁某员工(生活或工作上的不是)。

20.3　产生冲突的因素分析

冲突的产生，无论哪种层面上的冲突，不会是无缘无故的，一般都有其内在的影响因素。

20.3.1　个性间的差异

个人作为单独的个体，其思考、感受、期望、行为都不可能是一样的。不同员工间的年龄、性别、教育背景、专业技能及性格特征都存在着明显的差异。正是这些差异性导致不同个体间的为人处世不一样，对待同一个问题，由于其认识的差异或感觉不同，会产生不同的想法与看法，就此产生矛盾与冲突。比如，有的员工就难以接受与领导关系好或见到领导比较热情的员工，认为那是在“拍马屁”，就此对该员工产生“不舒服”甚至讽刺挖苦、打击的心态，还可能由此产生“联结心理”，对该员工的其他行为也看不惯。

20.3.2　领导的不关心

领导(管理者)对员工漠不关心，对员工的感受也不加理会，只关心效率的提高或目标的实现；有的甚至只考虑怎么剥削员工，怎么从员工那里赚取更多的剩余价值，对于员工的实际困难、出现情绪需要帮助的时候，领导(管理者)不仅不关心而且还横加指谪，员工在这样的环境下工作，不仅不会有良好的工作效率，而且随时都可能爆发与领导(管理者)的冲突。比如，产生怠工现象；私下有意破坏工具，以使其停产而增加成本；与管理者产生抵触或对抗情绪；找领导(管理者)诉说，等等。再如，有的企业恶意拖欠员工的工资，导致尖锐的劳资冲突而不可收拾。

20.3.3　权力、地位的威胁

在各行业、各岗位中，竞争是难免的，其中包括对权力、地位、利益的竞争。权力与地位、利益的关系往往是相伴而生的。对于员工来说，个人在组织中拥有权力、地位是一种成功的象征，同时也意味着利益的获取，因此都看得比较重要。当自己的权利、地位出现威胁时，竞争双方都会为了维持或加强自身的形象而不可避免地产生冲突。为获取领导(管理者)的重视或他人的认可，要么弄虚作假、邀功请赏，要么相互诋毁、相互埋怨，为了一点点小事而争吵不休甚至大打出手，从而导致内耗增大、效率下降。

20.3.4　利益分配不公

利益包括物质利益与非物质利益，在一个组织、团队中非物质利益主要是表彰、晋升等。个体利益不一致是导致冲突的最重要原因之一。美国心理学家亚当斯在 20 世纪 60 年代提出公平理论，他认为在组织中员工对自己是否受到公平的对待是十分敏感的，他们有时关注的不是自己所获得的报酬的绝对值，而是与别人比较的相对值。当员工发现自己所付出的代价与所得报酬之比与他人所付代价与报酬之比相当时，就会感到所受待遇是公平的，否则就会有不公平感。公平理论所描述的关于公平的感受是一种普遍的心理现象并广泛存在于企业环境中，更直接作用于员工行为过程。如果员工感到收入分配不公平，晋升机会不均等时，就会产生工作责任与收益的不“对应”感，增加对工作(包括对领导)的不满意度，从而导致多维冲突：员工与管理者的冲突、员工之间的冲突，这就必然影响企业的生产效率和利益。

20.3.5 有效沟通不畅

沟通是信息传递、交流的过程，沟通必须包括两个方面：信息的传递和信息的理解。在沟通中，从信息的传递到信息的接收，其沟通过程并非都是畅通无阻的，而在沟通循环的任何阶段都可能由于干扰而使信息走样变形，干扰的存在使得人际沟通出现障碍，甚至会产生冲突。沟通过程中的“干扰”是多方面的，包括客观干扰和主观(人为)干扰。客观干扰主要表现在沟通的工具、手段、途径、方式上。比如，在没有电话(手机)时，人们之间的远距离沟通就比较困难，现在不仅有了手机还有视频，人们之间的沟通就显得容易多了。主观干扰是一种人为的干扰，就是有意干扰或破坏沟通。比如，增设沟通障碍、传递虚假信息等。员工之间因沟通不畅产生冲突主要是主观因素造成的。比如，有的员工为了一己之私利而有意制造矛盾，故意传递虚假信息而引起相互间的矛盾冲突和人员关系的紧张，这种现象很值得管理者注意。

20.3.6 管理模式的缺陷

科学而先进的管理模式，不仅能够激发员工的工作积极性，而且还能够减少冲突。随着科学的进步和社会的发展，人们的独立意识、自我保护意识、法制意识、表现欲望等都得到了强化。如果还是把员工当作会说话的工具使用，管理上采用专制、独裁、强制的模式势必导致各种冲突的产生。员工需要的是民主式、参与式的管理模式，其核心就是要以人为本的人性化管理模式。我们知道，人力资源是最关键、最核心的资源，是企业核心竞争力的主要承担者，管理不好人力资源，各种矛盾与冲突就会接踵而至，企业就没有发展动力。

20.4 处理冲突的基本技巧

矛盾与冲突是客观存在的，有矛盾与冲突并不可怕，可怕的是我们面对冲突的淡漠。冲突可以是破坏性的力量，也可以是潜在的健康成长的力量，对于员工中出现的破坏性冲突，组织应该提供积极的方式来缓解他们的压力，将冲突的破坏性降至最低，充分利用冲突的合理成分，达到促进员工身心健康和提升组织绩效的目的。

20.4.1 激发员工的自我效能

自我效能是人们对自己实现特定目标所需能力的信心或信念，对于紧张和压力有很好的调节作用。具有高自我效能的员工对解决冲突具有很好的自信，带有更强烈的行为动机去完成高水平的任务。对于管理者来说，激发员工的自我效能是一种外部强化，能起到激励作用，提高员工对自我能力的判断。可以通过办培训班，请相关专家到企业演讲等方式来提高员工的自我效能感；也可以增加管理的透明度、民主成分，以及员工的参与程度来提高员工的自我效能感。员工的自我效能感提高了，工作的积极性增强了，就能减少彼此间的矛盾与冲突。这是因为员工的心思在工作中，所以就很少“无理取闹”了。

20.4.2　公正对待冲突双方

对于员工间的显在冲突，管理者首先要弄清楚员工矛盾冲突产生的原因、矛盾的过程及影响范围有多大，在处理员工冲突的时候一定要公正对待双方，该批评的、处罚的绝不姑息，偏袒任何一方只会使矛盾激化，甚至产生冲突移位，使矛盾更加复杂化。

20.4.3　授权于员工

现在组织结构日益朝着扁平化、网络化、多维化的方向发展，组织结构的管理层也在递减，沟通范围在扩大，这就要求管理权力应从管理者手中向员工手中转移。授权于员工，就是管理的民主化、员工的参与化，可以减少管理的环节，降低成本，减少冲突。恰如其分的授权不仅能激发员工工作的激情，满足他们工作的成就感，而且还能加强员工与管理层之间的纽带作用。

20.4.4　以人为本、关心员工

管理者要在生活上关心员工，学会帮助员工减压。人们往往在感受到被关心的时候会感到自信，也只有感觉到被关心，才会跟随着组织苦干，更加有效地迎接工作挑战。冲突会使员工间的关系处于紧张状态，给员工造成内心的焦虑，影响到员工的健康与工作效率，所以组织要采取相应的方式帮助员工，如建立压力咨询机制，为员工建立情绪发泄室，配备心理咨询师，帮助员工减压，使其保持最佳工作状态，以饱满的激情投入到工作中。

20.4.5　积极塑造优秀的企业文化

企业文化是企业精神、企业核心价值观、企业经营哲学，以及企业制度的体现。优秀的企业文化重视员工的作用，强调人际关系的和谐。在和谐的文化氛围里面，员工得到尊重、成长的机会，同事之间的关系融洽，员工会把个人追求与企业目标结合起来，愿意与企业一起奋斗。因此，优秀的企业文化能潜移默化地化解员工之间的冲突，特别是潜在的冲突。

20.4.6　注意员工潜在的冲突

员工显在的冲突相对来说比较容易处理，而潜在的冲突难以发现和处理。冲突处理

模式如图 20-1 所示。如何让潜在冲突泯灭于萌芽之中，需要我们管理者用心去思考、分析。可以有以下方式：①关心员工生活与工作，为员工解决切身问题；②公平公正地对待每一位员工，把每位员工都视为我们的财富；③多与员工接触、谈心，加强沟通，了解员工的真实想法，对症下药解决问题；④开展丰富多彩的文化娱乐活动，为员工减压放松情绪；⑤改革管理模式，增加员工的参与度，群策群力。

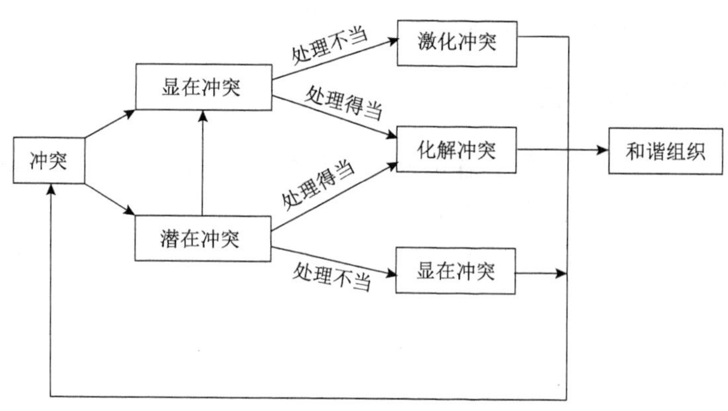

图 20-1　冲突处理模式图

总之，“水激石则鸣，人激志则宏”。一定的冲突虽然可以提高人思维与行动的敏捷性，可以增加组织的活力，成为组织创新的来源。然而，员工冲突水平过高会损害员工的身心健康，禁锢思维，成为群体思考的陷阱，阻碍组织创新。所以，作为领导和管理者要善于发现与处理冲突，建立和谐的人际关系，从而更好地实现企业目标。

第四篇

企业管理

第 21 章　中小型企业福利制度建设

——以成都某电气有限公司为例

21.1　引　　言

管理实践中，越来越多的企业开始关注员工的福利，因为单靠涨工资这一短期(甚至是瞬间)效应已无法让员工感受到企业的长远计划和关怀，福利是薪酬体系的重要组成部分，是员工的间接报酬。随着经济的发展、组织间竞争的加剧，深得人心的福利待遇，比高薪更能有效地激励员工。福利反映了组织对员工的长期承诺，正是由于福利的这一独特作用，许多在各种各样组织中追求长期发展的员工，更认同福利待遇而非仅仅是高薪。一个越来越突出的问题是，福利在整个报酬体系中的比重越来越大，成为组织的一项庞大支出。据统计，西方一些发达国家的福利与工资的比例几乎接近 1∶1，并有超过工资的发展趋势。但是如何使如此庞大的一笔开支发挥其应有的作用，符合企业的目标和长期发展效益，这的确是一个值得探讨的问题。

21.2　公司案例介绍

21.2.1　公司情况简介

成都某电气公司是一家于 2003 年创办的集研发、生产、销售于一体的注册于成都市高新技术产业开发区(西区)的高科技企业。2006 年被四川省科技厅认定为“高新技术企业”，2007 年被四川省信息厅认定为“软件企业”。公司本着“诚信、合作、创新、高效”的理念，遵循“品质第一，用户至上”的宗旨，为市场提供高品质的电力自动化产品，为用户提供全程优质服务。公司专业致力于电气自动化领域，为电力系统自动化的发展贡献力量。

公司以科技创新为核心，严格采用 ISO9001 质量保证体系，专业研制微机保护测控装置及电力综合自动化系统、智能数显仪表、高频智能直流电源柜等高科技产品。相关产品先后通过国家继电器质量监督检验中心的型式试验和四川省机械电工设备产品的鉴定，确保了产品的安全可靠性和方便实用性。公司 RC3000 系列微机保护测控装置及综合自动化系统、RC2000 系列低压电力自动化装置、RST 系列智能电力数显仪表、RSD2000 智能高频直流电源柜等产品广泛应用于电站、冶金、市政、建材、军工等部门和领域，赢得了广大客户的一致认可和好评。

21.2.2　公司现行的福利制度

公司的福利制度根据人力资源部“公司福利管理办法”文件显示，该公司的主要福利内容，如表 21-1 所示。

表 21-1　公司现行福利政策

福利类别	提供福利
法定福利	养老保险、医疗保险、失业保险、工伤保险、生育保险、住房公积金
休假制度	法定假日、婚假、产假、带薪年休假
设施性福利	员工宿舍
补充性福利	工作餐
娱乐性福利	部门聚餐、郊游
生日福利	生日蛋糕
节日性福利	逢年过节时的礼品

21.2.3　公司人员构成

在人员构成上，公司是典型的小型企业，总人数只有 81 人，其构成情况如表 21-2 所示。工作性质的划分以员工所在部门为依据，公司总共有 8 个部门：行政部、采购部、生产部、财务部、市场部、品质部、工程服务部、技术开发部，分别占员工总人数的 3.75%、6.25%、15%、2.5%、32.5%、3.75%、8.75%、27.5%，属于制造部门的是采购部、生产部及品质部，由制造总监统一管理。管理部门由行政部和财务部组成，由行政总监统一管理。技术部门则是技术开发部，由技术总监管理。营销部门由市场部和工程服务部组成，由营销总监负责管理。

表 21-2　员工情况汇总表

项目		样本数/人	百分比/%
性别	男	59	72.8
	女	22	27.2
年龄	≤25 岁	23	28.4
	26～30 岁	46	56.8
	31～35 岁	7	8.6
	36～40 岁	5	6.2
学历	高中以下	5	6.2
	高中或中专	8	9.9
	大专	24	29.6
	本科	38	46.9
	本科以上	6	7.4

续表

项目		样本数/人	百分比/%
工作性质	制造类人员	20	24.7
	管理类人员	5	6.2
	技术类人员	22	27.2
	营销类人员	34	42.0

资料来源：成都某公司人力资源部文件《在职员工情况明细表》。

21.3　公司员工对福利的满意度

福利对员工的激励作用主要体现在员工满意度上，在对该公司员工进行抽样访谈之后，把满意度划分为四个层级：满意、较满意、一般满意、不满意。从双因素理论来看福利的激励作用，员工工作积极性主要受两类因素的影响：一类是员工对工作环境或工作关系满足的因素，这类因素不能直接起到激励职工的作用，但能起到预防职工产生不满情绪和维持工作现状的作用，故称为“保健因素”；另一类是影响人们工作的内在因素，其本质是注重工作本身的内容，借此促进人们的进取心，激发人们的工作热情，提高工作效率，被称为“激励因素”。传统的福利设计常常是普惠性质的，企业中所有或大多数员工都能享用，而且享用的项目基本一样，这就使得福利在薪酬体系中沦为了保健因素，不仅激励性不强，而且如果设计不当，则会引起企业员工的不满。如何设计符合企业与员工需要的福利项目与方案，提高员工满意度和激励效果，就显得十分重要了。

21.3.1　员工对现有福利政策的满意度

(1)法定福利。公司员工满意度为 60.01%。虽然法定福利按照国家相关政策去执行，但是公司有如下规定：员工转正半年后，公司才会给员工购买。基于这项规定，员工对法定福利的满意度打了折扣。

(2)休假制度。满意度为 30.56%。休假成为员工不满意的一项，主要原因在于带薪年休假的规定上，公司规定享受带薪年休的当月扣除全勤奖。所以员工不是万不得已都不愿意享受年休假。另外，针对女职工的产假也只有 60 天，是国家法定产假天数的 2/3。

(3)工作餐和设施性福利制度。满意度为 57.89%。因为员工宿舍环境太差，工作餐菜品单一等，这些福利政策彻底沦为保健因素，起不到任何激励作用。

(4)节日性福利制度。满意度为 69.79%。对逢年过节的福利政策，只能用众口难调来形容，而且公司在这方面的资金预算也较小，所以过年过节的福利也普遍成为保健因素。

21.3.2　员工期望的福利

不同性别、层次、年龄的员工，其福利期望是不同的，存在较大差异。

(1) 从性别层面上看，女职工更倾向于实物形式的福利，男职工更倾向于经济形式的福利。

(2) 从年龄层面上看，20～30 岁的职工更希望公司提供能力培养和学习的福利政策。30 岁以上的职工则更多关注经济形式的福利。

(3) 从学历层面上看，大专及本科出身的职工更愿意公司提供在职培训的机会及为员工进行职业生涯规划方面的建设。

(4) 从工作性质上看，生产部职工特别是焊接技术员，因为焊接时会产生对人体有害的气体，所以更希望公司多为员工提供特殊津贴待遇。

21.4 该公司福利存在的问题

21.4.1 职业发展性福利的严重欠缺

首先公司是一家发展中的高新技术企业，公司 80%以上的职工学历是专科及以上学历，属于知识型员工企业。但是公司的福利政策多数以实物形式发放给员工，并认为这是看得见的福利，可以提升公司的形象和声誉，忽视如在职培训等发展性福利。殊不知，这部分员工真正期望的福利是公司给予他们在职培训、继续学习的福利，以及公司能为他们提供未来职业生涯规划方面的建设。

21.4.2 福利项目全员统一

公司每次逢年过节都会为员工发放统一的礼物，整齐划一“吃大锅饭”。虽然公司花了钱，但大家似乎都不太领情。因为员工觉得这是他们应得的福利，员工几乎没有内心的感谢之意。

21.4.3 福利政策信息沟通不畅

公司现有的福利政策只有人力资源部的职工最为清楚，但是其他部门的人了解多少就参差不齐了。最典型的就是，市场部有位工龄为 3 年的老员工居然不知道公司到底给自己买了五险一金没有。因为公司规定员工转正工作半年后由员工自己提出书面申请，由公司出面为员工购买社会保险，而该员工一直未申请过，所以公司未给该员工购买社会保险。在此过程中，人力资源部等有关人员未对该员工进行过沟通提醒。

21.4.4 不重视福利质量

这大概是中小型企业的通病，总认为“有福利总比没有好”。他们也重视员工福利，想要为员工提供各种各样的福利。但却总是以公司小、利润少为由降低福利的质量。比如，公司为员工提供职工宿舍，因条件太差以致于没有员工愿意去住而在外租房住。像这样的福利不仅起不到激励和吸引员工的作用，而且会使企业形象在员工心里大打折扣。

21.5　中小企业如何发挥福利的激励作用

福利支出成为企业支出中的重要部分，但传统的企业福利大多沦为保健性因素，缺乏灵活性和针对性，未能发挥出其应有的激励作用。应该在制定福利政策时综合考虑企业的战略目标和员工需求，使福利发挥其应有的激励作用。

通过企业的改制，一些中小国有企业变为民营企业，管理模式普遍采用家长制式的模式。企业的所有者在管理中专制独裁，缺乏对员工需求的了解，对员工的合理化建议置若罔闻，在企业经营上存在较大的盲目性、主观性、随意性，容易挫伤员工参与企业管理、实现自我价值的欲望和要求。另外，这种模式的排外性造成家族外的员工即便有较高的管理知识和专业技能，也很难依靠能力获得晋升，有才干的人始终被排除在决策层之外，没有归属感和发展前途，工作动力自然不足。某些中小企业虽建立了较规范的组织制度，但关键职位家族化，决策权与经营权仍高度集中。企业内裙带关系严重，对职业管理层的形成及其专长的发挥十分不利，也给人员的招聘、培训、考评带来很大困难，使得企业当中激励机制的运行缺少相应的外部支持。企业传统福利政策没有从员工个性化、多样化需求的角度出发，对所有员工提供了几乎相同的福利待遇，不但使企业不堪重负，而且没有激发和调动起员工的工作积极性。为此，要充分发挥员工福利的激励功能，中小企业在制定福利政策时，应注意以下几个方面。

21.5.1　明确福利的目标

公司制定福利政策应该有一个明确的目标。尽管实行福利政策的原因有很多，但大多数企业在制定福利政策的时候可能并没有搞清楚自己到底希望本企业的福利政策达到何种目的，并且也没有对福利政策实施之后的状况做出评价。大多数企业都没有将他们的福利政策目标用文字形式写下来。显然，如果没有用来衡量福利政策所取得效果的明确目标，对福利政策的衡量就会十分困难，甚至都不可能对政策进行衡量。一个企业的福利政策目标应该明确地写下来，便于以后的执行和追踪。一个健全的福利政策需包含以下几点：①符合国家的法律法规和政策，企业的福利政策、各种税收优惠等必须在国家法律的框架内进行；②与自身企业的经济状况相当，使企业能担负得起，使福利管理的成本最小；③实现公平效率，公平包括对内公平和对外公平；④符合组织的战略目标，福利措施必须与企业的长期战略目标相吻合并有利于企业目标的实现；⑤考虑员工的长期利益和短期利益，使员工真正地受益并享受公司的福利政策。

21.5.2　将福利与绩效挂钩

大多数的福利政策具有人人都能享受的特点，也是员工广义薪酬的一部分。从公平理论来看，员工的公平感一方面源于自己的投入与所得和他人投入与所得的比较，如果福利政策完全脱离于员工的工作业绩，而且福利水平又高的话，必然使员工之间的收入差距变小，这有可能导致业绩高的员工产生不公平感，从而降低工作积极性；

而业绩低的员工则会产生满足心理，不思进取。所以不仅应适当控制福利水平，而且应将法定福利以外的员工福利的享受标准适当与员工的工作业绩挂钩。从另一个角度来看，这也有助于增强员工的成就感，因为这种与他人相比不同的待遇，会使员工感到受到赏识，得到认可，获得一种成就感，从而起到激励作用。所以企业在根据其经营策略制定福利政策时，必须使福利政策能促使员工争取更好的成绩，否则福利就会演变成平均主义的大锅饭，不但起不到激励作用，反而会助长不思进取、坐享其成的工作习惯。

21.5.3　实行弹性福利制

为了避免“统一”的福利现象，实行弹性福利制，满足员工个性化和多样化的需求。由于员工需求的复杂性和多样性，福利政策必须考虑到不同员工的需求差异，增强员工福利政策的针对性和灵活性，才能使福利政策更好地发挥积极作用。为此，企业可以实行弹性福利制度。弹性福利制度也称为自助餐式的福利，是指组织提供一份福利菜单，由每一位员工选择，在一定的金额限制内，员工依照自己的需求和偏好自由选择、组合。弹性福利制为员工提供了不同种类的福利项目，允许员工根据自身需求自主选择，真正体现企业以人为本的宗旨，满足员工的不同需求，有利于凝聚人心，增强员工的归属感，激发员工的工作动力和活力。在实际行动过程中，企业在进行福利项目选择时一定要深入调查，所选项目要符合员工的实际需要，切忌华而不实。由于员工的需求是不断变化的，所以应采取员工参与机制，及时与员工沟通，了解员工需求，有针对性地调整原有的，并设置新的福利项目，这是实施弹性福利制的关键，以维持较长时间的激励效果。

21.5.4　福利制度透明化

向员工传递公司福利制度信息，增强沟通，福利制度要透明化。人力资源部门应将福利制度列入员工职业培训项目，向员工告知与福利有关的内容。这些内容应包括：①员工所享受的福利项目与范围，以便员工根据自己的情况妥善地利用公司提供的福利；②福利的成本，让员工了解福利的成本能够使员工对企业产生认同感，以便更好地提高工作积极性；③福利享受的动态性，即福利制度可以根据外部环境、公司状况等进行改变，以便能更好地为员工创造工作和生活条件；④福利制度的“参与性”，员工对于公司的福利制度有建议的权利，提高员工的参与程度，避免缺乏沟通使企业蒙受不必要的损失，从而体现员工对企业的“主人翁”地位，提高其工作积极性、创造性及企业的凝聚力。

21.5.5　福利形式虚实结合

福利不能只体现在实物方面，诸如油、盐、米、肉等实物形式，而且还应考虑“虚”的方面，诸如休假制度、红白喜事制度、节日制度、标兵榜样制度等。这种福利制度的虚实结合，体现了物质和精神的结合。在某种程度上，精神的力量是非常大的，可以起到物质起不到的作用。人是需要精神支柱的，如果某种福利能够给员工以精神支柱，那么就能起到很大的激励作用。

21.5.6　重视发展性福利需求

企业要可持续发展，就应重视员工发展性的福利需求，将在职培训与学习的机会作为福利的一种重要形式。对于企业来说，培训不仅能够提高员工的工作技能，从而提高工作绩效，而且还可传递公司的经营理念，让员工最大限度地了解企业、支持企业，最终提高企业的凝聚力。对于员工来说，在职培训与学习机会成为名副其实的激励因素。作为员工，培训可以不断更新知识和技能，使自己的人力资本价值不断增值。给员工提供较多的培训机会是现代企业激励员工的一项重要举措，企业可以将培训纳入整个福利架构中，形成一套较为完善的员工培训体系，对不同层次的员工提供各种不同内容的培训，体现出员工培训的全员性、全程性和针对性。一些国外知名企业积极激励员工接受继续教育。面对现代企业管理以人为本的柔性管理的发展趋势，中小型企业员工福利的改革可以大有作为。

第 22 章　绩效沟通与绩效管理

近些年来，现代人力资源管理理念在我国企业的实践中得到了广泛的应用，绩效管理更是受到了企业家和学术界的关注。绩效管理作为人力资源管理的核心，承载着实现组织战略目标的重要使命，更是人才开发、团队培养的重要依据。

然而，作为绩效管理实施的核心和灵魂，绩效管理的作用是否能够充分地发挥，很大程度上取决于绩效沟通是否得到了有效的贯彻、执行。绩效沟通贯穿着绩效管理的整个流程，所以有必要正确认识绩效沟通在绩效管理各个环节中的作用，以及如何将这些理论应用于实践等问题。

22.1　沟通与绩效沟通

22.1.1　沟通的含义及方式

沟通在社会生活中是无处不在、无处不有的，无论是动物还是人类，都需要沟通。沟通，简单来说就是相互间的信息交流，其基本流程是由从发送者、编码、媒介、译码、接收者、反应到反馈这七个环节构成的，沟通的基本目的在于表达信息发送者的想法，并希望得到对方的认可。所以沟通就是借助一定媒介把信息、思想和情感在双方或群体间相互传递或交换的过程。

沟通能否成功顺利地进行或取得应有的结果，不仅取决于沟通双方的态势，还会受到各种因素的影响，如来自外在环境的干扰。因此，选择合适的媒介(沟通渠道)是沟通取得成功的关键环节之一。一般来说，沟通的方式可分为语言沟通和非语言沟通(图 22-1)。语言沟通以口头交流和会议沟通为主，如谈话、讲课、开会等；非语言沟通则通常有书面报告、肢体动作及语调等，如文件、信函、微博、手势、说话的语调等。需要说明的是，实际活动中的沟通往往是伴随着多种方式的，如影视画面、可视电话等既有语言沟通也有非语言沟通。

沟通方式
- 语言沟通：口头联系、会议方式
- 非语言沟通：书面报告、肢体语言、语调

图 22-1　沟通方式的分类

22.1.2　绩效沟通

绩效沟通是沟通的一种，在组织管理活动中，员工群体之间以工作内容为中心的信息交流是管理沟通。绩效沟通是管理沟通的一种具体形式，是管理者和员工以消除双方误解，解决各自面临的问题和提高个人、群体和组织绩效为目的的协调、交流的过程。

由此观之，沟通、管理沟通与绩效沟通是层层递进的关系，即管理沟通属于沟通，而绩效沟通又从属于管理沟通。绩效沟通作为绩效管理的关键内容，需要有通畅的沟通渠道来保证绩效管理的顺利实施。常见的组织绩效沟通方式主要有正式和非正式两种，正式沟通方式有书面报告、会议、谈话沟通；非正式沟通方式有走动式管理(现场管理、巡视)、开放式办公及非正式会议。从表 22-1 可以比较清楚地了解这两种绩效沟通方式的不同。

表 22-1　常见的组织绩效沟通方式

类别	沟通方式	基本内容
正式沟通	书面报告	员工以文字或图表形式向上级报告其工作情况
	会议沟通	一般由上级主持，向员工传达组织精神，同时也可满足团队交流的需要
	谈话沟通	管理者和员工可以就绩效的深层次信息进行交流
非正式沟通	走动式管理(现场管理)	管理者不定时地出现在员工的工作现场，回答员工的疑问或对员工给予精神上的激励
	开放式办公	在没有特别的情况下，员工可以随时找管理人员探讨工作中所遇到的问题
	非正式会议	主管和员工主要利用各种社交活动进行交流

22.1.3　绩效沟通与绩效管理

绩效管理是管理者用来确保员工的工作投入和工作产出与组织目标的一致性，通过不断改善其工作绩效，最终实现组织战略的过程。传统的绩效管理过程一般包括绩效计划、绩效辅导、绩效考核和绩效反馈这四个环节。为保证组织目标的顺利实现，实施绩效管理就需要安排好绩效计划、绩效辅导、绩效考核和绩效反馈这四个环节的具体工作。因此，绩效管理的实施是由绩效计划、绩效辅导、绩效考核和绩效反馈组成的闭合的不断持续推进的过程。在这个过程中，绩效沟通发挥着关键作用，它贯穿于绩效管理的整个实施过程，充当着绩效管理的“润滑剂”。因此，我们认为绩效管理过程还应该包括绩效沟通这个环节，也就是第五个环节。

在理论与实践上，绩效沟通在绩效管理实施过程中的核心地位得到了广泛的认可，但支持绩效沟通是绩效管理的一个环节的观点还并不多。我们不仅认为绩效沟通应该属于绩效管理的一个环节，而且是一个中心环节。只是这个环节并不是独立存在的，而是贯穿于其他四个环节之中的。用图 22-2 来表示绩效沟通与绩效管理的关系就可以清楚地明白了。

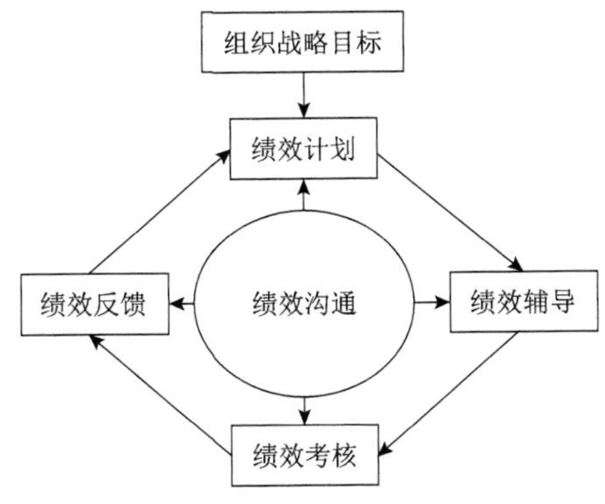

图 22-2　绩效沟通与绩效管理的关系

22.2 绩效沟通在绩效管理中的应用

22.2.1 绩效计划沟通

从图 22-2 可以看出，绩效计划是绩效管理周期的起始环节，其基本目的是促使员工与管理者双方就工作目标和标准达成一致意见。绩效计划的方式是多种多样的，大致包括命令式、说服式、放权式、参与式等方式。从沟通的方式来看，命令式绩效计划沟通是管理者做好工作计划，要求员工按计划实施的单向沟通过程；说服式绩效计划沟通，是指管理者做好工作计划，采取一定的方式说服员工接纳并按此计划进行的沟通过程；放权式绩效计划沟通是指管理者不作微观的工作计划，仅有宏观的指导性意见，怎样工作并完成任务由员工自己去思考的沟通过程；参与式绩效计划沟通是管理者先提出一个初步计划，让员工参与讨论进行修改完善，管理者和员工双向沟通的过程。为了更好地调动员工的积极性，又快又好地完成任务，参与式绩效计划沟通是最好的一种绩效计划沟通模式。由此可知，以员工参与为中心的双向沟通在此环节中发挥着关键作用，因为与其他绩效计划相比，员工参与的主要优势在于提高了绩效目标的可接受性，可以发挥参与度所带来的激励效果，更有利于工作目标的实现。

从管理成本来看，绩效计划沟通的主要方式是绩效计划会议。在会议上，员工可以提出疑问，管理者可以尽可能地解决员工的疑虑，同时充分地讨论资源分配等问题。然而，要实现员工与管理者双方就工作目标和标准达成一致意见，需要明确的基本前提是员工对于本岗位的职责和权限要有着清晰的理解。只有这样，员工在与管理者进行绩效目标的沟通时，才能在其心中有一个可以衡量的尺度，从而提高绩效计划沟通的有效性。对于管理者，则要求管理者对计划周期内的目标、资源等要素进行分析，充分地讨论绩效计划的可行性。具体而言，可以用“5W1H”来表示：

Why：为什么组织和本部门的目标是这样的？

What：员工需要做些什么，需要为员工提供哪些条件，评判员工绩效的标准是什么？

Where：在什么地方去实施绩效计划，实施绩效计划的背景是什么？

Who：谁去实现绩效目标，具体目标的直接责任人是谁？

When：绩效计划周期的期限有多久，关键任务可能出现在哪些环节？

How：员工用什么方式去完成工作任务，是否需要接受某方面的培训或掌握某种工作技能？

22.2.2 绩效辅导沟通

绩效辅导沟通，又称绩效控制沟通，是指管理者根据绩效计划对员工的工作进行检查、督促并提出建议的沟通过程。因此，绩效辅导沟通发挥着监督工作进展情况、分析和解决潜在的障碍、调整工作任务和目标的功能，是实施绩效计划、为绩效考核提供评价依据的中间环节。绩效辅导体现着管理的控制职能，主要通过会议、面谈和走动式管理(现场管理、巡视)等方式来实现。

在此环节，绩效沟通的有效性尤为重要，是监测目标进度、观察员工动态最直观、最直接的重要方式和手段。为保证绩效沟通的有效性，管理者需要采取适当的辅导方式和激励策略。根据赫赛和布兰查德的领导生命周期理论，管理者的领导风格与下属的成熟度直接相关，所以绩效辅导沟通的侧重点在于结合下属的实际情况来选择恰当的辅导方式，辅导方式可以有：命令型、支持型、参与型和授权型等(表 22-2)。实际上，绩效沟通本身也是一种有效的激励方式，当员工面临挫折和压力或取得优异成绩时，管理者的支持与肯定都会对员工产生很大的激励作用。此时，需要管理者恰当地运用预防性策略和制止性策略、正向激励策略和负向激励策略，尽可能地释放正能量。预防性策略，即对可能出现的偏差采取预防性措施；当出现偏差时采用制止性策略，即及时纠正并进行积极引导；对表现突出、有成效的员工采用正向激励策略，即以既定的标准进行奖励；对不符合要求的行为采用负向激励策略，即进行及时批评或惩罚。

表 22-2 下属表现与绩效沟通侧重点的关系

下属表现	无能力、无意愿	无能力、有意愿	有能力、无意愿	有能力、有意愿
辅导方式	命令型	支持型	参与型	授权型
绩效沟通的侧重点	以干预工作为主，少行为关系	以干预工作为主，多行为关系	多行为关系，少工作内容的干预	多行为关系

22.2.3 绩效考核沟通

绩效考核沟通是在绩效考核过程中，为了顺利实施绩效考核而在管理者和员工之间进行的沟通，其内容主要包括绩效考核方案沟通、管理人员的培训和员工绩效申述等方面。绩效考核沟通一般以绩效考核会议方式进行，基本目的是解决员工的疑惑，取得员工对绩效考核方案及绩效考核目的的认同和理解。同时，这也有利于提高绩效考核的透明度，促进绩效考核的顺利开展及企业绩效目标的实现。对管理人员的培训则应使其正确认识考评指标的含义和考评方法及如何避免晕轮效应、近因效应、首因效应、月光效应、完美效应、定势效应等考评误区，使考评结果体现出公正、公平的原则。

员工绩效申述沟通则属于考核后的沟通，主要以与员工面谈的方式开展。通过面谈，可以消除员工的误解，减少或消除员工的抵触情绪，促进绩效管理的顺利实施。

22.2.4 绩效反馈沟通

绩效反馈沟通是将员工的绩效状况反馈给本人并分析存在的问题、讨论改进措施的过程。绩效反馈沟通主要以面谈方式进行，也可以以书面形式进行。一般包括以下内容：①以事实为依据，分析员工当前绩效结果的原因；②告知员工将会得到什么样的奖惩结果，使其做好心理准备；③与员工一起商讨绩效的改进计划，并提出对员工的期望。

由于对绩效考核的认识不足、信息渠道不通畅等原因，处于信息劣势的员工常常会做出自我保护、阻碍沟通等非理性的行为，致使管理人员的沟通目的无法正常实现。所以，这要求管理人员做好准备工作，具备一定的反馈技巧，因人、因事而采取不同的方式方法。在绩效反馈沟通过程中，管理人员应注意把握以下要点：①做好面谈准备，包括面谈的时间、地点、环境氛围，以及需要准备的原始记录；②明确面谈主题，面谈内容要直接具体；③坚持就事论事原则，不能对员工本人做出好坏评价或人身攻击；④充分肯定员工的业绩，鼓励员工发表对工作成绩的意见；⑤善于给员工台阶下，以积极的方式结束面谈。

22.3 小　　结

现代社会是一个信息化社会，信息沟通方式的多元化，给人们带来了极大的方便，作为一个企业组织的管理者，为适应现代企业管理的要求，应该了解和掌握与员工沟通的基本知识与能力。特别是在企业绩效管理中，如何提高员工的生产积极性、创造性，绩效沟通是必需的。绩效沟通顺畅与否，直接影响着绩效管理的成效和组织目标的顺利实现。

第 23 章 企业病的诊断与防治

23.1 企业病及其基本类型

23.1.1 企业病的含义

企业病是从生物病派生出来的，企业同一切有生命的机体一样，在运营活动中存在许多深层次的危机，形象地说，企业就像“生病”了一样。因此，企业病是指企业因政治、经济、文化等社会因素的影响及企业自身的组织、管理、调控、决策等方面的失调、失误而出现混乱、停滞、亏损及倒闭等危机现象。

根据企业变化的不同情况，病态企业一般呈现如下一些特征：①混乱性，企业人事、生产、销售管理混乱；②停滞性，企业发展处于停滞状态；③亏损性，企业生产处于亏损状态；④盲动性，决策不科学，长官意识严重；⑤浮躁性，不了解自己的具体情况，一味地追求“潮流”、赶时髦；⑥教条性，自己不思进取，等、靠、要或计划经济思维严重；⑦不作为性，在原“成绩”上沾沾自喜，不思进取。

23.1.2 企业病的基本类型

根据人的病理情况，可将企业病分为以下几种。

(1) 企业的领导病：这是指企业的领导机构、决策部门、策划部门出了问题。

(2) 企业的社会病：这是指企业不了解社会环境(政治、经济、文化)，仅凭自己的观念出发思考问题。

(3) 企业的决策病：这是指企业的领导决策混乱——决策机制不健全，独断专行，亲族专横等。

(4) 企业的资金病：这是指企业运作过程中资金运作不正常(使用不当)、失调或资金短缺，不能使企业正常运作。

(5) 企业的肠胃病：这是指企业对人财物使用不当——不是造成人财物的浪费，就是不重视人财物的科学配置，导致消化不良。

(6) 企业的肾脏病：这是指企业不能进行正常的新陈代谢，不能及时地把企业的“毒素”排除掉，从而对企业造成危害。

(7) 企业的情绪病：这是指企业的管理层、决策层在运作过程中缺乏科学性，打一枪换一个地方，行为波动性大，急躁盲动或忧郁压抑。

(8) 企业的神经病：这是指企业的管理中枢混乱，信息不畅，不能做到上情下达、下情上传，其运作在一种无序的状态中进行。

(9) 企业的近视病：这是指企业目光短浅，无长期发展目标，走到哪里天黑就在哪里歇，缺乏目标管理。

(10)企业的壮阳病：这是指企业明知自己不行，还要打肿脸充胖子，强撑面子，外强中干。

(11)企业的艾滋病：这是指企业把“关系”看得比生产还重要，因而在外交中不分青红皂白地滥交、乱交“朋友”，导致“感染中毒”。

(12)企业的疑病：这是指企业的上层领导，不信任其下属，总是大权在握，不善于调动全体职工的积极性。

每一个企业都有他不同的情况，其病也就不一样，这正如人的病一样，有的根本就叫不出名字来。以上病症只是一些常见的症状，随着时代的变迁，企业病还会有不同的表现。

23.2 企业病的诊断

23.2.1 企业诊断的含义

企业诊断，也称为“管理咨询”“管理顾问”“经营诊断”。

企业诊断，就是分析、调查企业经营的实际状况，发现在运营中存在的问题，然后有针对性地深入到企业的具体运作中，运用科学方法，进行定量或确有依据的定性分析，查明产生问题的原因，提出切实可行的改进方案，进而指导方案的实施，以提高企业经济效益，谋求合理经营的过程。其目的在于维护企业经营管理运作的健康与发展。

企业诊断通常包括以下几个方面的内容。

(1)对企业经营状况进行调查研究。根据调查对象的性质及研究目的，单独或综合运用各种专门分析方法，找出企业在经营过程中存在的问题及其产生的主要原因。

(2)提出改善企业经营的具体方案。既包括制定规划和选择目标，又包括实现规划的要求，达到目标应采取的主要措施，在采取改革规划时，不能局限于消极地改正缺点，还要制定旨在促进企业发展的具体措施。

(3)指导企业实施诊断方案。诊断人有责任指导企业经营管理人员，有计划、有步骤地实施改进方案，以达到预期目标。这部分工作，经常在诊断过程中被忽视。医生开了处方后，还要向其说明服药方法，观察病人康复状况、药物疗效和有无副作用等。这是一个系统的诊治过程。

企业诊断的目标不仅给人们提供许多经济信息，揭示了被大量复杂现象所掩盖的、造成企业经济效益不佳的客观原因，而且还要明确地提出科学的改善意见，以求得经营效益最大化。

23.2.2 企业诊断的种类

企业诊断着眼于帮助企业改善经营活动，提高经济效益。根据不同的划分依据，可以将企业诊断划分为不同的类型。

1. 外来专家的诊断和企业自我诊断

外来专家诊断，是指企业在经营过程中遇到难以解决的问题，企业内部无法解决时，向诊断机构提出申请，邀请诊断专家(即咨询人员、经营专家、技术人员、诊断专家等)来实施。其诊断方法完全采用专门技术，因此可望得到显著效果，但是由于实施者是外部人员，诊断的范围和实施时间经常受到限制，所以无法时常地开展这项工作。

企业自我诊断，就是组织本企业内部人员进行诊断。其特点有：一是保密性好，确保企业内部数据不外泄；二是可以经常实施，机动灵活，何时进行及时间长短都由自己灵活掌握；三是节约开支，不必另付诊断费用。自我诊断除管理者对自己所负责的业务进行自我反省这一主要方式外，还有由专门机构——监察部等，站在第三者的立场上进行诊断的方式，用于解决自己力所能及的问题。其缺点是看问题常有偏见或局限性。

2. 企业管理诊断和企业经营诊断

企业管理诊断，主要是从管理的角度对企业进行诊断，找出问题及问题发生的原因，提出改善的对策和措施。

企业经营诊断，是以企业的财务指标为分析的基础，切实掌握企业目前的经营现状，从中找出企业经营的问题。

3. 全面诊断、专题诊断和部门诊断

专题诊断，又称“纵向诊断”，指对引导各部门的活动，或各种方法、技术、事件等各事项的诊断。专题诊断包括“经营者诊断”“经营战略诊断”“组织诊断”“价格诊断”“经营均衡诊断”“计划诊断”“环境诊断”等。

部门诊断，亦称经营活动诊断，即对各部门活动的诊断，是为解决实际问题的需要，对某特定部门和特别个案做的一种诊断，或者是对一系列部门逐一的独立单位形式的诊断。它是一种“横向诊断”类型，便于诊断人员迅速抓住企业的问题所在，对症下药。在诊治过程中，不耽误其他部门的活动，使“药方”的副作用减小到最低点，保持企业经营均衡。其缺点是容易忽略各部门活动的协调性。

全面诊断，又称“综合诊断”，指对企业经营做综合性的诊断。企业经营是人、物、财、产、供、销、权、知的整合运作过程。因此，企业经营的成果与活动应在各项经营中做适当的衡量与处理，才不会导致进入偏差境地。也就是说，企业运作中“人、财、物、产、供、销、权、知”哪一项弱都会造成不平衡，都会产生“垒卵现象”，导致企业随时有崩溃倒闭的危险。

对一个具体企业来说，是采取综合诊断还是专题诊断或部门诊断，必须根据企业经营方面存在问题的多少和严重程度，以及企业领导的愿望和要求协商确定。一般来说，大企业多采用专题诊断，中小企业采用综合诊断较多；基础管理工作搞得好的企业采用专题诊断较多，而基础管理工作较差的企业可先进行全面诊断，以便综合治理，全面提高企业的经营管理水平；一次性(短期)诊断也较多采用专题诊断，而长期诊断的首次诊断则宜采用全面诊断。此外，诊断费用的多少和企业支付能力也是选择诊断类型的依据。

除上述几种企业诊断类型外，还可以分为民间咨询人员诊断、官方机构诊断、特殊机构诊断，以及短期诊断、长期诊断和预备诊断、正式诊断等。

23.3 企业病诊断的基本方法

现代企业诊断必须遵循一定的科学方法，其具体工作通常是按照一定的程序和步骤进行的。企业病诊断工作一般有四个步骤。

23.3.1 确定诊断课题

诊断之初，工作小组与公司商讨一些双方应该配合的事项，对公司情况作一个全面的了解。

(1) 提出经营诊断申请。在诊断申请书中要说明受诊企业的基本情况、要求诊断的问题及对诊断的目的要求等。被诊企业负责人要填写诊断申请书，把情况说清楚。

(2) 预备调查。受诊企业在诊断小组进入本企业前要做好三方面的准备工作：资料准备、组织准备和后勤安排准备，为诊断人员提供一切方便。

(3) 确定诊断课题。诊断小组应把企业经营中存在的最关键和最迫切需要解决的问题作为诊断的重点，设立正式的诊断目标，选定诊断课题。确定诊断课题的方法一般有两种：一种是归纳法，即了解现状，找出问题产生的原因，确定经营诊断目标；另一种是演绎法，其基本思路是根据企业的发展目标来衡量企业现状，即企业发展目标、企业经营现状、企业诊断课题。

(4) 制订计划。通过双方的协商洽谈，诊断小组负责人应写出与实际情况相符的诊断工作计划，其内容包括课题进行步骤、调查范围与内容、人员组织等。

(5) 签订协议。按照诊断要求，双方应在协商的基础上就诊断的起始、目的、范围、内容、质量要求、完成时间、费用酬金、双方应承担的权利与责任等内容订立正式的诊断协议合同。

23.3.2 调查研究

调查研究是企业诊断的重点，包括有关资料的搜集、深入调查、资料初步分析等。

(1) 搜集资料。诊断小组在调查研究中，应按照诊断课题要求搜集有关资料。企业外部资料主要是与企业经营活动有联系的政策、法规、计划及部分统计资料，以及企业所在地的经济状况、市场供求变化和同行竞争企业的情况等。企业内部资料主要是企业概况，包括企业发展历史资料，人、财、物占有情况，内部规章制度，各项经济指标完成情况及经济效益分析等。

(2) 深入调查。企业经营诊断调查常见的方法有许多种，诊断人员亲临现场调查；访问调查采取面对面形式，有利于调查双方进行双向沟通，效果颇佳；问卷调查比较适于通过大面积的抽样调查搜集较多样本；实验调查在诊断初步方案确定后要通过实验方法验证诊断方案的正确性；电话调查形式比较灵活，辐射面广，适应性强，但信息回收率较低；统计调查借助于有关统计报表，要求调查对象按报表要求进行统计。

(3) 调查资料初步分析，即对通过调查所搜集的大量信息资料进行分类整理、综合分析和专题分析。资料归类的基本方法有：按时间序列分类、按问题分类、按专题分类、按因素分类等。在分类整理资料的基础上进行初步分析，摘出可以用于改善方案的有用资料。分析方法有综合分析、专题分析和部门分析三类。

23.3.3 诊断方案论证

论证诊断方案是企业诊断过程的关键阶段。主要包括：提出改进方案、方案评价论证、征求受诊企业意见等三个步骤。

(1) 提出改进方案。为了使诊断工作深入开展，提出合理、科学的诊断方案，在认真调查研究的基础上，诊断小组经过集体研究，充分发表意见，提出两个以上的备选方案。经营改善方案应遵循系统原则、效益原则、可行性原则。

(2) 方案评价论证，即召开方案论证会，从诊断课题小组提出的两个以上方案中选出一个最佳方案。方案论证会应由诊断组负责召集，邀请有关专家、学者参加，受诊企业有关负责人出席，运用科学方法，对诊断方案进行全方位的评议论证，使方案得以进一步完善。常用的论证评议方法主要有判断分析法和集体思考法。

(3) 征求受诊企业意见。在方案论证和编制过程中，要注意征求业主公司的意见，特别是征求课题直接当事人的意见。

23.3.4 总结评价

总结评价的主要工作是编写和提出“诊断报告”。除了提出公司在管理中存在的问题外，重点是对提出的改进方案进行全面的汇总和说明。改进方案则须有创新性，这反映出诊断公司的水平高低。

企业诊断工作也有一个“跟踪”和“反馈”的过程，在诊断工作结束后，管理顾问公司要分阶段地到诊断过的公司回访，对改善方案的执行情况提出意见和指导，进行诊断答疑，必要时帮助培训人才。

23.4 企业病的防治

企业病的治疗也和人一样，自然要先找病因，然后再进行治疗。企业病的防治针对不同的病症，方法也是多种多样的：对产权不清、机构臃肿的要进行外科手术式治疗，动大手术；对经营者的决策导致企业失败的要进行脑病治疗；对管理制度失调的就要进行企业的神经系统治疗；对有资金脉搏不规则症的就要对企业的心脏进行治疗，等等。

23.4.1 外科手术式治疗

这种治疗方式主要是针对企业机构臃肿、人浮于事、产权不清等病症而确定的诊断方法。

所谓机构臃肿、人浮于事是指公司“叠床架屋，机构庞大，因人设事”。像某企业规模不大，但总经理底下有副总经理、经理助理、秘书等就属于这类现象。这样导致的后果是显而易见的：机构臃肿导致僵化，领导层命令下达不了，什么都由集体决定，丧失时机，彼此推卸责任，基层意见和建议反映不上来或反映太慢。这种病的治疗方法就是动大手术——做切除手术，也就是精兵简政。公司应达到精干，职员人数少，办事效率高，“一个萝卜一个坑”。

在精简职员的同时还应注意到，整顿企业绝不单单是为了削减部门的员工。其着眼点还应放在放权方面，因为这样做不仅可以避免公司指挥系统的重复，而且可以明确各自的责任和权限，这样就使得总部能够与基层部门保持密切接触，总部能够对发生的各种问题迅速作出决策。

机构臃肿、人浮于事的最大危害就是决策层无法迅速、敏捷地对市场的变化作出反应，从而丧失先机。这不仅仅在大企业中常见，就是一些中小企业也普遍存在这一现象。为了避免或减少这种情况的发生，决策部门就应尽量将日常业务的责任、权限下放给接近最基层的部门，在这方面就要进行外科手术，精简机构、裁减人员，同时必须奉行“重视生产现场”的经营方针，打破“在总部工作都是最高级人才”的传统观念。另外，也要敢于提拔那些在生产第一线做出成绩的人。用事实教育人是最有效的方法。

23.4.2 企业自我理疗

企业能够自我治疗的疾病有很多，像上面所说的机构臃肿、人浮于事也属于企业能够自我治疗的一类。

1. 强化企业销售能力

市场经济条件下，产品已不是“皇帝女儿不愁嫁”的计划经济时代了。随着市场经济的迅速发展，市场已由卖方市场进入到买方市场了。我国企业一般在发展的初级阶段，产品质量好，销售额持续上涨，利润自不用谈，员工士气也万分高涨。但随着企业的发展壮大，企业活力降低的毛病也出来了，这种病症的表现就是销售额下滑或连续徘徊不前，职工士气低落，看不到企业的前途；当然也可能在成绩面前滋生“我们产品有技术优势，不愁销不出去”的骄傲情绪。

由于现在是“物质过剩”的年代，企业在研制开发一项新产品时，从一开始就要高度重视客户需求，也只有这样，企业才能开发出适销对路的产品。如果不顾市场情况，盲目地研究开发新产品，结果只能是“竹篮打水一场空”。掌握了市场需求，研究开发就有了明确方向，研制开发部门与销售部门、经营部门才能同心同德，密切合作，生产出的产品也才有巨大的市场。畅销产品的出现自然可以使销售、经营部门充满信心，员工士气大振。同时，开发部门可以进一步加强与销售部门、经营部门的信息交流和纽带关系。可以说畅销商品是增强企业整体实力和信心的一支强心剂。一旦销售能力、经营能力得到强化提高，企业就会生机勃勃，病症自然可以不治而愈。

2. 注重企业自身开发

企业要想长期稳步向前发展，就要特别注意“三个开发能力”，即人才开发能力、研究开发能力、市场开发能力。

强化人才开发能力并不需要大量资金，所以这方面的预算资金即使在大萧条时也不应当全部削减掉，通过这一行动可使全体职工领会到领导阶层对人才开发的热情。企业领导通过各种机会，将自己的经营思想、经营哲学传授给职工，这样可以提高全体职工的自我开发欲望。

企业的研究开发能力如何，直接关系到该企业的命运。因此，即使多牺牲些眼前利益，也要为将来的发展做好准备。现代社会可以说是日新月异的社会，昨天流行的东西，到了今天，可能就成了被淘汰的对象。

市场开发能力取决于市场的要求，市场上要什么，你就开发什么，这样的产品才能适销对路，受到顾客的欢迎，这样又可促进市场开发能力的进一步提高。如果企业能够很好地结合这三个开发，那么不管是中小企业还是大企业，也无论是历史多么悠久的企业，都可杜绝企业病的发生。

3. 整合企业内部管理

一个企业在发展壮大以后，企业内部各个不同职能的部门就会多起来，部门之间的界限也就逐渐分明起来，部门利己主义便会抬头，企业的病症也会随之而来。这种病多发生在各部门实行独立经济核算的企业。本来部门独立经济核算制是为了增强各部门对收益的责任感，促进企业内部竞争，预防“依赖他人心理”的出现而采用的预防性措施。然而，这种体制带来的病症也很明显：各部门自然产生自私心理，出现“部门利益优先于企业整体利益”的本位主义。要治疗这种病，就必须想办法强化企业内各部门之间的横向联系。例如，在开发需要多种技术的新产品时，组织各部门有关人员参加项目攻关小组，必须建立彻底的协作体系，使企业最高层发挥领导中枢的作用，强化项目攻关小组的权限，应要求那些不愿向项目攻关小组提供优秀人才的部门领导采取合作态度，并批评他们的非合作态度。当同一企业内的工厂转让新技术时，工厂应动员各自的技术人员与对方联合，并组成项目攻关小组等。总之，排除部门界限对治疗企业病特别是大企业病有非常独到的作用。

4. 推进多层次经营

治疗企业经营疾病就是采取部门独立经济核算制，即实行分公司经营。这在国外尤其在一些大企业中很常见。例如，松下电气公司长期以来就实行产品类别事业部制，这些事业部一旦可以作为分公司成立，就让它们从总公司分离出去。其他还有日本的索尼公司、村田制作所、阿普鲁斯电气公司等均通过在各地设立仅具有生产机能的分公司达到继续扩充目的。这些分公司将生产的产品委托总公司出售，产品的价格决定权掌握在总公司手中，由于价格压得较低，所以分公司只有降低成本来确保本单位的正当利益。

这种类型的分公司经营，将大企业的部分厂家分割为独立的公司，其目的在于将中坚企业的开拓精神和活力注入整个企业集团。推行这种分公司经营体制，可以使企业充满活力，成功地创造健全的企业机制。

5. 以人为本、爱护职工

这是针对企业人员管理病的治疗方法。治疗此病就是要以人为本、爱护职工，不要过分责备职工的过失。

在经济低速增长的今天，那种论资排辈的人事制度，有可能成为企业得管理病的温床。尽管经济低速增长使得管理人员的需求大大减少，但只要仍然实行论资排辈的人事管理方法，就会使中级管理人员的数量日益增加，造成积压，管理人员超编就会导致企业病的发生。治疗这种病的药方就是改变论资排辈的人事制度，实行能力主义的人力资源管理制度。

在企业环境急剧变化、企业间竞争进一步加剧的年代，培养优秀的专业人才，作为某一领域的权威，进行第一流的咨询是十分必要的。建立先进的人力资源管理制度，就可培养优秀的人才，使企业充满活力。同时，在人员使用方面应避免批评主义，采取鼓励主义。因为采用批评式人事管理方法容易使职工逃避冒险性工作，不愿挑战创新型工作，思想方式及行动均趋于保守。所以说，批评式人事管理方法是企业得病的潜在因素，而采用鼓励式人事管理，鼓励职工“不要怕失败，向新事物挑战，即使失败了，只要是创新的，均不加以追究”，只有这样，才能培养有创见的人才。因此，贯彻鼓励式的人力资源管理方法是治疗企业病行之有效的方法之一。

6. 扩大生产第一线的权限

这主要用于治疗企业的手脚麻木病。随着企业病的加剧，企业就会失去快速应变能力。企业发展壮大以后，组织就会逐渐变得臃肿，权力过于集中，上级部门很难了解生产和销售第一线的变化，信息敏感度就会变弱。

这种企业病蔓延的结果会使总公司对生产第一线出现的重复变化毫无察觉或反应太慢，造成决策机构迟迟拿不出应付措施。治疗这种企业病应尽量将权力、责任委托给接近生产第一线的部门，采取分部门、分产品的独立核算制。

权力下放还可以增进总公司与销售第一线的交流，同时也可大大提高基层领导和工作人员的士气和积极性。这样，这种病自然也就药到病除了。

7. 疏通企业的信息流程

疏通企业的信息流程主要用于治疗企业的耳聋病。企业患病以后一个比较明显的症状就是企业组织臃肿，内部信息流通受阻，停滞不前。这种症状进一步发展的结果，就是出现报喜不报忧的局面。下级只会把上级喜欢听的消息搜集起来，而不再报告上级不喜欢听的信息。

治疗这种耳聋病的方法就是改善企业内部的信息流程。上级在做决策时，最需要也最重要的是掌握确切的“对企业不利的”信息。那些对企业有利的信息会很快传到决策人的耳朵里。改善企业的信息流程，必须从全面的信息交流亦即报喜也报忧开始。为了做到这一点，领导决策层应当经常关心生产、销售第一线的情况，深入生产和销售第一线，努力使自己成为能够摄取第一手信息资料的专家。这样，通过深入基层，领导可亲自了解生产现场存在的问题和本企业的弱点。对于十分了解基层的企业领导来说，下级在传递信息时打算隐瞒实情是不可能的，这样一来，可使有利信息和不利信息能同时传入领导人的耳中。

通过改善信息交流，领导就能迅速了解本企业存在的问题，从而采取相应措施。在企业病严重的企业，信息受阻的主要原因就集中在各部门之间信息交流的停滞上。治疗这种病，就有必要解决机构问题，以便使各部门间的信息流动通畅。例如，由经营部门、销售部门收集的用户意见，有可能成为开发部门的重要参考依据，因此可建立一种机制，定期召集有关人员参加，为各部门交换信息提供方便的会议，不应盲目地减少会议。

8. 迅速、果断地作出决策

这是用于治疗企业“脑病”的方法。企业“脑病”主要表现在决策过分花费时间，即使拿出好决策，也可能由于过于缓慢而失去商机。这种病因多在于无论什么事都要开会，集体讨论后再作决定。

治疗这种病，应尽可能将战术性决策权委托给最基层的部门，而公司领导部门则集中精力考虑高级的、战略性的决策。高级决策应采取最高级常务会议的形式，不要让所有的高、中级负责人都参与决策的制定，而且最高级常务会议应由副总经理以上的领导参加，以便站在企业的角度迅速作出决策。如果参加战略性决策的人过多，作决策就要多花费时间。患这种病不仅迟迟拿不出决策，而且还要花费大量时间疏通各成员的思想，以求拿出具有独创性的经营战略，结果却常常得不出有建设的结论。另外，决策时也要防止头脑发热，一人说了算。特别是在战略性决策方面，更要慎之又慎。在决策时要多考虑一些负面作用，否则盲目地决策，只能使企业陷入危机，在这方面，我国的巨人集团就是一个例子。

9. 创建快速反应机制

治疗企业病的重要方法之一，就是对多种变化迅速作出反应。对企业环境变化的微小前兆作出快速反应。一些优秀的企业能够避免一些“疾病”与它们努力提高收集信息的能力有很大关系。除了反应快之外，还应掌握“变化越大，商业机会越多”的经营哲学。永远保持赶在变化之前开发新产品的旺盛的开拓者精神。例如，虽然 IBM 年营利 500 亿美元，但该公司的干劲和开拓精神却丝毫不减当年，那些企业病也难及其身。其秘密就在于其成为大企业后领导者仍投入很大一部分力量以保持旺盛的开拓者精神，提倡“在变化中寻求企业发展的机会”，积极赶在变化之前大力开发新产品，开拓新市场。

10. 培养积极认真的作风

这用于治疗企业的懒散症。昔日名噪一时、生机勃勃的企业突然从成功的高峰摔了下来，变得毫无吸引力，甚至成为危机重重的企业，究其原因，就在于企业缺乏积极认真的作风。一些企业在成名后，企业职工就会整天沉溺在过去的成绩中，坐在办公室等着用户来订货或打电话促销，很多职工都会认为“我们是有名的企业，顾客会不请自到”“自己的产品不愁销不出去”，抱着懒散、过分自信的思想，腿脚越来越不勤快。像我国沈阳“飞龙”集团的失利在很大程度上就是因为企业职工的这种懒散、自以为是的思想在作祟。

治疗这种懒散病，就必须使职工树立起“不积极认真的企业就会倒闭”的危机意识。持续保持一种积极认真的作风对于治疗和预防企业病都有很好的疗效。日本的松下、日立、佳能等公司之所以保持着旺盛的生命力，与它们员工的积极认真心态有着密不可分的关系。比如，这些企业不是为征求订货才访问顾客，就连收集用户的使用信息也会进行访问。在这种企业里，职员外出搜集信息的时间远远超过了坐办公室的时间。我国著名的海尔集团的企业管理理念就是日事日毕、日清日高。海尔的作风也是迅速反应，马上行动。可以说，正是这种积极认真的作风，使得海尔集团能够高效率地运作，最终成为我国家电业的巨头。

11. 推进体制的改革与完善

一般说来，当企业还未达到一定规模时，以最高领导为首的全体职工能选择最强的竞争对手作为追赶目标。提出“赶超某公司”等一系列竞争性口号，在整个企业内也开展多种活动，使职工保持高昂的斗志。但当企业达到一定规模，超过某一公司后，整个企业便失去了追赶的目标，同时也失去了“积极改善体制”的上进心和自我革新的进取心。如果继续发展下去各种企业病就会不请自到，困扰着企业。

推进体制的完善就是为了取长补短，有病治病，没病强身。作为一个企业，为了能够生存和发展，除了着眼于自己支柱产品的消费资料生产外，还应开发发展较快的、受顾客欢迎的产品，即改善企业体制的战略。

对于一个企业来说，不分工种，不分大小，“学人之长，克己之短”的谦虚精神对企业的生存和发展是至关重要的。一个企业经营放大以后，这种精神将能够使企业始终保持自我革新的热情，各种企业病自然无法靠近其身。

12. 建立企业的进攻型体制是防治企业病的最好方法之一

现在的社会是个竞争日趋激烈的社会，如果一个企业仅靠“防守经营”是无法发展下去的，采取保持现状的消极态度将根本无法对付外界环境的急剧变化。保持企业进攻市场的劲头，不满足于现状，开发高附加值的商品对防治企业病有极大好处。

例如，日本电气公司在 12 个国家拥有 17 个公司、20 个工厂，它的长期战略目标就是：力争在不远的将来，使本企业国内出口产品同国外生产产品的数量持平。

一般来说，在经济繁荣时，企业决策者们容易推行“进攻型经营”思想，但在经济萧条时继续推行这一思想则需要决策者的决断和长远的发展眼光。如果在萧条时毅然推行“进攻型经营”思想，打下基础，就可迎来未来的大跳跃。这种企业就能够调动全体职工的积极性，企业病也只有望而却步。

治疗企业病的方法除了上述几种以外，还有鼓励全体职工创新企业风格、积极开展 CI 战略、企业在顺利发展时也要宣传危机感等一系列治疗方法。

第 24 章　几种典型企业病的防治

企业与有生命的有机体一样，也是要“生病”的，企业病的类型是多种多样的，常见的有领导病、资金病、质量病等。

24.1　领导病的表现与防治

一个企业的成败荣辱与企业领导有着极大的关系，如果领导有方、科学管理、科学决策就可使一个企业青春长驻；反之，则会使一个企业走向衰败。因此，对领导病的防治是非常重要的。

24.1.1　把责任推给下属

每当领导们发现自己处境艰难或发现危险信号时，就会找多种理由进行推卸：“我们公司情况不一样”“我管理的部门有特殊原因”等。其实，如果你对部下不满意、营业额不满意，那么你首先不要找外界原因，先要检查自己做得是否正确，如果确是因为你的责任，就要勇敢承认。作为领导要敢于承担责任，不怕问题。企业领导者们如果回避问题，回避现实，不懂装懂，不仅会使企业失去凝聚力，还说明这样的领导不成熟，还不能够胜任领导这一工作。

24.1.2　不善于因人制宜、因势利导

有些领导对自己的部下不仅不能因人制宜，采取统一方法管理部下，而且不能根据每个人的优点(长处)、缺点(短处)，因人而异，因势利导。

有些领导不讲领导艺术，也不考虑后果，不分场合地大声批评，甚至侮骂员工。当众斥责员工，不仅使被斥责者难以忍受，而且也会使在场的其他员工十分尴尬，感到自己有朝一日也会落得同样的下场，于是人人自危，顾虑重重，畏首畏尾，这样怎么能使精力放在工作上？实际上，领导者应该懂得，管理是一个协调的过程，而不是管制。如果员工存在问题，可以通过谈话的方式进行。有针对性地谈话能使领导有机会了解到问题的根源所在。这无论对己对人都有好处。

作为企业领导应该做到：同部下保持良好的工作关系而不是“哥们”关系；严格培训新员工；积极启迪部下的思维，采用员工提出的合理化建议；不包办一切，努力提高部下解决问题的能力；对员工的错误或违规行为及时纠正，不能丝毫迁就；鼓励与赞扬中等水平的员工，因为这部分员工是任何有成就公司的中坚力量，表扬、鼓励他们可提高他们对工作的热情和积极性。

24.2　资金病的防治

资金，是一个企业运行的“血液”。一个企业为了能够持续发展下去，就必须不断积极运营以获得发展的资金，如果中断，就像人的心脏供血不足，企业就会得病，甚至倒闭。

防治这种“资金病”，须注意以下几个方面。

24.2.1　对每月的资金流向要有所了解

企业的所有支出项目，不仅仅是购销费用，还有员工的薪金、水电、电话费等，虽然每个月的金额不同，但大致上都要在某个固定的日期支付，这样就便于计账。另外，应收账款到期了，业务员按时去收账，如是票据，就转入银行账户。这样做的结果不会使收入和支出有太大的变动，以保持企业正常运转。

为了强化资金周转，企业的领导者就有必要了解自己公司的收入、支出情况。对于大部分企业来说，经常性的收入项目有：销售收入、租赁收入、放款收回、应收票据的兑现等；经常性的支出项目有：购货支出、对外加工费的支出、推销费及管理费的支出、借款的偿还、支付到期的应收票据等。

总之，了解自己公司资金的收入与支出情况，是掌握资金周转方面不可缺少的一环。

24.2.2　对销售计划和收款计划的估计要保守，不要盲目乐观

资金计划事先就应该根据“收入最少，支出最多”的原则来制定。销售货款的回收，事先能做到保守预计是最安全的。假若能采取保守一些的措施，即使实际上少一些，也不至于有太大影响。如果盲目乐观，就会导致资金短缺或周转不灵。

24.2.3　要充分考虑到收款延迟及延期带来的影响

如果在最初拟定资金计划时，就明确每一笔收入确定的用处，但如果收款迟延，无法立即支付迟延的话，就会造成资金周转的困难。有时在收款时，客户会要求延长一天、两天，这也许不是什么大事，收款人员往往会不假思索地轻易答应客户的要求，但却会给资金的预算及周转带来困难。所以，做出像这一类的承诺时要慎重。财务部有必要经常事先提醒业务员，收款的迟延会给资金周转带来怎样的影响。

24.2.4　对一些突发性支出应采取一定的措施

对一些突发性支出由于事先难以预料，所以一定要有所准备。可能的突发性支出项目有：损害、工伤事故赔偿的支付、职员自动辞职所发给的退职金、由于税务机关的调查而要支付补缴的税款等。对于这些突发性支出，应做好以下准备：事先计划一些款项作为不可预测开支；预先与银行签订透支约定。

另外，对弥补不足资金的方法及应考虑的问题也应有所了解。当资金不足时，筹措的来源无非两种：一种是从企业内部筹集资金，如职工集资等；另一种就是从企业外部来筹集，如银行借款。在筹集资金时，要视其差额大小、资金用途乃至金融形势等，分别采用不同的筹措方法。

弥补不足资金的来源，追根究底，大多都与借款有关。既然是借款，就有利也有弊，向银行借款就得支付利息，而且到期就要还；请求供应商给予展延票据期限时，对方也会要求延期票据加利计息，或者是提高商品价格。也就是说，不管是多么好的周转方法，总避免不了各种后遗症。所以，在考虑选择用什么方法来周转时，一定要仔细研究判定其利弊得失再做决定，不能“见钱眼开”。

24.3　质量病的防治

没有一个企业(除了制假企业)不知道产品质量的重要性。“质量是生命”“质量是效益”等标语口号在一些企业里到处可见。但在真正实行质量管理时，又存在许多这样那样质量管理上的漏洞。质量管理不仅仅是质检部门的事，也是企业领导和全体员工的事。过硬的质量管理要求把专业技术、经济管理、思想教育等结合起来，建立研究设计、生产制造、售后服务等全过程的质量监控与保障体系。一个企业，如果产品质量上不去，等待这个企业的结果只有两个字：破产。所以对于一个企业来说，产品的质量管理就显得尤为重要，应特别重视。防治质量病应注意以下几点。

24.3.1　以质量求效益

很多企业，虽然把“质量第一”放在首位，要求每位员工重视质量，但是企业领导在经营决策等实质性行动上，考虑更多的往往是产品产量、销售渠道、价格、销售对象等方面，而且一些企业领导也摆脱不了以数量求效益的思维定势。其防治方法就是强化领导的质量意识，在质量中求数量、求效益，并从政策和制度上保证“质量第一”方针的贯彻实施而不使其流于形式，变成空洞的口号。另外，企业全体员工要提高“以质量求生存，以品种求发展”的认识，增强企业的忧患意识和紧迫感、责任感。眼光应该放长远一些，不能只顾眼前利益，要建立一种“质量—效益”型的经营机制。

24.3.2　职能要清楚，责权要明晰

一些企业虽然明白质量的重要性，但企业领导却不能按质量职能把各项有关的质量活动落实到对口业务部门，即使落实到有关部门，也会出现各部门的质量职能与职责关系不清，企业整体缺乏综合协调的有效性，“效益”好的职能都抢着要，“效益”差的职能却没人要。对付这种病，企业全体员工特别是企业领导要对质量体系要素的内容有个统一的认识，取得共同认识后，就要加以分解落实到各个部门，明确各部门的职责，树立一种质量体系要素的管理只有一个主管部门的概念。切记不要造成大家都在管，而又都不管或管不了的局面。

24.3.3 重视质量的审核

检查、审核就是监督性的质量抽查，对保证产品质量是非常重要的，但如果审核后得到的信息不用于质量改进，而是把它束之高阁，这样的质量审核也就失去了意义。这类问题的处理就应该理清质量审核与质量监督的关系，建立一整套合理的质量审核标准、工作程序，而且在有计划的定期的质量审核后，对所得到的有关质量的多样信息应尽可能的把它应用到质量改进工作中去。这一点对企业产品质量的改进尤为重要，对企业获得多大的市场份额也至关重要。

24.3.4 做好开发计划，持续投入

一些企业在看到某种产品有巨大市场后，匆忙上马、盲目投资。结果由于缺乏开发设计过程的系统有效性，生产技术准备工作又未能同设计工作同步进行，而且领导者们也过分重视工艺、工装的准备，忽视了质量控制计划及有关控制文件的准备，结果导致工艺纪律执行差，均衡生产差，生产者对质量没有一个明确的认识，新产品上市后，由于各种先天的准备不足，批量投产后质量问题成堆，导致这个产品从研究开发到生产，不仅没大赚一把，反而连累了企业，甚至会导致企业的倒闭。这种“结果”使不少企业吃尽了苦头，值得深刻反思。

一个新产品的上市，要考虑到多方面的因素，不仅仅是看这种新产品有没有市场，还要考虑到产品开发成本、广告宣传费用等多种因素，如果仅看到产品有市场，而忽视了其他因素，往往就会得不偿失，甚至使企业陷入困境。此外，在产品的研究开发阶段，批量生产的技术准备工作也应同时展开，这样既能避免产品的研究和生产脱节，又能节约产品上市时间。在产品生产时，由于是新产品，一线工人还不甚熟悉工艺流程和生产过程，所以更要严格加强工艺纪律，加强生产作业计划的科学性，而且新产品的质量标准也要简明扼要，这样也便于一线生产人员的理解和记忆，保证第一批新产品上市的质量可靠性。这对一个新产品来说也是一个关键。难以想象，如果第一批产品一上市，产品质量就出了问题，以后的产品很难受到顾客的青睐。新产品上市以后，质量虽然是第一步，但仅靠质量过硬还不行，还必须考虑产品品种、成本、价格和竞争对手的情况等多种因素，做到“知己知彼，百战不殆”。另外，新产品在上市时，为了尽量减少产品质量问题，应该强化设计过程的阶段评审工作，树立一种整体优化的观念。

24.3.5 重视质检，质量至上

产品的检验工作是保证产品质量的一个重要关口，也是阻止不合格产品流向市场的最后一道关口。但一些企业领导往往对此却不够重视，以各种名义派一些老、弱、病、残担任检验工作，检验用的计量器具常出现检定失控、量值不准、年老失修等问题。一些产品由于销路好，产品供不应求，在检验把关时就容易形成“数量至上”的思想，认为一些产品的质量问题无关大碍，装货放行，这也严重损害了把关的有效性。

企业领导对质量检验重要性的认识，要有一种“只要产品质量不合格，决不放行”

"宁愿少数量、也要保质量"的观念，而且要把这种决心传达给检验人员，要他们认识到"产品质量出了问题，检验人员责无旁贷""产品质量的好坏直接关系到企业的声誉"。另外，对计量器具的鉴定也应严格按照规程进行，不合格的要坚决予以更换，而且还要强化质检工作的严肃性，使其不受任何形式的干扰。

24.3.6 加强监督，保证质量

一些企业员工在产品的包装、贮存、搬运、安装和交付等环节不能严格按照制度的要求来贯彻实施，企业也缺乏强有力的监督手段。为此，企业在对产品包装、贮存、搬运、安装、支付等流通环节上制定出保护产品质量的明确规定，强化员工对产品质量保护重要性的认识，企业也要加强监督与管理，并要经常开展质量教育。

24.4 组织病的防治

企业的组织病是一种慢性胶着病，它的病状很多，大体有"组织偏执症""运作不适应症""组织改革中毒症"等。防治这些病要注意以下几点。

24.4.1 明确组织指示和命令系统

防治企业组织病要明确组织单位内、单位间的各种指示和命令系统。企业领导指示命令的顺利传达就必须建立明确的组织系统。原则上，各组织单位都要设置主管一职，该组织单位的主管为了要分担业务，并且要贯彻执行，因而必须拥有职务上的权限。通常，组织单位内的指示、命令由组织单位的主管下达。不仅一个部门内的指示、命令系统要明确，各部门间的指示、命令系统也必须明确，否则组织就无法顺利地开展工作。另外，组织单位间的联络、传达途径也必须明确，否则无论多么完善的组织单位，也无法使公司生机勃勃。

24.4.2 确立应急预案，增强灵活性

为了应付紧急情况，有必要确立紧急时期、非常时期的报告系统。例如，在发生火灾、车祸等突发性事故时，与其直接向上司报告，倒不如直接向负责干部报告，这样就能在最短时间内作出解决方案。又如，推出新产品时，如果发现在技术方面存在严重缺陷，营业部人员就应该向技术主管部门报告，其效果要比向营业主管报告的效果更好，诸如此类，事先都要建立体系，否则就会失去组织的灵活性。

24.4.3 组织变革，健全制度

当组织单位变革时，内部的不同结构也要随之加以变动，如资源分配的变化、职务分派的明确化、建立会议制度、确立营运制度等。

综上所述，必须明白认识这些"组织"有关的事项是为了达到目的而采用的一种手

段，遵循经营方针和经营策略，并且不断地求新求变，只有这样，才能有效地预防并治疗这种“组织病”。

24.5 衰退病的防治

企业的经营必须在不断努力学习中取得进步，否则企业的业绩赶不上同行，长此以往，企业就会面临衰退而倒闭的境况。

24.5.1 出现衰退的征兆

企业的衰退病就像一个有病的人一样，总要表现出一定的病症，总会出现一定的征兆，现大略归纳如下。

1. 销售额增长率的低落

这是企业衰落的最明显症状。如果每月或每季度的销售额在逐渐减少，则该企业的经营业绩就在衰退。

2. 资本效益与利益效率的低落

总体说来，大型企业总资本利益率必须达到10%以上，方能避免成长力的衰退，除此之外，利益增长率若低于销货增长率时，即表示企业成长力大为衰退。

3. 销售效率的恶化

由于要应付市场的各种竞争，经营者就须大量投资广告、人员增加等费用，这些支出会使销售效率很快下降。对于表现出的种种症状，原因归纳起来大体有以下几点：经营者自身的素质问题；经营政策不恰当；管理技术跟不上企业的发展等。

了解了这些病因，才能开出药方，对症下药：强化经营层的阵容，改变商品经营政策，放弃销售效率低的产品，改变订货及销售政策。

24.5.2 衰退病的防治

1. 强化经营层的阵容与质量

市场的竞争，归根到底是人才的竞争，人才是企业的无形资产，各种措施的制定、实施，各种组织机能的发挥都必须依赖于人。因此，强化经营层的阵容，不仅要大胆使用年轻有为的人才，而且对经营者的建议和思想要注意扬弃。

2. 重视商品的生产与转换

商品是企业的生命之源。无论是商品的生产与转换，还是上新产品，经营者都应选择能与企业本身的资本、技术及销售网等相互匹配的商品，对现有商品的形体是否变更、确保多少的市场占有率等问题要加以透彻地检讨，进而拟订今后商品开发的基本方针。在对一些紧俏的商品进行开发时，一定要看清自身的实力，要了解企业自身具备的资本力、生产力、开发力、销售力和人才力，否则，没等新产品上市，企业就已破产了。换句话说，纯粹新产品与新技术的开发，利润虽高但风险也极大，故在决定之前一定要进行极为详尽的研判。否则，就会“一招不慎，满盘皆输”。

3. 注重市场调查和产品更新

在市场导向的经营环境中，由于同行业的激烈竞争和顾客消费水平与质量的不断提高，企业必须作广泛而深入的市场调查，不断地推陈出新，才能抢占商机，始终拥有市场而立于不败之地。在市场调查和市场预测的时候，不仅要调查本产品的消费需求情况，还应调查相关产品的消费需求量，然后利用现有的销售网点，扩大其他产品市场的销路。对于市场的变化莫测，经营者必须不断地吸收新知识、新技术，改善自身的生产技术，提高产品的科技含量、保证产品质量，利用各种机会展示自己产品的特色，建立起企业的信誉。另外，当企业自身规模不断扩大时，企业就应该生产技术含量较高的商品，而把一些低技术产品外包给别的工厂，这样可以分散经营风险，进而扩大自己的销售能力，灵活运用订货政策。

24.6　企业病治疗时应注意的问题

有些企业在找到企业病因后，接下来在治疗问题上则瞻前顾后，犹豫不定。这其中存在两种最突出的问题就是“心太软”和“心害怕”。让我们来看看下面两个实例：日本东京有一家商店，在其社长突然去世后，由其二十三四岁的长子继任社长。这时公司的情势也发生了转变，他上任之初，正值消费者嗜好由大众化走向高级化，这位社长虽然很年轻，但他的判断却很有预见性。他认为，如果采取前任社长的大众化商品经营，必定无法创造业绩高峰。于是打算改变经营方针，出售高级商品。可是他的计划却遭到公司全体高级干部的反对，这些干部都是和前任社长一起工作、同甘共苦过来的人，大都上了年纪，所以思想非常保守，他们害怕这种大刀阔斧的改革，希望公司的经营平平安安，尽可能不要起伏不定，他们也害怕向新势挑战，认为这要冒很大的风险，与其冒风险，不如维持现状。而这位新社长也“心太软”，明知自己是正确的，却迫于高级干部们的压力，不得不撤回自己关于改卖高级商品的计划。该店的结果可想而知，最后“关门大吉”。

另一家是日本一家经营餐饮的 W 商店，它有九家店设在规模庞大的百货店或超级市场里，但布置好这几家百货店分店以后，由于日本经济突然陷入低迷状态，各分店业绩远不及预期目标。虽然各分店社长也曾为此想尽各种办法，但由于大环境的不景气，即使想了多种方法也很难提高业绩。于是分店社长们向总社长建议：店铺目前由于营业环境的变化，收益已一落千丈，如果不谋求比较根本的对策与措施，势必将影响到公司的生存！请社长提出今后的方针。本来，到了这时，社长应该果断作出决策撤销分店。可是他却说："我也知道必须撤退百货公司内的分店。不过，如果提出这个要求的话，对方一定会要求能赚钱的店铺也一起关闭。我们无法只关掉其中一部分。因此，连我自己也不知道怎么做才好，期望你们多多努力，只要肯努力，路一定可以打开来的。"他虽然知道企业病的原因，却在治疗时犹豫不决，怕这怕那。等待他的结果只有一个：倒闭。

从上面两个例子我们可以看出，企业领导者在给自己企业治病时必须具有决断力和魄力。在决断时要有勇气和决心，不能犹豫不决，听之任之，更不能"心太软"，对挡住自己治疗的人不能姑息让步，也不能"心害怕"，明知自己病得不轻却不敢把自己放上手术台，赶紧治疗。要敢于把自己放到手术台上，自己给自己开刀！在市场经济条件下，信息的流通速度极快，机遇对于所有人来说都是平等的，你能得到机遇，别人也能得到。在条件大致相当的情况下，成败兴衰就在于决策的反应速度，决策迅速果断，就能抓住机遇；反之，机遇就会失之交臂。在治疗企业病时，原理也是一样，找到了治病的方法，就应该当机立断。

第 25 章 “扁平式”企业管理模式

我国中小型企业正处于“改制”过程中，改制不仅是改变企业原有的所有制体制，将集体或国有企业改制为民营企业，而且企业内部的管理体制(管理模式、组织结构)也要进行改革。由于受传统观念和传统管理体制的影响，我国许多企业，特别是中小型企业的管理模式，大多是采用“直线式”“职能式”和“事业部门式”的管理模式，这些管理模式适用于不同时代和不同规模的企业管理，也曾起了很重要的作用，发挥了它应有的社会、经济价值。现在随着市场经济发展的不断深入和 WTO 的必然要求，这些管理模式的不足就越来越明显，很难再适应政治、经济、市场的快速变化和信息的沟通，成了阻碍企业发展的一个“瓶颈”，因此，必须寻找新的、适应当代市场变化和发展形势的管理模式。“扁平式”管理模式便应时而生，呼之欲出。

25.1 传统管理模式评析

25.1.1 直线式管理模式

直线式管理模式是最早使用也是最为简单的一种模式，是一种集权式的管理模式，又称军队式模式，其特点是：企业(组织)结构中各种职位是按垂直系统直线排列的，各级领导人和管理人员统一指挥，发挥管理职能，不专门设置职能机构，其结构如图 25-1 所示。

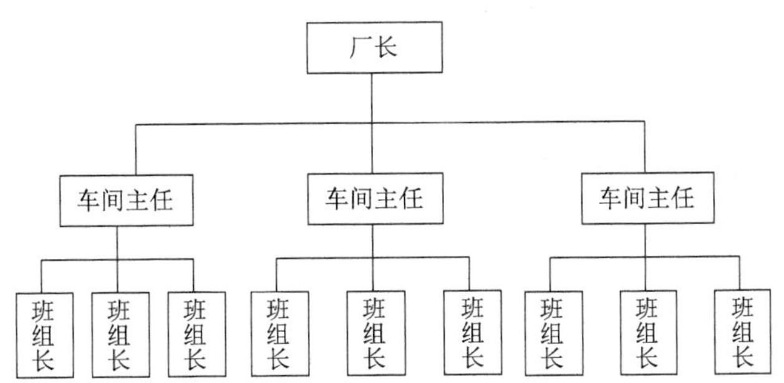

图 25-1 直线式管理模式

这种管理模式的优点是：结构设置简单，权责分明，信息沟通方便，便于统一指挥、集中管理，适用于小型企业的运作。主要不足是缺乏横向的协调关系，没有职能机构作为领导(管理者)的助手，容易产生混乱现象。因此，一旦企业规模扩大，管理工作复杂化，领导者(管理者)势必因经验、精力不足而顾此失彼，难以进行有效而科学的管理。这种管理模式只有在企业规模不大，职工人数不多，生产和管理工作都比较简单的情况下比较适用。

25.1.2　职能式管理模式

职能式管理模式，是以工作方法和技能作为部门划分的依据。现代企业中许多业务活动都需要有专门的知识和能力，通过将专业技能紧密联系的业务活动归类组合到一个单位内部，以更有效地开发和使用技能，提高工作的效率。

职能式管理模式如图 25-2 所示。职能式管理模式的设计有利于最高管理者做出统一的决策。它通常适用于只有单一类型的产品或少数几类产品并有着相对稳定的市场环境的企业。

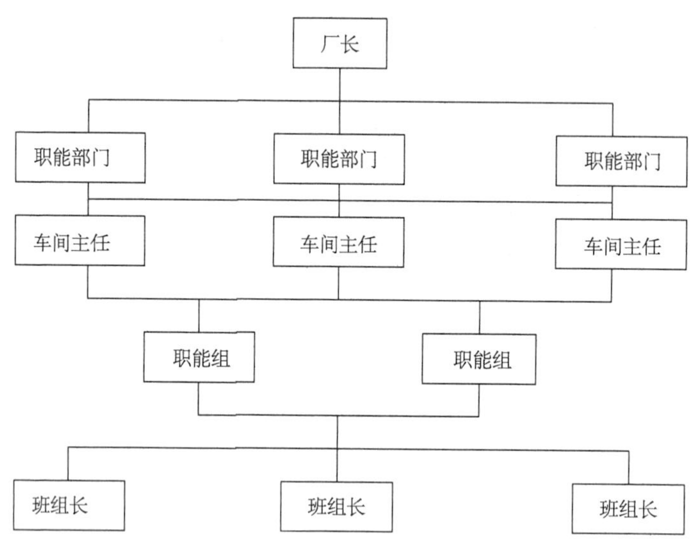

图 25-2　职能式管理模式

职能式管理模式的有利之处是：①职能部门任务专业化，这可以避免人力和物质资源的重复配置；②便于发挥职能专长，这对许多职能人员颇有激发力；③可以降低管理费用，这主要来自各项职能的规模经济效益。职能管理模式的主要不足是：①狭窄的职能眼光，不利于企业满足迅速变化的市场与顾客需要；②部门之间难以相互理解各自的目标和要求；③职能部门之间缺乏协调性；④不利于在管理队伍中培养全面的管理人才，因为每个人都力图向专业的纵深方向发展自己。

25.1.3　直线职能式管理模式

直线职能式管理模式是把直线式和职能式两种管理模式结合起来而形成的。这种管理模式的特点是，以直线为基础，在各级管理负责人之下设置相应的职能部门，分别从事专业管理，作为该级领导者(管理者)的参谋，实行主管统一指挥与职能部门参谋、指导相结合的管理模式。职能部门拟定的计划、方案，以及有关指令，统一由直线领导者批准下达，职能部门无权直接下达命令或进行指挥，只起业务指导作用，各级管理者逐级负责，高度集权，如图 25-3 所示。

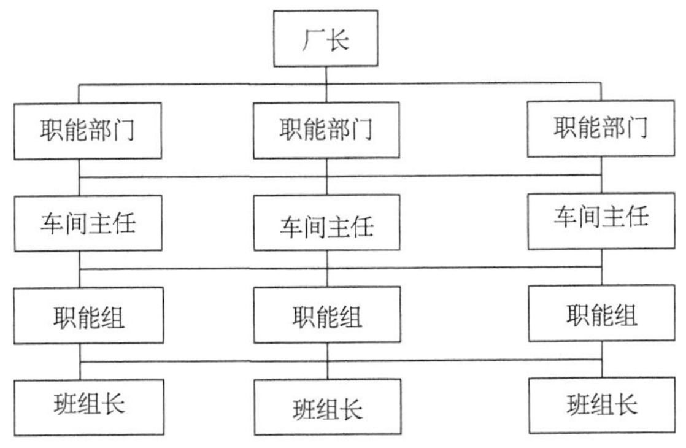

图 25-3 直线职能式管理模式

这种管理模式，是在综合了直线式和职能式的优点，摒弃其缺点的基础上形成的。因此，它既保持了直线式集中统一指挥的优点，又吸取了职能式发挥专业管理的长处，从而提高了管理工作的效率。直线职能式管理模式的产生使企业(组织)管理大大前进了一步。所以各国的组织采用这种管理形式较为普遍，而且采用的时间也较长。我国目前大多数企业，甚至机关、学校、医院等多采用这种直线职能式的管理模式。

直线职能式在管理实践中的不足之处是：①权力集中于最高管理层，下级缺乏必要的自主权；②各职能部门之间由于专业管理的因素，容易发生脱节并产生矛盾；③各参谋部门与指挥部门之间的目标不统一，容易产生矛盾；④信息传递路线较长，反馈较慢，适应环境变化较难。从现在这种迅猛变化的形势来看，该管理模式的效能是有限的。

25.1.4 事业部门式管理模式

事业部门式管理模式，是以产生目标和结果为基准来进行部门的划分和组合的一种管理模式。事业部门式管理模式是西方经济从自由资本主义过渡到垄断资本主义以后，在企业规模大型化、企业经营多元化、市场竞争激烈化的条件下，出现的一种分权式的管理模式。

事业部门式管理模式的主要特点是“集中政策，分散经营”，即在集权领导下实行分权管理。其管理形式就是在总公司的领导下，按产品或地区分别设立若干事业部门，每个事业部门都是独立核算单位，在经营管理上拥有很大的自主权。总公司只保留预算、人事任免和重大问题的决策等权力，并运用利润等指标对事业部门进行宏观控制。比如，宝洁公司按产品类别来划分事业部门，麦当劳公司则将自身划分为几大地理区域，等等。

按这些方式进行部门管理的结果，就形成自我包容的半独立性分部，如图 25-4 所示。

在事业部门式管理模式中，重要决策可以由较低的组织层次做出，因此与职能式管理模式比较，它有利于以一种分权的方式来开展管理工作。事业部门式管理一般适用于具有较复杂的产品类别或分布在较广泛的地区的企业。

事业部门式管理模式的主要优点是：①提高了管理的灵活性和适应性。由于各事业部门单独核算、自成体系，在生产经营上具有较大的自主权，这样既有利于调动各事业部门的积极性和主动性，有利于培养和训练高级管理人才，又便于各事业部之间开展竞争，从而有利于增强企业对环境条件变化的适应能力；②有利于最高管理层摆脱日常行政事务的束缚，集中精力做好有关企业大政方针的决策；③便于组织专业化生产，便于采用流水作业和自动线等先进的生产组织形式，有利于提高生产效率，保证产品质量，降低产品成本。

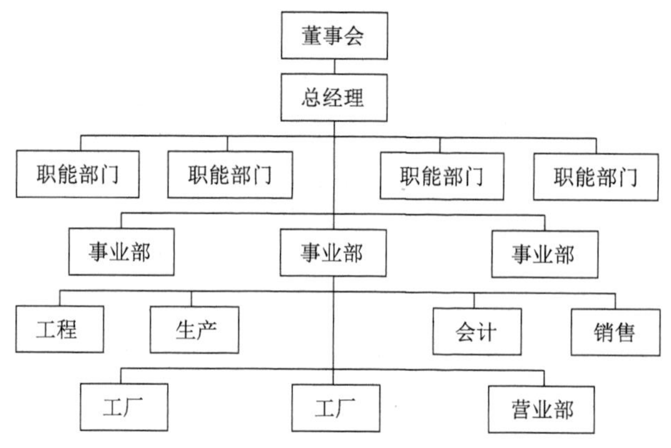

图 25-4　事业部门式管理模式

事业部门式管理模式的主要缺点是：①增加了管理层次，造成机构重叠，管理人员和管理费用增加；②由于各事业部门独立经营，各事业部门之间人员互换困难，相互支援较少；③各事业部门经常从本部门出发，容易滋长不顾公司整体利益的本位主义和分散主义倾向，于实现公司的总体目标不利。

25.2　扁平式管理模式的理论分析

25.2.1　扁平式管理模式的基本结构

扁平式管理模式，是现代企业管理模式的发展趋势，它既不是直线式的、职能式的，也不是事业部门式的管理模式，它是一种在结构上呈平面形、网络化的组织结构和管理模式，如图 25-5 所示。

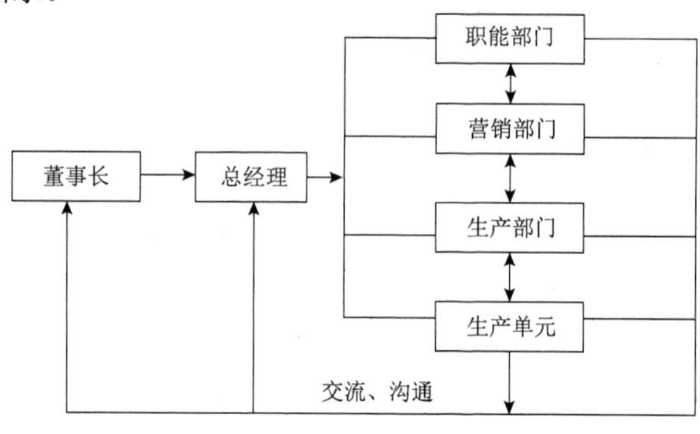

图 25-5　扁平式管理模式

扁平式管理模式实行平行(横向)联系(指导)与垂直指挥相结合的管理模式，最高层是董事长、总经理，统一管理其下的中层各部门，包括职能部门、营销部门、生产部门(生产车间)等，这些部门在职位上是平等的，权属上各有分工，各司其职。这些中层部门之间没有垂直领导关系，而是一种因业务联系的指导、协调关系，这种关系是相互的，信息沟通也是双向的。基层组织即生产单元，包括生产班组和生产者个人。生产单元在权属上隶属于生产部门，由生产部门进行管理、指挥。但生产单元不像直线式管理模式中那样处于绝对被领导的从属地位，而是有自己独立的权限，在沟通、交流中体现自己独立的“人格”，同时对上层“决策”具有参与权、建议权。

扁平式管理模式的管理系统是一个多元网状结构，分为四个层次：第一层次是高层(决策层：董事长、总经理)对各部门的管理；第二层次是中层(如职能部门、生产部门等)对各部门之间的协调、指导性管理；第三层次是中层部门对生产单元的直接管理；第四层次是高层对生产单元的管理。

25.2.2　扁平式管理模式的特点

扁平式管理模式吸收了上述四种管理模式的优点，特别是事业部门式的管理优点，在一定程度上克服了它们的不足。同时，扁平式管理模式吸收了军队信息化快速作战的指挥模式，使“上层”能与“基层”作战单元，甚至与单兵直接相通，而不用中间环节作桥梁。因此，扁平式管理模式的突出特点是，对市场变化反应快，企业的主要行为活动是“基层”的生产实施者，即生产单元或生产者，一旦“基层”有什么情况，会及时地传给“上层”，“上层”就能及时了解到各种情况。如果“上层”不能及时了解“基层”的生产情况，那么就难以掌握生产的进程，指挥就可能出现失误而造成难以挽回的损失。

扁平式管理模式的优点是：①由于各部门之间是平行的协调关系，所以有利于发挥横向联系、信息沟通迅速的长处；②由于信息沟通是双向的，加强了各部门之间、各部门与生产单元之间的互动性，避免了因单向信息传播不畅而产生误解的缺点；③高层管理者既可直接管理中层各部门，也可直接与生产单元进行沟通和管理，因此既适用于集团管理，又适用于“单兵”作战管理，也就是在某种情况下，高层管理者可直接指挥生产单元进行活动，减少了中间环节；④高层管理者在有需要的时候，能够及时了解各种信息，如生产进程、营销情况及职工个人的思想动态等；⑤机构较简单，人员精干，反应迅速，能适应急剧变化的市场形势，并根据市场的变化对决策作出及时调整；⑥避免了各部门之间的权利之争并由此而引发的妒忌、怀疑和打击报复心态；⑦便于实施“网络化”管理——不仅各部门之间联网，生产单元与各部门之间也联网，生产单元还与高层管理者联网；⑧因各部门之间的联系和协调关系，改变了传统模式的单一化管理，成为多元化管理，并使管理者对全局有所了解，延伸了管理者的管理能力，在需要的时候可以相互支持和轮换岗位。

扁平式管理模式还须完善之处是，如何在管理过程中克服生产单元可能存在的多元管理状态而不知所措的问题。为克服这一不足，最基本的要求是：其一，各部门及生产单元以目标、任务为中心，强化责任制，各司其职；其二，实施网络化管理，做到决策的开放性、透明化、及时性。

第五篇

酒类企业管理

第 26 章　酒类企业在员工招聘中存在的问题与对策

——以 NZ 酒业有限公司为例

信息的发达、科技手段的运用、人才市场的活跃给招聘工作提供了方便，也增加了难度。因为企业员工的流动越来越频繁，优秀的应聘者有越来越多的就业机会，所以各行各业对招聘工作越来越重视。招聘不再是填一张表那么简单，而招聘质量才是招聘工作的主题。及时招到合适的人才，提高用人部门的满意度和减少新进员工的离职率，是招聘工作的重中之重。本书通过对 NZ 酒业有限公司(以下简称“NZ 公司”)的招聘现状进行调研，结合从公司中收集到的相关信息，对 NZ 公司在人员招聘中存在的问题进行探讨，有针对性地提出建议及对策，并制定相应的实施方案，力求为公司招聘工作提供一定的参考，使得人尽其才，才尽其用，人事相宜。

26.1　NZ 酒业有限公司基本情况

NZ 公司位于“酒都”宜宾，是一家集生产、销售为一体的现代白酒企业，拥有连续使用时间最长、保护最完整的窖池群 300 多口，其中有 30 多口窖池群窖龄达到 35 年以上，年生产浓香型白酒达 2000 余吨。

公司为谋求更大的发展，引进多名尽心尽职的高学历和高素质的管理人才、经营人才和技术人才。目前，公司有高级、中级和初级的技术人员 20 余人，拥有 2 名中国酿酒大师，200 余名酿酒技师，具有一定实力的管理人才队伍、科技人才队伍和营销人才队伍。

26.2　NZ 酒业有限公司在人员招聘中存在的问题

随着公司规模的不断扩大及业务的迅速增长，如何吸引人才、留住人才、稳定人才，已成为管理者关注的焦点。但由于公司在企业文化的树立和品牌文化的宣传方面做得还不够到位，加之厂区离市中心较远，使其在人才招聘的竞争中处于劣势地位。一方面，公司难以招聘到合适的人员；另一方面，部分高级人才对公司的认同度不够，导致稳定性不高，不能充分发挥自己的潜能。因此，人才流失现象较为严重，导致招聘反复进行，加之在招聘中存在着认识不到位或招聘理念相对落后等问题，始终难以取得理想成效。

26.2.1　人才概念模糊

NZ公司在识别人才的过程中存在一大弊病，即片面强调“高学历”。认为凡是“高学历”的人就一定具有“高素质”，对人才的理解也仅局限于学历高、资历深，以致在招聘中，过分注重应聘者的学历、工作经验。当然，应聘人员的知识掌握程度、学习能力等都与这些因素有关，但对于“人才”的衡量标准来说，还应注重其创新能力、组织管理能力、学习能力等，而这些能力是否具备，还需公司通过其他环节进行测试，切不可只取决于学历和资历。同时，还存在这样一个现象，将应聘人员是否为中共党员作为“德”的唯一衡量标准，这样也会把更多不是党员而具备优秀品质的人才推给竞争对手。

26.2.2 招聘前期准备工作不足

1. 人员招聘缺乏规划

NZ 公司在招聘前，没有结合公司的发展战略制定出合理的人力资源规划，只是在需要用人时才会提出招聘计划，似乎只是把它当作临时性工作，存在“缺岗招岗”的现象，企业缺少规范化的招聘程序，这应该是目前一些中小型企业在人才招聘中的通病。在招聘过程中，企业对岗位的需求没有充分的认识，对所需的人才结构、层次、类型及数量和轻重缓急等没有合理的规划，造成选人时的盲目性，在短时间内可能满足了公司的用人需求，但存在用非所长、员工队伍难以稳定的问题，自然会引起人才流失率的加大。

2. 没有建立合理有效的人才储备体系

NZ 公司对人才的需求都是急需现招，没有从长远发展的角度去积极建立人才储备体系。常常是一次招聘会结束后，录用人员的资料收回，未录用人员的资料就被作废处理。这样企业的招聘工作会长期处于被动式的“等米下锅”的状态，很难招到合适的人才，从而影响工作的正常开展。

3. 缺乏详细的工作分析和职位说明书

当前，NZ 公司人力资源部门没有明确的工作分析报告，对岗位性质的调查和说明仍是空缺的，招聘人员不能很好地招聘到所需要的人才。公司的人事管理人员常常根据现有岗位的工作人员所提供的该岗位的要求信息，作为对招聘人才的要求。在缺乏科学的岗位分析和职位说明书的情况下，招聘人员难免会出现相应的错误，提出僵化和不切实际的工作要求。

比如，招聘酒类包装设计员，其岗位要求是“精通制图和计算机硬件维护，通晓各类制图软件，特别是精通 3D 设计”。这样的岗位描述过于僵化，容易使应聘者质疑自己的能力是否能达到要求，无形中让能胜任这项工作的优秀人才，因为该岗位没有详尽周密的职位说明书而放弃这个岗位。

26.2.3 招聘实施过程缺乏科学性

企业能否吸引人才前来应聘，除了其自身的声誉和条件外，招聘组织工作也很重要。可是 NZ 公司在招聘组织方面也存在诸多不足，片面地认为招聘工作就是收集并筛选简历、面试，继而聘用。忽略了招聘的前期准备工作，包括人力资源需求分析、职位描述、招聘流程设计及招聘后的效果评估、成本核算等。所以就会出现招聘时组织实施不力、操作不规范的现象，如招聘渠道选择不当、招聘甄选方法单一、招聘人员非专业化等。

1. 招聘渠道选择不当

NZ 公司的招聘在招聘渠道的选择上，不能明确地做出判断，盲目地追随大流，要么选择本地的人才招聘市场，要么选择网络招聘。

比如，公司招聘“专业写作者”，一方面要求“熟悉国家政策和宜宾市委市政府文件”，另一方面又要求“了解宜宾‘NZ 文化’的发展和传承，以及‘宜宾酒文化’的动向，并能迅速抓住政策，积极渲染 NZ 酒业发展”。该岗位对公司的品牌宣传、企业文化的建设，以及公司的发展战略起着至关重要的作用。人员属于公司高级人才，这类人才不易在人才市场上找到，相应地在行业交流会上更容易结识这样的人才。

再比如，公司招聘“文秘”，岗位要求“熟悉‘NZ 文化’，精通各类写作方式(特别是公文写作)，了解政策，会速记；形象气质佳，熟悉办公软件，团队意识强，对酒类行业熟悉者优先”。公司选择的网络招聘，仅局限于宜宾本地的门户网站。虽然网络招聘时效性强、成本低，但是网络招聘收到的信息真实度低，筛选难度大。文秘岗位要求内外兼修，选择虚拟的网络招聘方式，并不能收到很好的成效。由此可见，公司在招聘渠道的选择上，经常采取僵化的固定模式来招聘人才，没能有效广泛地利用各种社会资源。理应根据公司各类工作和层次的特点，选择不同的渠道途径开展招聘工作。

2. 招聘甄选方法单一

NZ 公司在实际招聘中，将面谈法作为唯一的甄选手段，事先也未准备好科学系统的面试题目，只是把应聘者的文凭、谈吐作为招聘的关键点，甚至凭形象进行取舍，这样很难保证招聘的效果。

公司曾招聘一名司机，岗位要求“精通驾驶技术，遵守国家交通法规，能听从安排，身体佳，无不良嗜好”。具体事务是负责接送公司客户，甄选的方式是面谈法。最后录取的人员驾龄八年，从谈吐中觉得他很上进，比较符合公司的人文氛围。干了半个月，就辞职不干了。当时正值成都糖酒会之际，很多加盟商过来考察，一个职位的空缺，使公司一时陷入了困境。可见，甄选方式单一，不能有效测评出应聘者的职业素质。

3. 招聘人员非专业化

在招聘过程中，应聘者是直接与公司的招聘人员接触而不是与公司接触，应聘人员对公司了解甚少时，通常根据招聘人员的素质以形成对公司的初步印象。由于招聘人员缺乏必要的组织和培训，尤其在沟通技巧及礼仪方面并不专业，导致公司的窗口形象受到负面影响，会使应聘人员失去加入公司的兴趣，进而影响公司招聘的质量，也将严重地影响到公司的社会形象。

NZ 公司招聘人员几乎没有经过专业培训，人力资源部门和行政部门职责分工又不明确，呈现“一司多职”的状态。招聘人员缺乏招聘技巧，从而降低了招聘的有效性，在聘用中加大了试用成本，降低了工作效率。招聘者自身对“NZ 文化”“宜宾酒文化”的理解都不能给予充分有力的解答。

26.2.4 双方缺乏有效的沟通

招聘是一个双向选择的过程，但是在招聘过程中容易出现信息不对称的问题。招聘人员对应聘人员的信息了解较多而应聘人员对公司的情况了解甚少；应聘者对自己的情况了解较多而招聘人员对应聘者了解较少。招聘人员应该向应聘人员客观介绍公司的实际情况，而不是只谈论公司积极的一面，否则会使应聘人员对公司产生过高的期望，以至于将来应聘人员会感觉现实工作与预期相差甚远，这种差距往往就是导致人才流失的主要原因。

NZ 公司在招聘沟通过程中，常常是拿着应聘者的简历步步为营、主动发难。应聘者处于一种被动的状态，看到招聘人员锋芒毕露的态势，应聘者该了解的公司基本状况都被忽略了。双方缺乏有效的沟通，导致难以合作。

26.3 优化招聘工作的对策

公司效益最终是一个群体的效应，是通过公司的经营管理、技术开发、生产等不同功能的各个方面共同努力而体现出来的，是公司中各种不同类型的人才共同作用而产生的综合效应。因此，用人观念应该树立“人无完人”的人才价值观，不能过于求全。针对 NZ 公司存在的问题，提出一些建议，以供参考。

26.3.1 设定合理的用人标准

根据公司战略目标，作好人力资源规划，设立人力资源战略。只有在明确整体战略及公司战略部署的基础上，才能明确公司需要什么样的人才，而在具体的操作中，公司又要根据内部岗位空缺的情况，招聘相应的人才。为了提高招聘的质量，吸引高素质、适合空缺工作岗位要求的人才，要避免出现人才的高消费。另外，在衡量人才时，除专长、能力外，还应看其内在的标准，即德。简单地说，就是要注重人才本身的个人品德，包括事业心、责任感、团队协作能力，并愿为公司所用。

26.3.2 做好人员招聘规划

在招聘时，必须以人才需求计划作为前提。仅凭当前的人员需求，盲目地开展工作，是收不到招聘成效的。然而，缺乏长远的人力资源规划，也将导致在招聘的过程中出现模糊的人才需求，使公司进行无规范化的招聘程序。

公司应根据自身发展战略，对人员需求状况作出预测和分析，未雨绸缪。首先考虑公司的关键技术岗位和重要管理岗位；其次把精力集中于专业人员的招聘上；最后处理好“即用与储存”的关系，即做好企业的短期需求计划和长期储备计划。

26.3.3 规范人才档案管理，建立人才储备库

公司从发出招聘广告到新员工上岗还有一段时间，在此期间，如果没有合适的人选来补充到空缺岗位，则会严重影响到组织的正常运转，从而造成不必要的损失，而建立人才储备库则能够有效地解决这一问题。

建立人才储备库是公司作好人力资源规划的重要工作。建立人才储备库可以让公司及时招聘到空缺岗位所需要的人。为了减少用人单位和应聘人员的损失，建立规范的人才档案管理势在必行。在人才招聘过程中，经过层层筛选，常会出现一些条件不错也适合公司需求的人才，却因为公司的岗位编制、公司阶段发展计划等因素限制无法马上录用，但是又有可能在将来某个时期需要这方面的人才。作为人力资源管理部门，就有必要把这类人才的信息纳入公司的人才储备库，包括个人资料、面试时的表现和给予的评价等，不定期地给予关注和保持联系，一旦将来出现岗位空缺或由于公司的发展需要招聘新人时，即可优先考虑招入，这样既能提高招聘效率，又能降低招聘成本。

26.3.4 制定详细的工作分析和职位说明书

公司招聘人员时在招聘前要做好详细的工作分析，制定职位说明书。这一项工作为招聘提供的信息包括了工作的任务及具备什么样条件的人才能完成工作的任务。这些与工作说明书和工作规范有关的信息实际上决定了需要什么样的求职者来从事空缺岗位的工作，同时也应注意职位说明书的及时更新。这样也可以帮助公司在以后的招聘工作中招揽到更适合公司发展的人才。

26.3.5 规范招聘流程，建立科学有效的招聘体系

1. 招聘渠道多样化，选择适当的招聘渠道

公司在选择招聘渠道时，要考虑到每种招聘渠道都有利弊。如果要做到合理使用人才、尊重人才、留住人才，公司应当考虑先从内部选拔人才，通过内部晋升和选拔。同时，在选择外部聘用时，公司可以根据自身发展阶段、人才市场发育情况、需求状况、招聘预算费用等来衡量。

根据企业各类工作和层次的特点，选择不同的渠道途径开展招聘工作。例如，管理人员，主要来源途径是同行的推荐；主动上门应聘的专业人员，主要来源途径是招聘广告、高等院校、其他公司中的同类人员自荐或他人推荐；行政职员和秘书，主要来源途径有广告招聘、大中专学校；一线生产工人，主要来源途径是就业广告、就业机构、职业技术学校等。同时必须考虑岗位成本，避免盲目追求高学历。

2. 采用多种甄选方法

针对不同的岗位、不同的应聘人员应该选择不同的面试方式，如面谈法、答辩法、情景模拟法、无领导小组讨论法、有领导小组讨论法、文件筐作业法等，对其知识、能力和品德等多方面进行测评。

除面试之外，还可以采用传统的知识测验和心理测试进行甄选。一般员工心理上具备三个条件才能取得优异的成绩：一是对从事的工作很有兴趣；二是具有所从事工作的人格特征；三是具有所从事工作要求的能力。因此，心理测试从应用上可以分为以下四类：职业兴趣测验、人格测验、职业能力倾向测验、情景模拟测验。在具体的操作过程中，一般会借用测试量表，借助计算机软件进行测试。多种测试方法相结合，对应聘者作出客观、全方位的评价。相信这种方法一定能帮助公司把合适的人放到适合的岗位上。

3. 选择合适的招聘队伍,注重招聘人员的自身素养

针对 NZ 公司的招聘队伍，首先公司要将人力资源部门与行政部门的人员区分开来，各司其职；其次对招聘人员进行全面的培训，包括仪表、提问方式、交谈语气、面试技巧、各岗位的要求及变化、招聘部门的作用和职责、招聘的具体工作内容和方法、招聘流程、企业文化、NZ 文化等；再次公司在安排招聘工作时，应针对应聘人员的心理特点，通盘考虑招聘工作人员的个性特点、个人修养、知识能力结构和年龄层次，使其合理搭配，形成理想的层次分布，全面提高招聘人员的综合素质，增加对应聘人员的吸引力；最后在安排招聘人员时也应根据空缺岗位的性质来安排相关的专业人士。例如，在招聘技术工作岗位时，因为人力资源部门的招聘人员缺乏用人部门的专业知识，难以招到公司真正需要的人才，所以公司可以另外安排相关部门的专业人士或高层人士参与到招聘中。

招聘人员在进行对外招聘时代表的是公司的形象，利用招聘加强公司的对外宣传工作也是招聘工作的主要目的之一。

4. 树立“双向选择”的招聘理念

现代企业管理的新理念告诉我们，招聘选择是双向的，企业要从中选择合适人才，员工也要找到自己满意的、可以实现自我价值的企业。公司要树立“双向选择”的招聘理念，来应聘的是对公司感兴趣的人，应当得到尊重与感谢。特别是落选人员，面试结果出来后，应尽快给予礼貌的回答和感谢；同时，将其资料录入公司人才储备库，以备长远考虑。一旦有机会，公司可以再次邀请他们加盟以共同创业。

第 27 章　酒类企业在职员工培训风险管理

员工培训作为开发人力资源的重要手段，能够激发员工的潜在能力，体现员工的价值，为企业培养足够的后备力量，补充新鲜血液；更重要的是经过有针对性的培训，能使员工更符合企业发展的需要，利用员工价值为企业创造更大的利润，使企业获得持续的竞争优势。由此可见，员工培训对于企业发展的重要性是非常巨大的。世界五百强绝大部分企业都对员工投入了大量的培训资金，培训费用已达到了企业销售额的10%左右，为培训所花费的人力成本也占到了企业总人力成本投入的 10%。例如，GE 公司每年都会投资 10 亿美元用到员工的教育培训上。

虽然目前企业家们对员工培训的态度已有所转变，但是在培训时遇到很多实际问题。比如，培训投入没有收到实际的效果与回报，培训遭到员工的不理解、抱怨，员工跳槽外泄企业机密，在工作繁忙时影响正常的生产工作秩序，培训者积极性不高等。这些问题都使企业在进行培训计划时有所顾忌，特别是在酒类作为奢侈品受到冲击的时期。因此，企业在进行员工培训投资时面临着巨大的投资风险。如何在投资时规避风险已成为培训管理者乃至高层管理者关注的重要问题之一。

因此，怎样使员工培训既能满足员工需求，又能使员工为企业的发展服务，就需要企业在加大员工培训投入的同时，进行员工培训风险的分析，建立起完备的培训机制与系统，提高培训风险管理能力，这样才能使企业开展的培训收到实际效果，使培训投资真正成为企业创造价值的一项收入。

27.1　员工培训及培训风险理论概述

27.1.1　员工培训概述

员工培训不同于学校教育，它是以企业需要为前提进行的有针对性的对本企业员工传授知识、对其潜在能力培训开发、挖掘其潜能的各种学习、训练活动。

员工培训实质上是一种系统化的智力投资。员工培训作为人力资源开发的重要手段，并非纯粹的支付性活动，而是一种智力上的投资，具有收益性。日本的一份研究报告指出：工人教育水平每提高一个年级，技术革新者的比例就平均增长 6%。一般工人提出的革新建议约能降低成本 5%；经过一定训练的技术人员能降低成本约 10%～15%；而受过良好教育的管理人员通过创造和推广现代科学管理技术，则可以降低成本 30%以上。因此，培训可以让员工不断补充新知识，掌握新技能，确立新观念，提升员工的自我优势，增强员工对职业的满足感，使之更忠诚于自己的企业。这样，员工培训最重要的作用就在于增强了企业的竞争力，提高了公司的投资回报率，实现了企业利润的最大化。

企业根据不同的需要可将对员工的培训分为以下几种。

(1) 按培训方式分为：企业内部培训和外部培训。

(2) 按岗位分为：采购培训、生产培训、物流培训、商务礼仪培训、销售培训、市场营销培训、战略管理培训等。

(3) 按培训时期分为：入职培训、岗前培训、在职培训。

(4) 按培训内容分为：言语培训、智慧技能培训、认知策略培训、动作技能培训。

(5) 按培训对象分为：普通员工培训、基层管理人员培训、中层管理人员培训、高层管理人员培训、专业技术人员培训。

27.1.2　员工培训与人力资源开发的关系

员工培训与人力资源开发，在一定意义上讲是同等概念，通过把培训内容与期望的工作目标联系起来，促进企业与个人的共同发展。不同之处在于员工培训侧重于通过外在需求提高员工的知识和技能，使员工适应企业发展的需要；人力资源开发的侧重点在于挖掘员工现有的知识和技能，使其知识和技能能够得到更好的展现，融入到企业的发展之中。所以员工培训是开发的基础和重要手段，在培训后进行开发也会使培训收到更佳的效果与收益。

27.1.3　员工培训风险理论

投资是收益与风险共存的，最终是收益大于风险还是风险大于收益，取决于许多因素。因此，员工培训作为人力资源投资的重要手段，收益与风险就必然共存。那么为确保员工培训收益的最大化，企业就有必要审慎地认识风险，分析风险存在的原因、种类，制定有效的防范与控制措施，从而将风险带来的损失最小化。

员工培训风险是指员工培训过程及其结果，由于观念、组织、技术、环境等负面影响而对企业造成直接、间接、潜在损失的可能性。由于企业对未来因素的不确定性估测不准确，没有采取及时的预防及应对措施，而致使员工培训产生种种风险，为培训带来很大的不确定性，导致损失的发生，形成培训风险。员工培训风险可以定义为不确定性和后果的函数：风险=f(事件、不确定性、后果)。

1. 员工培训风险存在的原因

一次成功的培训所涉及的方面是很多的，它是一个完整的系统，包括培训需求分析、制定培训规划、培训组织与实施、培训效果评估。要使整个系统的每个方面都得以顺利实施，需要企业高层在态度及财政上的大力支持，培训组织者的综合管理及对问题的高预测应对能力，培训教师的专业度及对培训过程的有效掌控，受训者对培训的认同满意度，培训本身的可控性(复杂性、可操作性)等。这些方面中任何一个环节没有做好，出现了问题都将导致风险的发生，使培训达不到预期的效果，而致使企业蒙受损失。

2. 员工培训风险的分类

在经济形势和企业环境的差异下，企业发生培训风险的形式也是多种多样的，每一种风险所产生的原因及导致的结果也是各不相同的。本章参照学术界的分类标准进行分类，根据员工培训风险发生的要素分为两类：内在风险和外在风险。内在风险又可以分为技术风险、理念风险和制度风险；外在风险可以分为人才流失风险、人身伤亡风险和外部环境变化风险三类。

1) 培训的内在风险

员工培训的内在风险，源于员工培训本身，是指企业由于没有对培训进行合理的规划和有效的管理而致使培训的效果不佳，投资效益低下，甚至给企业带来不必要的损失。

(1) 培训的技术风险。培训的技术风险是指在进行培训需求分析、制订培训计划、培训实施及风险评估过程中，因不能及时正确地做出判断和结论，可能对企业造成损失。很多企业由于对培训定位不明确，没有以往的经验可供借鉴，又没有按照培训规程进行培训对象的分析、制定严格的培训计划、对培训过程进行监控管理、对培训后的效果进行评价与进一步加强成果的转化等而致使风险的产生，使培训达不到预期效果。

(2) 培训的理念风险。理念风险即观念风险，包括高层领导的观念、培训者的观念、培训组织者的观念及受训者的观念。由于他们对培训的错误认识和定位而对企业造成不良影响和损失，一些领导存在着培训会加重企业负担的想法，而对培训的态度总是畏首畏尾，裹足不前；受训员工不能正确地对待公司安排的培训而产生厌怠情绪，走过场而没有学到实质性的知识；培训者的消极负责，致使整个培训散漫自由等都使培训产生了很大的风险。

(3) 培训的制度风险。所谓制度风险，是指企业没有明确的培训目标，对于整个培训的过程都是按照个人经验进行主观判断，没有严格的培训制度作为依据。

2) 培训的外在风险

员工培训的外在风险是指培训虽然达到了预定的基本目标，但是由于各种外在的因素而使企业遭受的直接或间接损失。

(1) 人才流失风险。在职员工在经过系统的培训后，其自身的能力和素质在一定程度上有所提高，这就会让员工产生更高追求的想法，甚至脱离该企业。哈佛企业管理顾问公司的调查显示，“想尝试新工作以培养其他方面的特长者”被列于众多原因之首。

(2) 人身伤亡风险。人身伤亡风险的发生特别是在户外培训时是难以避免的，一旦发生各种意外事故或疾病，甚至导致死亡，企业付出的投资不仅得不到回报，还会造成更大的经济损失。

(3) 外部环境变化风险。在信息时代，外在环境随时都在发生变化，经济政策的调整、国内国际市场的变化、政治局势的不稳定、其他企业战略的调整等都会影响培训进程及课程的安排，而使培训收不到实际效益。

27.2　风险管理理论

风险就隐藏着损失、危害，那么风险管理是什么呢？Jame S. trieschmann 在其著作《风险管理与保险》中提出“系统的管理纯粹风险暴露的过程就是风险管理，而术语综合风险管理和企业风险管理是指管理所有形式的风险，不管其是什么种类。”而目前普遍的定义是："风险管理是通过对风险进行识别、衡量和控制，以最小的成本使风险损失达到最低的管理活动。"即通过有效的手段和方式来管理风险，使风险发生的概率降低，风险产生的危害最小，以最少的成本保证投资效益的最大化。

风险管理是一个系统的过程，其管理效果取决于对风险的识别、估测、评价是否正确，及其制定方案的有效性、可操作性等方面。这需要管理团队一方面对所面临或潜在的风险进行感性认识和经验判断，另一方面则要依靠各种客观的统计、经营资料、风险记录等进行分析、归纳和整理，进而发现各种风险危害并及时提出相应的策略，采取有效的措施进行处理。风险管理程序分为四个步骤，如图 27-1 所示。

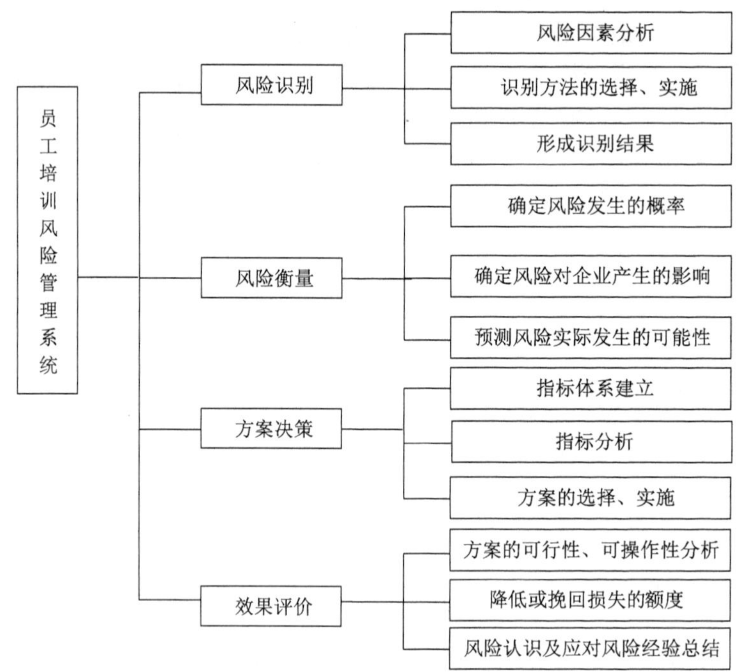

图 27-1　员工培训风险管理系统

27.2.1　员工培训风险的识别

员工培训风险的识别是员工风险管理的第一步，是对员工在培训过程中所面临或潜在的、可能发生的风险给予判断、归类和鉴定风险性质的过程。对企业来说，这是一项持续性的工作，也是一项基础性的工作。

27.2.2　员工培训风险的衡量、决策、方案评价

对员工培训风险进行识别后，首先，需要对存在的风险进行客观的衡量与评价，估计风险损失的大小及影响，进而将培训风险发生的概率、损失降到最低。其次，针对不同的风险类型采取不同的应对方案，同时根据本企业的实际情况，对各种方案的可行性予以判断，并最终决定应对此次风险的具体操作方案。最后，对方案进行总结，为企业

应对风险提供经验借鉴，逐步形成本企业内部的风险应对机制，以更好地应对潜在风险的发生，争取企业培训收益的最大化。

27.3　酒类企业员工培训存在的主要问题

国内酒类企业在员工培训的认识上，还存在着许多问题。充分认识这些问题，对于企业建立员工培训风险管理系统及提升员工培训的效果和收益意义重大。

27.3.1　员工培训投入资金不足

我国企业资金的投入和国外相比存在着较大的差距，特别是中小型酒类企业，存在着小富即安的思想，对员工培训投入甚少。资金投入的多少直接影响到整个培训过程的开展，如培训教师的选择、培训项目的选择、培训项目的深入程度、管理者的配合程度等。

27.3.2　员工培训方法单一

在很多企业培训者的眼里，培训就是使被培训者认识、熟悉目前不认识、不熟悉的东西的一种说教。所以在培训方式上非常单一，没有结合本企业的实际情况和本次培训的目的综合考虑选择培训方法。很多企业存在跟风现象，其他企业怎么做，自己也跟着做，对方法的选择随意性强，缺乏对酒类内容培训的针对性，也没有系统的制度规范，导致效果的不理想和培训资源的浪费。同时，在综合运用多种培训方式开展培训时，对培训方法的掌握运用不熟练，僵化使用，也导致培训效果常常达不到预期的目的。

27.3.3　员工培训与日常管理脱节

在目前，国内酒类企业培训的实际情况是培训部门完全包办全部培训工作，深层次的培训体制设计工作却少有人关注。培训的目的性不强，为培训而培训的情况较为严重。管理者在日常的管理中，没有关注到更多企业发展过程中存在的问题，而将管理划分为不同时期的工作，对员工存在的不明显问题，没有给予重视，以致问题突发，如塑化剂的问题。实际上将日常管理与培训相结合是不冲突的，根据企业发展的总体战略，预先分析企业存在的培训需求，有计划地进行培训从而将管理与培训结合起来。

27.3.4　员工培训缺乏监控

在员工培训中，监控是必不可少的。对培训的监控包括事前控制、事中控制和培训后的效果评估。在培训前制订计划，指导培训的方向；在培训过程中，对培训进行管理，确保培训的正常进行；在培训完成后，检验培训效果，进行相关的测试和评估。不进行培训效果的评估，就不能有针对性地对员工存在的问题进行改善，也不能对员工掌握的知识技能进行进一步的开发，培训就会与人力资源开发脱节，使培训不能转化为更大的收益。但目前许多企业并不重视这方面的问题，仅仅是为了完成培训任务而已。

27.3.5　员工培训制度不完善

制度和政策是各项活动正常开展的保证，员工培训制度使培训工作开展起来有章可循，也成为人们共同遵守的准则和规范。员工培训制度能为培训提供系统的框架和依据，使培训沿着法制化和规范化的轨道运行。目前企业主要依靠经验和主观判断培训应按照什么样的方式进行，导致企业和受训员工在培训时有很大的随意性。同时，企业应根据内外环境的变化调整政策，不然就算制定了规章制度，实行也是一件困难的事情。

27.4　酒类企业对员工培训的认识与改革

员工培训作为一项投资，需要企业的资金支持，当然就存在着一定的风险，所以企业需要做出谨慎的抉择，特别是资金运转困难的中小酒类企业。在西方国家不断加大培训投入、运用新培训方式来提高培训产生效益的同时，国内酒类企业对培训的认识也在发生着变化，由排斥到接受、不投入到小量投入、不重视到意识到培训对企业发展的重要支撑作用，但国内酒类企业对培训在根本性的认识方面还存在着一些误区。

首先，员工培训作为一项存在风险的投资，应该尽量节省，该不投入绝不多花一分钱。培训给企业带来的效益绝大部分是间接的、隐性的，对于目光短视的企业来说，就会因此而放弃对培训的投入。但国外的一项调查表明，对员工培训投资 1 美元，可以创造 50 美元的收益，其投入产出比为 1∶50。

其次，多数酒类企业认为员工目前的情况能够满足企业的发展和需要，在此基础上对其进行培训，提高其工作能力，必然会让他们产生跳槽的想法，寻找更适合自己的岗位。这样不仅不能产生回报，反而为竞争对手培养了力量。这是企业面临的两难困境，需要企业做出更好的权衡与抉择。

最后，企业把对员工的培训看作是一种福利，认为企业提供的培训提高了员工的自身素质，对员工来说是有百利而无一害的，但没有认识到，在员工提高工作能力的同时，也使企业的综合竞争力得到了巨大的提高，增强了企业的软实力及在市场竞争中的生存能力和发展潜力。所以培训应是一种双赢行为，是员工和企业互惠互利的重要举措。现在酒类企业处于相对的低谷期，更应加大培训投入，提高员工素质，提高酒的品质，为以后的发展积蓄能量。

第 28 章　酒类企业人力资源成本控制

——以 KQ 酒业有限公司为例

企业之间的竞争重心是人才的竞争，加强对企业人力资源的开发与管理成为企业的工作重心。在人力资源管理中，人力资源的成本管理成为管理的一个重要因素。因此，加强对人力资源成本的科学管理，提高企业的核心竞争力是一个企业必须考虑的问题。

28.1　人力资源成本的含义及构成

28.1.1　人力资源成本的含义

人力资源不仅可以为企业的现在而且能给企业的未来提供服务并带来效益，要获得这种资源须付出一定的费用，即人力资源成本。从不同的角度考察可得出不同的人力资源成本的含义。从劳动者个人来说，人力资源成本是指为了提高个人的劳动能力而接受教育、训练、保健及进行合理流动等由个人或家庭支付的各项费用；从企业的角度来说，人力资源成本是指取得、开发、使用和保障人力资源再生产而支付的全部费用。一般从人力资源使用过程的角度可将人力资源成本定义为：一个组织为了实现自己的目标，创造最佳经济和社会效益，而获得、开发、使用和保障必要的人力资源及由于人力资源离职所支出的各项费用的总和。

28.1.2　人力资源成本的构成

一般来说，人力资源成本由取得成本、开发成本、使用成本、保障成本、离职成本五部分构成。

1. 取得成本

取得成本包括企业在招募和录用员工过程中发生的成本，即招募成本、选拔成本、录用成本和安置成本。招募成本是为吸引和确定企业所需的人力资源的内外来源而发生的费用。选拔成本是企业对应聘人员进行挑选、评价、考核等活动所发生的成本。录用成本是企业从应聘人员中选拔出合格者后，将其正式录用为企业成员的过程中所发生的费用，如录用手续费等。安置成本是企业将所录用人员安排到确定的岗位上的过程中所发生的费用。

2. 开发成本

开发成本是企业为提高员工的工作能力，为增加企业人力资源的价值而发生的成本，包括岗前培训成本、在职培训成本、脱产培训成本。岗前培训成本是企业对上岗前的新员工进行有关企业历史文化、规章制度、业务知识、业务技能等方面进行教育时所发生的费用。在职培训成本是在不脱离工作岗位的情况下对在职员工进行培训所发生的费用，包括上岗培训成本和岗位再培训成本。脱产培训成本是企业根据工作的需要，对在职员工进行脱产培训产生的费用。

3. 使用成本

使用成本是企业在使用员工的过程中发生的成本，包括维持成本、奖励成本、调剂成本。维持成本是为保证人力资源维持其劳动力生产和再生产所需的费用，是员工的劳动报酬，包括员工的工资、各种劳动津贴和各种福利费用。奖励成本是企业为激励员工使其更好地发挥主动性、积极性和创造性，而对员工做出的特别贡献所支付的奖金，它是对人力资源主体能力的超长发挥所做出的补偿。调剂成本包括员工疗养费用、员工娱乐及文体活动费用、员工业余社团开支、员工定期休假费用等。

4. 保障成本

保障成本指保障人力资源在暂时或长期丧失使用价值后的生存权而必须支付的费用，包括劳动事故保障、健康保障、退休养老保障、失业保障等费用。劳动事故保障成本指企业对员工因工伤事故给予的经济补偿费用。健康保障成本指企业负担的员工因工作以外的原因引起的健康问题不能工作而需要给予的经济补偿费用。退休养老保障成本是企业负担的保证员工老有所养的退休金和其他费用。失业保障成本是企业对有工作能力但因客观原因造成暂时失去工作的员工给予的补偿费用。

5. 离职成本

离职成本是由于员工离开企业而产生的成本，可以分为离职补偿成本、离职前低效成本、空职成本。离职补偿成本是员工离职时补偿给员工的费用，包括一次性支付给员工的离职金、必要的离职人员的安置费等支出。离职前的低效成本是员工即将离开企业而造成的工作效率低的损失费用，这种成本不是支出形式的费用，而是由于其使用价值低造成的收益减少。空职成本是员工离职后职位空缺而造成的损失费用。它不仅应该包括因该职位空缺造成的直接损失，也应该包括因职位空缺给相关工作带来的间接损失。

28.2　KQ 酒业人力资源成本管理现状

28.2.1　KQ 酒业概述

KQ 酒业有限公司位于四川省泸州市纳溪区，中国泸香型白酒重要产地之一。公司始建于 1976 年，在具有 70 年历史的老作坊基础上，经过 28 年的发展，公司现有职工 80 人(不含公司领导 5 人)(表 28-1)，总资产 3000 万元，固定资产 1100 万元，现有生产、销售、人事、采购、机修等部门，其中生产部门下设投料、发酵、蒸馏、陈酿、勾兑、灌装、包装等车间 32 个，窖龄 20 年以上窖池 400 个，年生产各种原酒、调味酒 4000 吨。

表 28-1　KQ 酒业部门人员构成　单位：人

部门	部门成员
生产部	45
销售部	11
库管组	4
行政部	5
人事部	4
机修科	5
采购部	6
合计	80

28.2.2　人力资源成本支出情况

1. 人力资源取得成本

从表 28-2 可以看出 KQ 酒业在 2007～2011 年人力资源取得成本变幅较大，特别是后两年支出较少，表明了企业根据行业行情和自身情况调整招聘、录用人数。

表 28-2　KQ 酒业 2007～2011 年人力资源取得成本　单位：元

项目 \ 年份	2007	2008	2009	2010	2011
招募成本	3400	3600	3500	1500	110
选拔成本	500	800	400	300	100
录用成本	100	500	300	200	200
安置成本	24 000	22 000	23 000	12 000	10 000
总计	28 000	26 900	27 200	14 000	10 410

注：招聘成本=员工招聘费用+管理人员差旅费用；选拔成本指由于面试造成面试官时间耽搁造成的损失；录用成本指录用员工所消耗的资料费用；安置成本指给员工提供住宿生成的成本。

2. 人力资源开发成本

从表 28-3 中可以看出，KQ 酒业在岗前培训成本、在职培训成本、脱产培训成本上的支出份额差不多，表明企业在对人力资源的开发上处于一个比较稳定的趋势。

表 28-3　KQ 酒业 2007～2010 年人力资源开发成本　单位：元

项目 \ 年份	2007	2008	2009	2010	2011
岗前培训成本	1500	1800	1800	1700	1200
在职培训成本	2000	2100	2200	2000	1600
脱产培训成本	3000	1200	1300	1200	1200
总计	6500	5100	5300	4900	4000

3. 人力资源使用成本

从表 28-4 可以看出 KQ 酒业在 2007～2009 年，使用成本均超过 30 万元，2010～2011 年小于 30 万元，其原因是 KQ 酒业精简机构，裁减多余人员，从而减少了成本支出。

表 28-4　KQ 酒业 2007～2011 年人力资源使用成本　单位：万元

项目＼年份	2007	2008	2009	2010	2011
劳动报酬	32.0	33.0	30.0	25.0	26.0
激励成本	4.3	4.2	5.5	3.4	3.5
总计	36.3	37.2	35.5	28.4	29.5

4. 人力资源保障成本

从表 28-5 中可以看出，2007～2011 年人力资源保障成本支出不断增长，这表明了 KQ 酒业也逐渐重视对员工保障的投入；但与此同时 KQ 酒业毕竟受民营小企业的规模影响，在许多其他人力资源保障成本的投入上并不完善。例如，失业保险、医疗保险等方面做得还不到位。

表 28-5　KQ 酒业 2007～2011 年人力资源保障成本　单位：万元

项目＼年份	2007	2008	2009	2010	2011
意外保险费	1.8	2.0	2.1	2.4	2.9
退休养老费	1.1	1.0	1.3	1.7	2.2
失业保险费	0.0	0.0	0.6	0.8	1.2
总计	2.9	3.0	4.0	4.9	6.3

5. 人力资源离职成本

从表 28-6 中可以看出，随着 KQ 酒业的不断发展，企业员工的岗位价值越显重要，在人力资源离职成本中可以体现出员工离职给 KQ 酒业带来的损失逐年增长，这也预示着企业对员工成本投入的加大，从而减少因人员流动给企业带来的损失。

表 28-6　KQ 酒业 2007～2011 年人力资源离职成本　单位：元

项目＼年份	2007	2008	2009	2010	2011
离职补偿费	8 960	9 120	9 875	11 250	16 250
离职前低效成本	1 200	1 450	1 785	2 345	2 920
空职成本	890	1 200	1 525	2 100	2 750
总计	11 050	11 770	13 185	15 695	21 920

28.3　KQ 酒业人力资源成本管理存在的问题

28.3.1　管理理念相对落后

受传统意识的影响，企业只是被动地运用所接触到的管理方式和方法，没有结合企业自身实际，原封不动地照搬别人的管理方法和方式，使原本先进的管理技术在企业的应用中出现“水土不服”，效果不佳。目前，该企业正在尝试建立完整的人力资源管理体系。人力资源部门开始成为一个专职部门，负责人力资源管理工作。企业对物资成本的核算、控制很有经验，但企业对人力资源管理的理念还没有彻底转变，只是把人当作企业获得利润的工具，没有让员工参与到企业的管理工作中来，员工的参与性不强。

28.3.2　没有长期规划，管理模式僵化

企业在建立之初，把工作重点放在产品的研发、生产、销售上，而忽视了对企业自身制度软件的建设。因此，管理模式比较单调，只有领导层对基层员工的单向式命令，而忽视了员工参与企业管理的作用。人力资源管理工作还停留在初级阶段，缺乏长期的人力资源规划，只是根据企业需要被动地进行人员的补充、调动。该企业在完善人力资源管理方面的工作还任重而道远，需要不断地尝试和探索适合本企业的人力资源管理制度。

28.3.3　企业制度不全，管理方法不科学

现如今人力资源成本管理还没有一套完整系统的核算、控制体系，因此在实践中随意性很大，造成管理混乱。比如，该企业岗位缺员，需要补充人员，只是根据已有经验，盲目地去人才市场招聘相关岗位人员。在之前没有做招聘费用预算、招聘方式可行性的分析，导致多次招聘工作无功而返，给企业的生产经营造成极大损失。

28.4　企业人力资源成本管理及控制

人力资源成本管理是人力资源管理的重要部分和内容，加强对企业人力资源成本控制的管理对企业管理有着重要的意义。这不仅是适应社会主义市场经济的需要，更是增强企业核心竞争力的重要方法。因此，企业应自强不息，不断创新、探索和尝试科学的管理方法和控制策略。

28.4.1　更新管理理念

思想决定行动，企业要想在市场经济条件下赢得竞争优势，就必须转变思想观念，坚持以人为本，以人为中心，充分调动基层管理人员的参与积极性。当今社会，人力资源素质的高低决定着一个国家、地区经济发展的快与慢。大量科学研究数据表明，人力资源的投资回报率要大大高于物质投资回报率。所以，企业不仅要重视对物质的投入还

要加强对人力资源的投入。加强对人力资源成本的控制不仅是适应市场经济发展的要求，而且符合提高员工素质，提高企业经济效益的要求。对人力资源进行成本管理，就是要用有限的资金投入，为企业谋求最大的经济效益。因此，应该在企业内部进行思想动员，号召员工积极参与企业的人力资源成本管理工作。

28.4.2　做好长期规划

进行长期、科学的人力资源规划，有利于减少因突然性的缺员而影响企业正常的生产经营活动，因此有必要制定长期的人力资源战略规划。首先，要进行调查分析。调查、收集和整理各种信息，包括产品结构、消费者结构、产品的市场占有率、生产和销售状况、技术装备等企业内部因素，以及社会、政治、经济、法律环境等外部因素。其次，进行预测。在分析人力资源供给和需求影响因素的基础上，采用各种科学预测方法对企业人力资源供求进行预测。再次，制定人力资源规划方案。根据预测制定人力资源供求平衡的总计划和各业务计划。最后，实施和控制评估。根据制定的规划来实施，在实施过程中对比规划目标进行调整，并对实施效果进行评价。

加强成本计划和全面控制工作。人力资源成本由取得成本、开发成本、使用成本、保障成本、离职成本构成，在对人力资源成本进行控制的时候，应加强对每个环节的控制，做到全面控制。

28.4.3　合理控制成本

进行人力资源管理活动，需要企业投入经费，这在一定程度上增加了企业的经济负担。所以首先要建立起企业人力资源成本的核算制度。通过这些成本核算制度，实行成本对象化，细分成本项目，运用横向比较、纵向比较、计划与实际比较等比较分析方法，找出成本管理中的问题，规范支出范围和结构，严格支出预算管理，从而降低成本，提高效益。

同时，管理者应该提高人力资源管理的职能作用，控制成本。比如，外部有其他企业或组织能够以更低的成本，更有效地完成人力资源管理工作，就可以选择人力资源外包，将某一项或几项人力资源管理工作外包出去，交由其他企业或组织进行管理，以降低人力成本，实现效率最大化。此外，人力资源租赁也是降低成本、精简机构的好方法。企业与租赁公司以契约形式达成协议，让其提供规定的产品或服务，可以让管理者从烦琐的事务中解放出来，实现使用权和管理权的分离，使企业更加注重人力资源配置和使用效率，有效实现成本的降低和风险的转移。

28.5　结　束　语

重视成本核算，是一个企业生存与发展的重要条件，忽视成本核算或不计成本核算，将会给企业带来严重的利益损失。

根据对成本的分析，企业的收益与人力资源成本存在着一定的函数关系，即

$S=f$（取得成本、开发成本、使用成本、保障成本、离职成本）

从提高生产效益的角度来分析，企业的收益与人力资源成本可简单表示为

$S=$（开发成本+使用成本）/（取得成本+离职成本+保障成本）

开发成本与使用成本的投入，是一种潜在的激励，可以激励员工的生产积极性，从而提高企业的收益。

因此，企业在考虑人力资源成本时，应重视开发成本与使用成本的投入，注意减少取得成本和离职成本，综合考虑保障成本，将保障成本维持在社会平均水平。

五大成本的投入比例，可考虑“金字塔”模式，如图 28-1 所示。

图 28-1　“金字塔”模式

第29章 酒类企业员工激励

——以自贡XS酒业公司为例

从管理意义上来说，激励是指从组织成员的个人需要出发，创设满足员工各种需要的条件，激发员工的工作动机，用各种有效的方法调动员工的工作积极性和创造性，引导、保持和规划组织成员的行为，进而促使员工为完成组织任务、实现组织目标而努力工作，并有效实现组织目标和成员个人目标的特定行为的系统活动和过程。由此也可以说，激励运用得好坏在一定程度上是决定企业兴衰的一个重要因素，如何运用好激励机制也就成为企业面临的一个十分重要的问题。

29.1 激励的作用与类型

29.1.1 激励的作用

1. 有利于开发员工的潜能

人除了日常所表现的能力之外，人身上还存在着许多尚未表现出来或尚未发掘出来的能力，这就是潜能。人的潜能是惊人的。美国哈佛大学詹姆士教授的一项研究发现，一般情况下，人们只需要发挥 21%～30%的能力就能应付自己的工作，但如果给予他们充分的激励，其能力就能发挥到 80%～90%，甚至更高。由此可见激励的重要性。

2. 有利于提高员工的自身素质

提高员工素质可以选择的途径有两个：培训或者激励。任何值得奖励的行为都是员工素质优异的表现，奖励这种优异的行为表现，相应地也就进一步鼓励了员工要自觉地提高各方面的素质。反之，任何受到惩罚的行为都是员工素质低下的表现，惩罚这种低劣行为，相应地也就警告了员工要痛改前非，提高自身素质，特别是积极改正不良行为。

3. 有利于增强组织的凝聚力

激励不仅仅直接作用于个人，而且还间接影响其周围的人，有助于形成一种竞争氛围，对整个组织都有着至关重要的影响。企业如果对员工敬业、负责的行为适时作出肯定和激励，那么势必会在企业中形成一种良好的氛围，促使员工以工作为己任、视公司声誉为生命，进而使整个公司的凝聚力得到充分体现。

4. 有利于吸引和稳定人才

随着经济的发展，企业的竞争已主要演变成人才的竞争，谁拥有人才，谁就拥有市场，谁就能在竞争中立于不败之地。多年来，各行各业的管理者们探索出了引进人才和留住人才的好办法、好机制，并为之做了大量的尝试。比如，“政策留人、事业留人、待遇留人”的策略，按岗定薪、竞争上岗的机制等，对吸引和稳定人才都起到了积极的作用。

5. 有利于形成良好的组织文化

奖励优异的服务行为、高尚的道德准则、先进的经营理念，同时也促进了优秀企业文化的形成；批评恶劣的服务行为，冷落不良的道德准则，抵制落后的经营观念，同样反过来也强化了人们的高尚行为和价值观念，可以有力地促进良好企业文化的形成。

29.1.2　激励的类型

激励可以分为外在激励和内在激励两种类型。外在激励因素是指企业(组织)直接控制的激励资源，主要以物质激励为载体，它的主要表现形式有正激励，如工资、津贴、福利等；负激励，如罚款等。物质激励是激励的主要方式。内在激励是通过精神的满足来强化个体行为的方式，人的精神需求比较宽泛，因此激励的方法较多，有的是有形的，有的是无形的，如带薪休假、职业发展、工作激励、培训激励、荣誉激励、参与激励、情感激励和企业文化激励等。

29.2　XS 公司员工激励现状

XS 酒业有限公司是一家生产、销售白酒的企业。公司现有职工 200 多人，公司的经营理念是“绿色为本、回报社会”。公司在实践中形成了“以人为本，以德治企，以诚信服务”的管理理念。公司设有董事长，下设总经理，负责整个企业的经营管理。公司的职能部门有生产部、质检部、行政部、人力资源部、市场营销部、外贸部等。目前企业的员工激励方式主要表现在以下几方面。

29.2.1　物质激励为主

目前，XS 公司更多的是采用物质激励。在企业内部，为避免员工的偷懒行为，通常的做法是将员工的收入与企业经营业绩挂钩，从而使员工具有危机感，诸如根据业绩提成、发放奖金、计件工资等。激励产生作用的原因在于当事关自己切身利益时，人们就会对事情的成败分外关注，而趋利避害的本能会使面临危机的压力转变为动力。当前，物质激励是企业最主要的激励形式。

29.2.2　注重短期行为

XS 公司是一家中小企业，和同类型的大型企业相比，因资金、技术、人才等资源的制约，经营管理模式滞后，缺乏健全的激励机制，即使有激励也过多注重眼前利益，激励的短期行为明显，精神激励或企业文化建设薄弱。比如，股票期权、员工持股、工龄工资、培训、职业发展等长期激励机制在企业中就没有被广泛采用。

29.3　XS 公司员工激励存在的问题

XS 公司是一家以白酒生产为主的中小企业，公司成立的时间虽然较长，但在企业发展的过程中，由于受到各种条件和自身认识的限制，企业的员工激励机制还存在一些问题。

29.3.1　激励方式简单化

XS 公司目前采用的激励形式主要有工资、奖金、年薪制、礼品等，多数方式属于物质激励，缺少精神激励，忽视了精神激励的强大作用。在这些物质激励中，又不同程度地存在一些弊端，如工资、奖金普遍采用基本报酬形式，激励力度很小。年薪制中基本薪金比例较大，风险薪金比例较小，达不到对骨干人员强有力的激励。此外，由于绩效评价标准选择不当，激励效果也大受影响。同时激励方式中，多数属于短期激励，缺少长期激励。

29.3.2　激励层次单一化

XS 公司现在的激励机制通常具有统一性，缺少个体针对性，并不考虑员工需要的差异性。在激励时不分层次、不分对象、不分时期，只重整体目标，不重层次需要，造成激励效果与期望值相差甚远，而且这种忽视了激励对象的激励机制难以激发员工的积极性。人的需要是由低到高呈层次状分布的，满足高层次的需求更具有明显的激励效果，而高层次需求的满足对高质量的人才尤为重要。只有正确分析和了解企业员工的特点，才能帮助企业留住人才，保证、推动企业未来的生存与发展。

29.3.3　考核指标不系统

XS 公司在实施激励后，有的员工不但没有受到激励，努力水平反而下降了。XS 公司推出“年终奖”计划，本意希望调动企业员工的积极性，但是因为管理制度不健全，没有系统科学的评价指标体系，难以对员工进行合理的业绩考核。最终导致实施过程中的“平均主义”，挫伤了绩效好的员工的积极性。一套科学有效的激励机制不是孤立的，应当与企业的一系列相关体制相配合才能发挥作用，其中评估体系是激励的基础，有了准确的评估才能有针对性地进行激励，提高激励效果。

29.3.4　激励时机不当

激励时机的选择是非常重要的，在 XS 公司中，有时激励太超前，有时激励又太晚。超前的激励可能会使员工感到无足轻重，迟来的激励可能会使员工觉得多此一举，产生淡然置之的心理，从而削弱了激励的作用。因此，运用激励应当选择恰当的激励时机，基本原则是及时性，也就是在需要激励的事情结束后马上进行，才能达到激励的效果。

29.3.5　过程缺乏沟通

XS 公司的很多员工总是抱怨，领导只有在自己出错的时候才会注意他们的存在。缺乏必要的沟通，无反馈信息，员工处于封闭的环境中，积极性不高。XS 公司有两个基地，一个是生产基地，另一个是办公地。公司的主要领导平时主要在办公地办公，所以导致一线的员工很难见到领导，当领导下来视察工作时，一般的员工也很少能与他们有面对面的交流，这就导致了员工与领导之间的沟通不顺，从而影响管理的有效性。

29.4　建立有效的员工激励机制

针对 XS 公司员工激励存在的问题，结合公司的实际情况，借鉴其他先进有效的激励经验，建立起符合公司实际的有效的员工激励机制。

29.4.1　采取多样化的激励方式

XS 公司在选择激励方式时，应该物质激励和精神激励并重，短期激励和长期激励并举。在公平的原则下，根据企业生产特点和员工的知识结构、年龄层次和职位，在激励机制总体框架内建立各有侧重的激励制度。从需求角度出发，不同层次的员工处于不同的需求状态，处于同等层次的员工，由于经历的不同，他们需求的侧重点也有差异，必须采取综合性、多样化的激励策略，交替使用。按照激励层次的深浅，采取三个不同层次的激励手段，分别是物质激励、荣誉激励和个人价值激励。物质激励较为直观，一般体现为工资、奖金、福利；荣誉激励包括各类精神奖励，这是激发人、鼓舞人的重要组成部分；个人价值激励则是最高的境界，是人内心深处最崇高的信仰或追求。人的多样性和需求的多样性决定了激励措施应是立体交叉的，单一措施的效果是有限的。

29.4.2　建立多层次的激励机制

XS 公司运用激励时应考虑到个体差异，根据不同的类型和特点制定激励方式，如性别、知识层面、地域等，真正实现激励效力。由于对员工的激励因素不仅包括工资、奖金、补贴，也包括机会、职权、信息分享、学习、发展、沟通等多元因素，而且人的需求是在不断上升的，从生理的需要到安全的需要、社交的需要、尊重的需要，直至自我价值实现的需要，每个阶段的追求都会有所不同。这就要求企业建立一套多层次的激励机制。运用参与激励、关爱激励、情感激励、上进激励等多方面、多层次的激励机制，充分调动员工的积极性和创造性，形成科学、规范、合理的激励机制体系。同时随着时代、环境、市场形势的变化而变化，不断调整适合企业自身特点和整体环境要求的激励机制。

29.4.3 构建科学的绩效评估体系

绩效评估体系是对员工晋升、聘任、奖惩及调整工资待遇的必要依据，也是完善激励机制的必要保障。员工绩效考核是按照一定的标准，采用科学的方法，考评员工对职位所规定的职责的履行程度，以确定其工作成绩的管理方法，其目的主要在于通过对职工全面综合的考评，判断他们是否称职。XS 公司的员工绩效考核应坚持客观公正、民主公开、注重实绩的原则。考核的内容包括“德、能、勤、绩”四个方面，重点考核工作实绩。不同专业和不同职务、不同技术层次的员工在业务水平和工作业绩方面应有不同的要求。科学、公平的绩效量化考核体系能激发每一位职工的潜能，使企业充满生机和活力。

29.4.4 建立有效的薪酬激励机制

薪酬激励作为现代人力资源管理的重要组成部分，对提高企业的竞争力有着不容忽视的作用。员工所得到的薪酬既是对其过去工作努力的肯定和报酬，也是未来努力工作得到报酬的预期，能够激励其在未来更加努力地工作。因此，XS 公司应该从以下几方面制定有效的薪酬激励制度。首先，公平有效地分配薪酬。薪酬分配的公平性对员工积极性有较大的影响，大多数员工对内部与外部薪酬公平都很关心。根据员工关心的特点，内部薪酬的公平显得尤为重要。其次，将薪酬与绩效考评结果挂钩，即通过绩效薪酬传达企业绩效预期的信息，刺激企业中的所有员工来实现这一目的，促进高绩效员工获得高期望薪酬，保证薪酬因员工绩效不同而不同。

29.4.5 实施个性化激励

不同员工，有不同的需要。要想激励员工，必须了解其动机或需要。XS 公司的管理者首先要明确两点：一是没有相同的员工；二是在不同的阶段，员工有不同的需求。对于不同的员工应当考虑个体差异，进行具体分析，找到激励他们的因素，抓住员工的主导需求，采取不同的激励方法，有针对性地进行激励。例如，年轻员工比较重视有自主权及创新性的工作环境，中年员工比较重视工作与生活的平衡及事业发展的机会，年龄较大的员工则比较重视工作的稳定性。女性员工相对而言对报酬更为看重，而男性员工则更注重企业和自身的发展。因此，企业在制定激励机制时一定要考虑到企业的特点和员工的个体差异，这样才能获得最大的激励效力。

29.4.6 采用参与式激励

员工参与管理也被称作“全员参与”。XS 公司是一家中小型企业，企业的决策相对具体、简单，管理者应与员工共同讨论员工的工作计划和工作目标，认真听取员工对工作的看法，积极采纳员工对企业发展和管理提出的合理化建议。随着员工参与管理程度的提高，业务娴熟的员工还可以实行员工自主管理。员工对企业管理的深度参与，能增进员工对工厂业务流程的了解，体会管理者的辛苦和决策的用意，从而改善劳资关系，提高执行上级计划的自觉性，增强企业凝聚力，发挥参与激励的作用，提高效益。

29.4.7 注重企业文化激励

通常情况下，优秀的人才特别是高级优秀人才所要求的不只是加入到公司，他们更看重的是在他们的位置上有创新、发展的机会，要的是能全身心投入工作的环境，要的是能够体现大多数员工的精神需求并能服务于企业发展目标的企业文化。满意的工作环境可以激发员工的工作热情，而适合企业各个发展阶段并具有鲜明企业特点的企业文化能增强企业凝聚力。所以 XS 公司应建设一个尊重知识、尊重技术、尊重人才的企业文化氛围，形成一个有利于人才发挥其聪明才智的工作环境。注重对优秀人才的培养、留住和使用，而不能有在任何情况下优秀人才都可以被替换的思想。

29.5 结　束　语

人力资源管理也是管理人的艺术，它是运用科学的手段，以灵活的制度调动人的情感和积极性的艺术，无论什么样的企业要发展都离不开人的创造力和积极性，因此企业一定要重视对员工的激励。激励的方式多种多样，企业要根据实际情况，综合运用多种激励机制，把激励的手段和目的结合起来，改变思维模式，充分调动员工的积极性，实现人力资源的合理配置，促进企业可持续发展。然而，任何人都不可能设计出一套一劳永逸的激励机制，随着组织的发展、环境的变化，管理者要勇于突破原有体制的束缚，做到动态管理，使企业能够灵活地适应内外部环境变化，随机应变，与时俱进，以保持企业的稳定快速发展。

第 30 章　酒类企业绩效沟通问题分析

——以 SJF 公司为例

随着改革开放的不断深入，现代人力资源管理理念在我国企业的实践中得到了广泛的应用，绩效管理更是受到了企业家和学术界的关注。绩效管理作为人力资源管理的核心，承载着实现组织战略目标的重要使命，更是人才开发、团队培养的重要依据。绩效管理的作用是否能够充分地发挥，很大程度上取决于绩效沟通是否得到了有效的贯彻、执行。绩效沟通贯穿着绩效管理的整个流程，所以有必要正确认识绩效沟通在绩效管理各个环节中的作用，以及如何将这些理论应用于实践等问题。因此，本章以 SJF 公司为例，研究探讨绩效沟通的相关问题。

30.1　SJF 公司的绩效沟通现状

30.1.1　SJF 公司概况

SJF 公司成立于 1993 年，属饮用酒制造业，主营酒类产品生产和销售，主要酒类产品有 SJF 品牌系列、QX 品牌系列等，其中 SJF 品牌系列有：SJF 礼盒装(世纪典藏、风雅颂、公元十三等)、SJF 典藏装、SJF 井台装、天号陈、琼坛世家、往事等主要品种。

SJF 公司有员工 1270 名左右，公司以“科技兴企，质量第一”为重要抓手。在质量管理方面，公司已通过 ISO9001 质量管理体系和产品认证体系、HACCP 食品安全、ISO14001 环境管理体系认证、ISO22000 食品安全管理体系、国家酒类质量等级和计量体系等一系列认证。公司遵循“传统和现代相结合、艺术和技术相结合、文化和经济相结合”，突出产品、包装标志、品牌形象、文化内涵上的差异化、智能化、人本化，努力打造出高品质、高品位、高品格产品，致力于为消费者提供高品质的物质精神享受和体验。

公司的愿景是集中主要优势资源和资金，做实、做大、做强白酒产业；在外部强势资本和本土资源合力推动下，以 SJF 酒为高端标志性产品，成长为国际一流的中国白酒品牌。

30.1.2　SJF 公司绩效考核概述

自 2005 年以来，在“管理创新”的指导方针下，人力资源部出台了以目标管理为系统方法的考核方案，并细致地做了考核管理工作，但由于体制、传统习惯的阻碍及搬迁后为追求经济效益、过分注重经济增长等原因的影响，公司的绩效管理体系一直存在着许多有待完善的地方，而且在目标执行过程中缺乏有效的实施手段，绩效考核也处于走形式的状态。

SJF 公司绩效管理的执行方法如下。

1. 制定年度绩效目标

每年年初，公司董事会主持由规划发展部提议的年度绩效目标的讨论大会，在各部门负责人相互讨论的基础上制定出公司本年度的经济、安全目标，同时确定各部门的经济责任方案，并将此方案作为考核部门的直接依据。各部门的负责人再把年度生产经营计划分解到每个月的考核目标上，并将分解的考核方案报人力资源部备案。

2. 绩效考核的实施

公司实行月度考核、季度考核和年度考核。每个考核期间由直接上级对下级进行考核，即副总经理对各部门负责人进行考核，部门负责人对其直接下级进行考核，并以这种逐层考核的方式直至基层员工。月度绩效考核结果直接体现于当月绩效工资的分配上，年度绩效考核结果则应用于年终绩效奖金的分配上。

3. 绩效结果的应用

公司绩效考核结果的用途比较单一，只用于绩效工资和年终绩效奖金的分配。发放绩效工资时，公司根据各部门的得分，按照相应的系数给部门发放绩效工资总额，部门负责人再按各工段分配绩效工资。

30.2 SJF 公司绩效沟通存在的问题及原因分析

30.2.1 公司绩效沟通的现状

为了深入了解 SJF 公司的绩效沟通现状，对公司进行调查。调查以发放问卷和选择性访谈的方式进行，共发出问卷 150 份，收回有效问卷 134 份。主要的调查结果如下。

1. 员工对绩效沟通的认识程度

就对绩效沟通的总体认识情况而言(图 30-1)，50%以上的员工对其完全不了解，30%左右的员工对绩效沟通的认识处于不清楚状态，而非常清楚的员工几乎为零。这些数据说明 SJF 公司的员工对绩效沟通的认识是严重不足的，将使绩效管理的功能难以有效地发挥，也是绩效管理与考核一直流于形式的原因之一。具体而言，可以用员工对绩效沟通的作用的认识来反映(图30-2)，33%的受调查者认为绩效上的沟通是为了约束和控制员工，而认为绩效沟通可以促进个人和团队绩效改善的仅占17%左右。

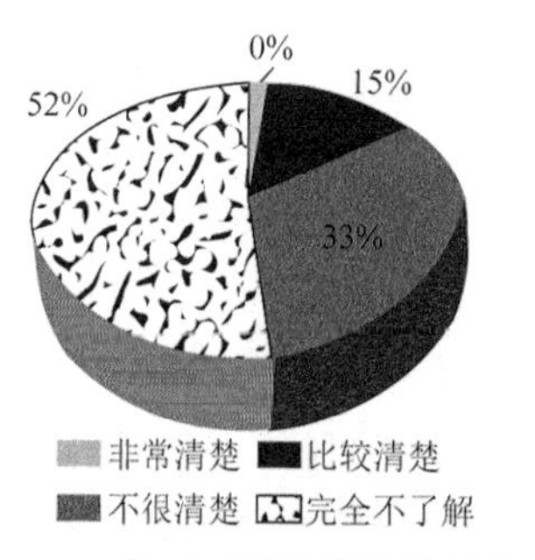

图 30-1　员工对绩效沟通的总体认识

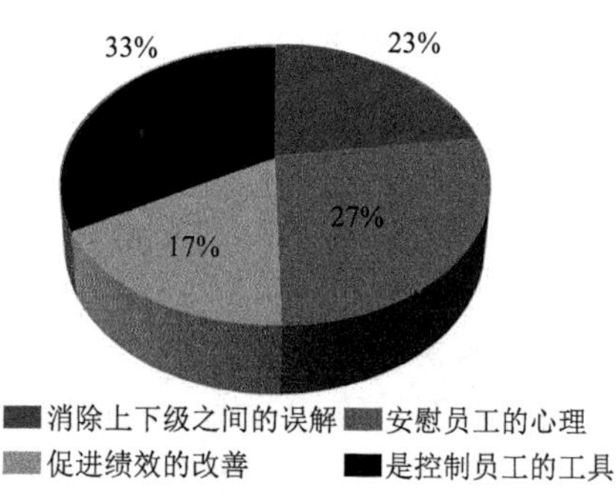

图 30-2　员工对绩效沟通的作用的认识

2. 绩效沟通在管理人员中的应用情况

图 30-3 和图 30-4 表明，管理人员在日常管理活动中并不十分重视绩效沟通的实施，不重视的比例达 45%，而且管理者在掌握绩效沟通技巧方面也存在急需改进的地方，沟通技巧严重不足和比较欠缺的比例分别达 38%和 46%。

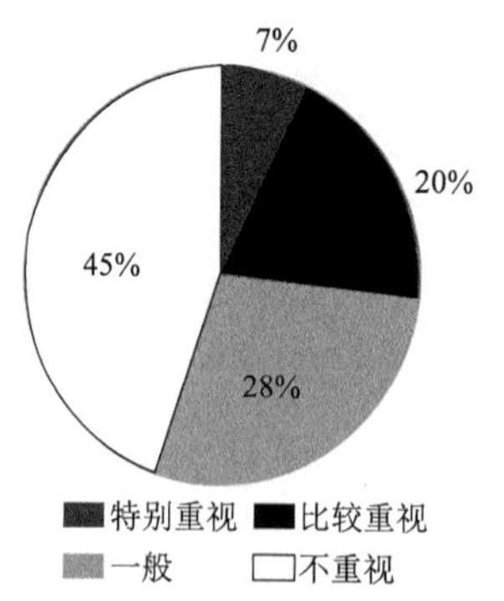

图 30-3　管理人员对绩效沟通的重视程度

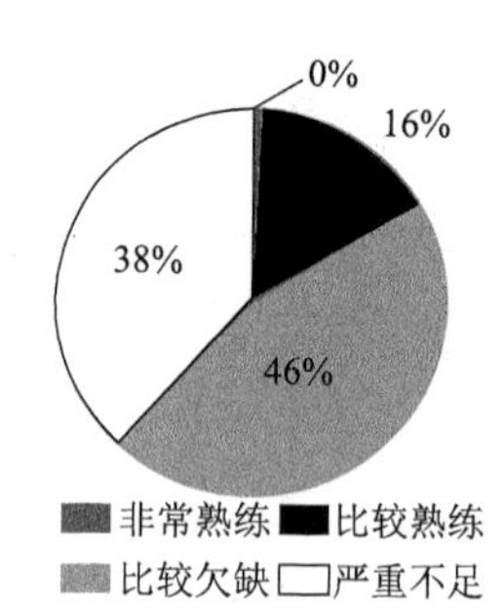

图 30-4　管理人员的绩效沟通技巧熟练程度

3. 绩效沟通在绩效管理过程中的执行情况

图 30-5 表明，从制定绩效目标到绩效反馈这个过程中，绩效沟通在各环节的频率都是很少的，尤其是制定绩效目标和绩效反馈时的沟通存在严重问题。在访谈过程中，许多员工明确表示不了解绩效考核是如何实施的，每个月也得不到来自上级的关于自己绩效状况的反馈，以至于绩效管理与考核是“暗箱操作”成为员工普遍的看法。虽然员工与管理者之间的交流不足，但多数员工都希望能够参与到绩效管理中来，特别是能够得到关于自己绩效状况的反馈，有机会向上级提出对绩效结果的看法。

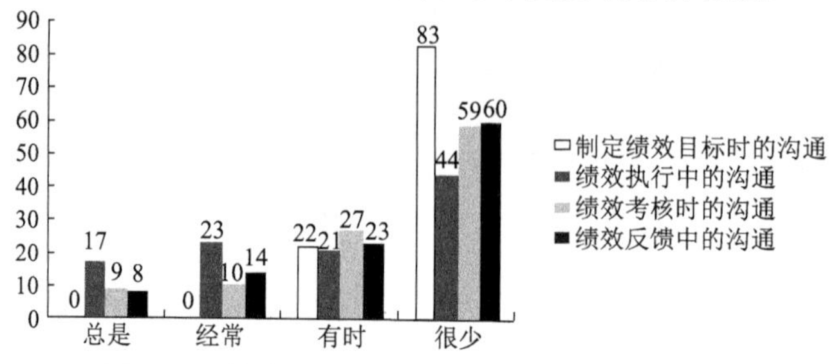

图 30-5　绩效沟通在绩效管理过程中的执行情况

30.2.2　SJF 公司绩效沟通存在的问题

1. 绩效管理体系的培训工作不到位

调查发现，SJF 公司绩效管理体系的沟通、宣传存在着许多缺陷。首先，公司员工特别是基层员工不了解绩效管理的执行方案，很多员工不清楚上级对他们打分的具体标准是什么。其次，在贯彻执行绩效管理时，对管理人员的培训存在不足之处：一方面，管理人员不能准确理解考核指标的具体内涵；另一方面，对员工的评价基本上是根据印象来打分的，而不是以实际的工作业绩为依据，这说明他们可能陷入了绩效考核的误区，如近因效应等。

2. 绩效管理过程中员工参与度很低

目标管理要取得成功，先决条件之一是在组织内要形成浓厚的参与意识，每个人都必须参与制定组织的整体目标和个人目标。但调查结果表明，从制定绩效目标到整个绩效周期结束，SJF 公司的员工参与绩效管理与考核的机会都比较少。具体而言，表现在以下几方面：①制定绩效目标是由上级向下级进行命令式的指派，下级不知道绩效目标是如何确定的，只是充当了执行命令的“工具”；②在绩效考核时，上级对下级的评分基本上是凭印象，考核结果也不告知员工，员工只能通过绩效工资的变化来推测自己的绩效评价结果；③员工对绩效有疑问时，没有有效的途径进行反映。

因此，SJF 公司的绩效沟通没有在管理中实质性地开展，绩效管理也一直流于形式，这种现状直接导致了激励机制不能得到有效的发挥，员工队伍也因激励的空缺而处于“半麻木”状态。在调查中，员工希望更多地了解关于绩效考核方面的信息，却又始终处于信息传递的劣势一方。

3. 没有建立必要的员工绩效申诉渠道

由于员工对绩效结果的异议不能得到很好的解决，所以有必要建立员工绩效申诉渠道。建立员工绩效申诉渠道，不仅可以缓解绩效管理中员工抱怨情绪较大的问题，而且有利于完善绩效管理体系，使高层管理者得到更多的来自员工的心声，也有利于反向地促使各级管理人员更认真地对待绩效考核工作。

30.3　SJF 公司绩效沟通的改进策略

30.3.1　优化绩效沟通的主体内容

企业在实施绩效沟通时，一般存在着三种结果：一是负面效应大于正面效果；二是泛泛而谈，没有效果；三是精心准备，正面效果明显。欲实现良好的正面效果，一方面要做好沟通前的准备工作，充分考虑沟通的具体目的、方式、时间；另一方面企业要为绩效沟通提供所需的资源。

绩效沟通贯穿于绩效管理的各个环节，不是孤立地存在于某个环节中，但它的实施又必须以一定的载体为中介，如图 30-6 所示。考虑到 SJF 公司的实际情况，绩效沟通主要以会议、面谈及特定的表格为载体，同时以企业内部报纸“SJF 信息”为辅助方式。其中，后者可以利用企业文化平台让员工更充分地接触、了解绩效沟通。

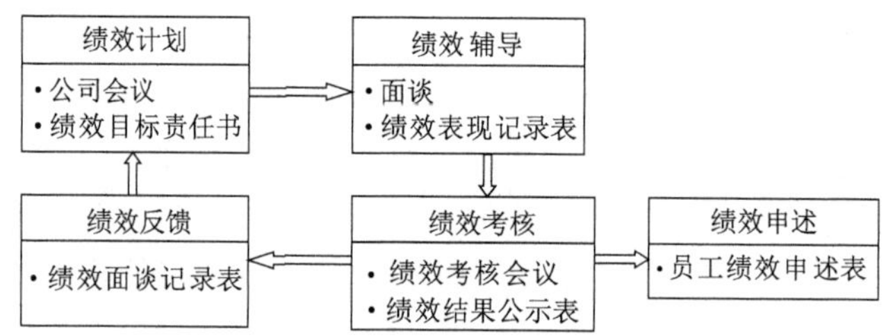

图 30-6　SJF 公司绩效沟通的主要载体

30.3.2　SJF 公司绩效沟通体系的建立与完善

1. 制定绩效目标

在绩效计划阶段，应重视员工的参与。让员工参与绩效计划的制订可以增强员工对绩效计划的理解，增强员工的主人翁意识。但是参与式绩效计划的推行并不是所有目标都是由员工商讨来确定的，因为员工往往不能把握局势的总体趋势，更容易从某一角度考虑目标的可行性，而且不是所有的员工都关心组织目标的确定。

基于以上认识，改进 SJF 公司年度绩效目标的制定过程，可采取以下途径来落实。

第一步，根据公司发展战略、经营状况和市场变动趋势，由规划发展部提出年度经济目标的主要参数。

第二步，公司领导参与各部门年度目标的讨论，并征求员工对部分指标、标准的意见，初步确定各部门的经济、安全环保目标。

第三步，公司举行讨论会，在综合各部门目标的基础上形成公司的年度总体目标。

第四步，各部门负责人签订部门的年度目标责任书。

第五步，将部门目标分解到各工段、科室上，各工段负责人在年度绩效目标责任书上确认并签字。

五个步骤之中，在征求员工意见时，由各工段长、科长发表对本年度工作目标的看法，同时让本部门较资深的员工参与讨论。确定公司及各部门的目标后，以文件、宣传栏等形式向员工宣传，可实现增进员工对公司及部门目标的了解。

2. 绩效辅导过程中的沟通

绩效辅导既是控制员工工作行为的过程，也是激励员工的有效途径。结合相关理论，SJF 公司的管理人员在绩效辅导中应坚持的关键工作有以下两方面。

其一，加强对员工工作行为的引导。在绩效计划的执行过程中，由于员工知识、技能、思想态度差异的影响，员工可能表现出与期望相背离的行为。因此，在日常管理中，管理人员应恰当地运用预防性策略，以岗位职责、安全操作要点为准则，加强员工的学习主动性、守纪意识的教育。同时，利用现场管理和员工进行交流也是必要的，它可以让员工感觉到自己受到了重视，从而有利于调动其工作积极性。

其二，及时对员工的行为做出处理。当员工有值得表扬或违纪、违规的行为时，需要管理者及时地将处理结果告知员工，并把员工的行为表现填写在“员工绩效表现记录表”上。值得注意的是，无论采取的是正向激励还是负向激励，管理者都必须把握及时性这个原则。比如，若一个员工因违反操作规程导致设备异常时，管理人员应尽快地将事故的严重性和相应的处理结果向其说明。否则时间过久，再严厉的处罚也达不到预想的警示效果。

3. 绩效考核期间的沟通

绩效考核阶段的沟通工作主要以会议形式进行，即每月的绩效考核前，各部门负责人主持召开绩效考核会议，基本目的是使管理者和员工就绩效考核方面的信息达成共识。具体而言，上级应向下级传达以下信息：①解释说明绩效考核的目的和流程；②提醒考核者在绩效考核时应避免的各种误区；③重点讲解较难理解的指标和参数，并回答员工提出的疑问。相反，员工可以了解绩效考核的目的、实施方式等信息，有利于绩效考核在相对透明的环境中进行，减少员工对考核工作的误解。

由于 SJF 公司倡导公正、公开的文化，所以每月绩效考核结束后，各部门将本部门的绩效考核结果以表格形式进行公示。公示之后，员工对绩效结果有异议的，可以同直接上级协商。如果双方协商不成，则可按员工绩效申述办法处理。

4. 绩效反馈面谈

在实际工作中，企业很容易忽视绩效反馈面谈，而事实上绩效反馈面谈是获取员工支持、让员工认识自己的有效途径，更是提高员工满意度、激发其动力的突出环节。对于 SJF 公司的绩效面谈，需要完成以下几方面的内容。

首先，确定绩效面谈的周期。SJF 公司对一般员工实行的是月度考核，对基层管理人员实行每季度考核，对中、高层管理人员实行半年度及年度考核。不同层次的员工的考核周期差异较大，若实行每月面谈，将会使员工产生厌倦的情绪，加大管理者的工作量。因此，SJF 公司的绩效反馈面谈以季度为周期比较合适，既有利于发挥绩效反馈带来的积极作用，也能兼顾员工的心理意愿，使各层次管理人员的工作压力相对适中。

其次，管理者的准备。绩效考核结果公布后，各级管理者在准备绩效面谈时，应做好以下工作：其一，选择面谈对象。一般而言，对于绩效优异的员工采取会议表彰及现场管理中的鼓励即可；对表现差的员工则选择单独面谈的方式，这也是绩效反馈面谈的主要对象。其二，查阅相关资料。分析员工的绩效表现记录表和绩效考核结果，明确员工在哪些方面存在着较大的问题。其三，选择面谈时间。绩效面谈应尽量避开员工繁忙和下班、休息休假之前的时间段。其四，事先通知员工。以口头方式告知员工面谈的时间和主题，使其做好准备。

再次，实施绩效反馈面谈。绩效反馈面谈同绩效考核一样，亦采取由上到下的逐层面谈方式。其中，部门内部的面谈由员工的直接上级和本部门劳工员主持，直接上级负责与员工交谈，劳工员负责绩效反馈记录表的填写。绩效面谈一般坚持“肯定—分析—

总结—期望”的模式，开始面谈时，管理者应肯定员工在本季度工作中积极的一面，并给员工自我总结的机会。接着应根据绩效考核事实分析员工存在问题。在结束面谈时，管理人员应与员工一起制定具体的绩效改进计划，表达出对员工的期望。

最后，面谈后的跟踪。绩效反馈面谈结束并不意味着绩效工作的停止，相反，管理人员应注意观察员工的变化，一方面为改进面谈工作收集信息，另一方面则可通过员工的业绩变化为下一阶段的绩效计划做准备。

5. 员工绩效申述渠道

为了更好地提高员工的参与度，解决员工对绩效的疑惑，SJF 公司的绩效申述渠道如下：每月绩效考核结束后，若员工对本人绩效有异议，可与直接上级进行协商，共同商讨解决办法。当协商不成时，员工应填写“员工绩效申述表”，经劳工员签字后向人力资源部提出申述请求。人力资源部的绩效管理专员负责协调员工的争议。若仍不能解决，则由行政副总经理提出裁决方案，并以此方案为最终决议。

30.4 小　　结

绩效管理能否落到实处，发挥对组织战略增值的功能，很大程度上取决于绩效沟通的实施情况。构建完善的绩效沟通体系，有利于改善员工绩效不理想的现象，促进企业内部沟通渠道的通畅，帮助企业形成良好的文化氛围。

第 31 章　酒类企业核心竞争力评价模型构建

——以四川酒类企业为例

31.1　问题的提出

为加强对核心竞争力的识别和评价研究，以非定量描述法、半定量与定量结合法相结合为主的研究方法，力图从定性和定量两个方面对企业的核心竞争力做出准确识别和正确评价。识别和评价正是培育和运用核心竞争力使企业获得竞争优势的前提。

四川酒类企业面对国际国内市场激烈的竞争，科学地构建、保持和增强核心竞争力，制定发展战略，提供理论和技术支持，同时也直接关系到中国西部大开发战略和持续发展战略的顺利实施，对提高我国整体经济竞争力都是十分重要的。试图通过建立数学模型确定四川酒类企业核心竞争力评价机制并进行实例分析。

31.2　基 本 假 设

（1）假设四川酒类企业所公布的数据无造假，真实可信。

（2）假设四川酒类企业在过去一年之内，行业地位无明显波动。

（3）不考虑重大自然灾害等因素的影响。

31.3　模 型 建 立

31.3.1　模糊数学基本知识

1. 模糊集和隶属函数

定义 1　论域 X 在[0, 1]闭区间上的任意映射：

$$\mu_A : x \to [0,1]$$

$$x \to \mu_A(x)$$

确定 X 上的一个模糊集合 A，μ_A 叫作 A 的隶属函数，$\mu_A(x)$ 叫作 x 对模糊集 A 的隶属度，记为：$A=\{(x,\mu_A(x))\,|\,x\in X\}$，使 $\mu_A(x)=0.5$ 的点 X_0 称为模糊集 A 的过渡点，此点最具模糊性。显然，模糊集合 A 完全由隶属函数 μ_A 来刻画，当 $\mu_A(X)=[0,1]$ 时，A 退化为一个普通集。

2. 模糊集的运算

常用取大“∨”和取小“∧”算子来定义 Fuzzy 集之间的运算。

定义 2 对于论域 X 上的模糊集 A、B，其隶属函数分别为 $\mu_A(x)$， $\mu_B(x)$。若对任意 $x \in X$，有 $\mu_B(x) \leqslant \mu_A(x)$，则称 A 包含 B，记为 $B \subseteq A$；若 $A \subseteq B$ 且 $B \subseteq A$，则称 A 与 B 相等，记为 $A=B$。

定义 3 对于论域 X 上的模糊集 A、B，称 Fuzzy 集 $C = A \cup B$， $D = A \cap B$ 为 A 与 B 的并(union)和交(intersection)，即

$$C = (A \cup B)(x) = \max\{A(x), B(x)\} = A(x) \vee B(x)$$

$$D = (A \cap B)(x) = \min\{A(x), B(x)\} = A(x) \vee B(x)$$

他们相应的隶属度 $\mu_c(x)$， $\mu_D(x)$ 被定义为

$$\mu_c(x) = \max\{\mu_A(x), \mu_B(x)\}$$

$$\mu_D(x) = \min\{\mu_A(x), \mu_B(x)\}$$

Fuzzy 集 A_c 为 A 的补集或余集(complement)，其隶属度为

$$\mu_{A_c}(x) = 1 - \mu_A(x)$$

3. 隶属函数的确定方法

模糊统计方法是一种客观方法，主要是在模糊统计试验的基础上根据隶属度的客观存在性来确定的。所谓的模糊统计试验包含以下四个要素：论域 X; x 中的一个固定元素 X_0; x 中一个随机变动的集合 A^* (普通集); x 中一个以 A^* 作为弹性边界的模糊集 A，对 A^* 的变动起着制约作用。其中 $x_0 \in A^*$，或者 $x_0 \notin A^*$，致使 X_0 对 A 的关系是不确定的。

实际上，当 n 不断增大时，隶属频率趋于稳定，其频率的稳定值称为 X_0 对 A 的隶属度，即 $\mu_A(x_0) = \lim\limits_{n \to 0} \dfrac{x_0 \in A^* \text{的次数}}{n}$。

4. 模糊关系、模糊矩阵

定义 4 设论域 U、V，乘积空间上 $U \times V = \{(u,v) | u \in U, v \in V\}$ 上的一个模糊子集 R 为从集合 U 到集合 V 的模糊关系。

设 $U = \{x_1, x_2, \cdots, x_m\}$，$V = \{y_1, y_2, \cdots, y_n\}$，$R$ 为从 U 到 V 的模糊关系，其隶属函数为 $u_R(x, y)$，对任意的 $(x_i, y_j) \in U \times V$ 有 $u_R(x_i, y_j) = r_{ij} \in [0,1]$。其中，$i = 1,2,3,\cdots m$； $j = 1,2,3,\cdots n$。

记 $R = r_{ij\,m\times n}$，则 R 就是所谓的模糊矩阵，下面给出一般的定义。

定义 5 设矩阵 $R = r_{ij\,m\times n}$，且 $r_{ij} \in [0,1]$，i=1，2，…，m; j=1，2，…，n，则 R 称为模糊矩阵。

特别地，如果 $r_{ij} \in [0,1]$，$i = 1,2,3,\cdots n$，则称 R 为布尔(Bool)矩阵。当模糊方阵 $R = r_{ij\, m\times n}$ 的对角线上的元素 r_{ij} 都为 1 时，称 R 为模糊自反矩阵。

当 m=1 或者 n=1 时，相应地模糊矩阵为 $R = (r_1, r_2, \cdots, r_n)$ 或者 $R = (r_1, r_2, \cdots, r_n)^T$，则分别称为模糊行向量和模糊列向量。

5. 模糊矩阵的合成

定义 7 设 $A = a_{ik\, m\times s}$、$B = a_{ik\, m\times s}$ 为模糊矩阵，$AB = C_{ij}$ 为 A 与 B 的合成，其中 $C_{ij} = \max\{(a_{ik} \wedge b_{ik}) \mid 1 \leqslant k \leqslant s\}$。

31.3.2 模糊综合评价法

模糊综合评价方法，是应用模糊关系合成的原理，从多个因素(指标)对被评价事物隶属等级状况进行综合性评判的一种方法，其具体的步骤如下。

(1) 确定被评判对象的因素论域，$U = \{u_1, u_2, \cdots, u_n\}$；确定评语等级论域 V，$V = \{v_1, v_2, \cdots, v_n\}$，通常评语有 V={很高，高，较高，…，较低，低，很低}。

(2) 进行单因素评判，建立模糊关系矩阵 R

$$R = \begin{Bmatrix} r_{11} & r_{12} & \cdots & r_{1m} \\ r_{21} & r_{22} & \cdots & r_{2m} \\ \vdots & \vdots & \vdots & \vdots \\ r_{n1} & r_{n2} & \cdots & r_{nm} \end{Bmatrix},\ 0 \leqslant r_{ij} \leqslant 1$$

其中 r_{ij} 为 U 中因素 u_i 对于 v 中等级 v_j 的隶属关系。

（3）确定评判因素权向量 $A = (a_1, a_2, \cdots, a_m)$，$A$ 是 U 中各因素对被评事物的隶属系，它取决于人们进行模糊综合评判时的着眼点，即根据评判时各因素的重要性分配权重。

（4）选择评价的合成算子，将 A 与 R 合成得到 $B = (b_1, b_2, \cdots, b_m)$

$$B = AR = (a_1, a_2, \cdots, a_n) \begin{Bmatrix} r_{11} & r_{12} & \cdots & r_{1m} \\ r_{21} & r_{22} & \cdots & r_{2m} \\ \vdots & \vdots & \vdots & \vdots \\ r_{n1} & r_{n2} & \cdots & r_{nm} \end{Bmatrix}$$

常用的模糊算子有：① $M(\wedge, \vee)$，② $M(\bullet, \vee)$，③ $M(\wedge, \oplus)$，④ $M(\bullet, \oplus)$，经过比较研究发现，$M(\bullet, \oplus)$ 对各因素按权数大小，统筹兼顾，综合考虑，比较合理。

31.4　模 型 求 解

31.4.1　确定被评判对象的因素论域（以五粮液酒业为例）

通过查阅大量的相关资料，为了对四川酒业的核心竞争力进行评价，现构建企业核心竞争力评价体系，如表 31-1 所示。

表 31-1　企业核心竞争力评价体系

	因素层	指标层		因素层	指标层
企业核心竞争力	营销能力	营销网络覆盖情况	企业核心竞争力	创新能力	管理创新能力
		营销人员比例及素质			产品创新能力
		客户满意度		企业文化	企业文化适应性
	管理能力	战略管理能力			企业聚合力
		经营管理能力		外部环境	社会文化因素
		管理者素质			替代产品威胁程度
		经营安全性			—

31.4.2　确定评语等级论域

四川酒业各级评语的确定可以根据评价目标的具体情况而定，本书对核心竞争力的评语集设为

$$X=\{好，较好，一般，较差，差\}$$

31.4.3　进行单因素评判，建立模糊关系矩阵 R

营销能力单因素评价矩阵：$R_1=\left\{\begin{matrix} 0.6 & 0.2 & 0.2 & 0 & 0 \\ 0.6 & 0.3 & 0.1 & 0 & 0 \\ 0.7 & 0.2 & 0.1 & 0 & 0 \end{matrix}\right\}$

管理能力单因素评价矩阵：$R_2=\left\{\begin{matrix} 0.8 & 0.2 & 0 & 0 & 0 \\ 0.7 & 0.2 & 0.1 & 0 & 0 \\ 0.6 & 0.3 & 0.1 & 0 & 0 \\ 0.4 & 0.4 & 0.2 & 0 & 0 \end{matrix}\right\}$

创新能力单因素评价矩阵：$R_3=\left\{\begin{matrix} 0.3 & 0.4 & 0.3 & 0 & 0 \\ 0.6 & 0.3 & 0.1 & 0 & 0 \end{matrix}\right\}$

企业文化单因素评价矩阵：$R_4=\left\{\begin{matrix} 0.3 & 0.5 & 0.2 & 0 & 0 \\ 0.6 & 0.3 & 0.1 & 0 & 0 \end{matrix}\right\}$

外部环境单因素评价矩阵：$R_5 = \begin{Bmatrix} 0.2 & 0.6 & 0.2 & 0 & 0 \\ 0.5 & 0.3 & 0.2 & 0 & 0 \end{Bmatrix}$

31.4.4 确定评判因素权向量

一级指标分配权值：
企业核心作用竞争力：Y=(0.3，0.2，0.3，0.1，0.1)

二级指标分配权值：
营销能力：X_1=(0.4，0.3，0.3)，管理能力：X_2=(0.3，0.4，0.2，0.1)
创新能力：X_3=(0.5，0.5)，企业文化：X_4=(0.3，0.7)，外部环境：X_5=(0.4，0.6)
营销能力综合评价：

$$S_1 = X_1 \bullet R_1 = \{0.4 \quad 0.3 \quad 0.3\} \bullet \begin{Bmatrix} 0.6 & 0.2 & 0.2 & 0 & 0 \\ 0.6 & 0.3 & 0.1 & 0 & 0 \\ 0.7 & 0.2 & 0.1 & 0 & 0 \end{Bmatrix} = \{0.63 \quad 0.23 \quad 0.14 \quad 0 \quad 0\}$$

管理能力综合评价：

$$S_2 = X_2 \bullet R_2 = \{0.3 \quad 0.4 \quad 0.2 \quad 0.1\} \bullet \begin{Bmatrix} 0.8 & 0.2 & 0 & 0 & 0 \\ 0.7 & 0.2 & 0.1 & 0 & 0 \\ 0.6 & 0.3 & 0.1 & 0 & 0 \\ 0.4 & 0.4 & 0.2 & 0 & 0 \end{Bmatrix} = \{0.68 \quad 0.24 \quad 0.08 \quad 0 \quad 0\}$$

创新能力综合评价：

$$S_3 = X_3 \bullet R_3 = \{0.5 \quad 0.5\} \bullet \begin{Bmatrix} 0.3 & 0.4 & 0.3 & 0 & 0 \\ 0.6 & 0.3 & 0.1 & 0 & 0 \end{Bmatrix} = \{0.45 \quad 0.35 \quad 0.2 \quad 0 \quad 0\}$$

企业文化综合评价：

$$S_4 = X_4 \bullet R_4 = \{0.3 \quad 0.7\} \bullet \begin{Bmatrix} 0.3 & 0.5 & 0.2 & 0 & 0 \\ 0.6 & 0.3 & 0.1 & 0 & 0 \end{Bmatrix} = \{0.51 \quad 0.36 \quad 0.13 \quad 0 \quad 0\}$$

外部环境综合评价：

$$S_5 = X_5 \bullet R_5 = \{0.6 \quad 0.4\} \bullet \begin{Bmatrix} 0.2 & 0.6 & 0.2 & 0 & 0 \\ 0.5 & 0.3 & 0.2 & 0 & 0 \end{Bmatrix} = \{0.32 \quad 0.48 \quad 0.20 \quad 0 \quad 0\}$$

31.4.5 模糊综合评价结果

$$Z=Y\bullet S=\{0.3\quad 0.2\quad 0.3\quad 0.1\quad 0.1\}\bullet\begin{Bmatrix}0.63 & 0.23 & 0.14 & 0 & 0\\ 0.68 & 0.24 & 0.08 & 0 & 0\\ 0.45 & 0.35 & 0.2 & 0 & 0\\ 0.51 & 0.36 & 0.13 & 0 & 0\\ 0.32 & 0.48 & 0.20 & 0 & 0\end{Bmatrix}=\{0.543\quad 0.306\quad 0.151\quad 0\quad 0\}$$

31.4.6 通过此模型对其他酒业进行模糊综合评价

泸州老窖模糊综合评价：

$$Z=Y\bullet S=\{0.3\quad 0.2\quad 0.3\quad 0.1\quad 0.1\}\bullet\begin{Bmatrix}0.59 & 0.27 & 0.14 & 0 & 0\\ 0.59 & 0.31 & 0.10 & 0 & 0\\ 0.45 & 0.30 & 0.25 & 0 & 0\\ 0.51 & 0.26 & 0.23 & 0 & 0\\ 0.36 & 0.48 & 0.16 & 0 & 0\end{Bmatrix}=\{0.517\quad 0.307\quad 0.176\quad 0\quad 0\}$$

水井坊模糊综合评价：

$$Z=Y\bullet S=\{0.3\quad 0.2\quad 0.3\quad 0.1\quad 0.1\}\bullet\begin{Bmatrix}0.55 & 0.28 & 0.14 & 0.03 & 0\\ 0.55 & 0.3 & 0.15 & 0 & 0\\ 0.40 & 0.35 & 0.25 & 0 & 0\\ 0.51 & 0.29 & 0.2 & 0 & 0\\ 0.32 & 0.48 & 0.2 & 0 & 0\end{Bmatrix}=\{0.478\quad 0.326\quad 0.178\quad 0.009\quad 0\}$$

沱牌曲酒模糊综合评价：

$$Z=Y\bullet S=\{0.3\quad 0.2\quad 0.3\quad 0.1\quad 0.1\}\bullet\begin{Bmatrix}0.59 & 0.21 & 0.17 & 0.03 & 0\\ 0.59 & 0.24 & 0.17 & 0 & 0\\ 0.4 & 0.3 & 0.3 & 0 & 0\\ 0.51 & 0.29 & 0.2 & 0 & 0\\ 0.32 & 0.48 & 0.2 & 0 & 0\end{Bmatrix}=\{0.498\quad 0.278\quad 0.215\quad 0.009\quad 0\}$$

31.5 结果分析

通过模糊综合评判得出以下结果：

五粮液={0.543　0.306　0.151　0　0}

泸州老窖={0.517　0.307　0.176　0　0}

沱牌={0.498　0.278　0.215　0.009　0}

水井坊={0.478　0.326　0.178　0.009　0}

从结果中可以得出，四家酒业在四川酒业中均属于核心竞争力较优秀的企业，但通过优秀因素的隶属度可以知道四家公司在核心竞争力上的排名为：五粮液＞泸州老窖＞沱牌＞水井坊，这一结论与实际情况也是吻合的。

31.6　模型评价与改进

本模型从半定量的角度对四川酒业的核心竞争力进行了评价，运用模糊综合评判的相关理论，建立了企业核心竞争力评价体系，能较好地完成对企业核心竞争力的评价，但本模型在权值的确定中使用的是专家打分的方法，存在着一定的主观性，可能会影响到最终的评判。也可以从财务指标的角度出发利用神经网络对四川酒业进行分类，神经网络的权值不需人为主观设定，而是通过反向误差传播进行修改而定，更具客观性。

第六篇

盐业企业管理

第 32 章　盐业企业人力资源性别合理配置的必要性

企业人力资源配置包括个体配置和整体配置。个体配置是在工作岗位分析、评价和分类的基础上，一方面以事为中心，为事择人；另一方面以人为中心，经过认真的测量评定，将其安排到适当的岗位上。整体配置是从人力资源管理的基本原理出发，使员工的整体素质达到企业的总体要求，从而充分发挥人力资源的最大效能。

然而，在现实社会中还存在着性别歧视的现象，企业不能合理配置人力资源。在一些政策中还体现着性别不平等的现象，如男女退休年龄的相关规定等。特别是在盐业企业中，由于盐业企业的特殊性，性别不平等现象比较严重。

2008 年 1 月 1 日，《劳动合同法》和《就业促进法》的正式实施，预示着未来人力资源的发展趋势，也表明女性越来越受到世人的关注。时值“十一五”规划实施阶段，中华人民共和国全国人民代表大会（简称“全国人大”）一直在研究讨论制定有关实现男女平等的相关法律，实现男女平等是我国的一项基本国策。正是在这种前提下，开展对国控的盐业企业人力资源配置中性别平等问题的调查研究，对建设和谐企业、和谐社会，都有重要意义。

32.1　中国盐业历史与现状

32.1.1　中国盐业的历史与现状

中国盐业是一个古老的行业，多少年来，这个行业都是由中央政府管辖的。目前，中国盐业共有 1300 多家产销企业，职工 40 多万人。近几年，盐的产量很稳定，在 2800 万～2900 万吨。海盐产量占 68%，井矿盐占 24%，湖盐占 8%。其中食用盐约 700 万吨，国家对食盐的生产和销售都实行专营，对工业盐实行市场经济调节。

1. 中国盐业的发展状况

我国产盐历史悠久，盐资源丰富，分布广泛，全国 23 个省、区、市分别赋存古代岩盐、现代盐湖和海水资源。18 000 千米的漫长海岸线上有广阔的滩涂及取之不尽的海水，沿海 10 个省份盛产海盐，中南、西南 10 个省份主要生产井矿盐，西北几个省份主要生产湖盐。井矿盐区及湖盐区已探明的盐储藏量达 10 万亿吨以上。

近几年，氯碱工业和纯碱工业的快速发展，极大地带动了制盐生产能力的增长，海盐产能增长10%，主要集中在山东；井矿盐增长 45%，几乎遍布所有的井矿盐产区；湖盐增长 18%，主要集中于青海和新疆。中国的海盐及湖盐占盐总产量的比重呈下降趋势；到 2010 年，井矿盐的产量有望超过海盐产量，必将在我国盐业格局中占据越来越重要的地位。据不完全统计，全行业资产总额为 502 亿元，销售收入 335 亿元，实现利税

63 亿元。

2. 中国盐业面临的瓶颈

中国盐业是一个古老而传统的行业，我国也是世界上产盐历史最早的国家，近十几年以来，盐行业获得了空前的发展，但随着市场经济的不断深入和改革开放的深化，制盐工业产业集中度低等问题也在逐渐显露。

首先，我国制盐工业产业集中度低，企业规模小、数量多，企业组织结构总体处于“小、散、弱、乱”的落后状态。全国现有在工商登记的制盐企业 840 余家，平均产能 8.8 万吨左右(如果以独立的各类规模的经营实体计算，共有 1800 多家，平均产能只有 4 万吨左右)，原盐产能前 20 位企业的生产能力仅占总生产能力的 42%，10 万吨以上的企业数量不到总数的 10%。然而，美国 3 家大企业的产量就占全国总产量(4800 万吨) 的 90%以上。①

其次，经营粗放，制盐工艺技术及装备相对落后，产品品种少，劳动率低下。大中型海盐企业的机械化率仅达到 60%，国外达到 90%以上；生产面积平均单产只有国际先进水平的 1/4；澳大利亚一个 300 万吨的海盐场只有 120 多人，而我国 100 万吨的海盐场却有 4800 人；大型井矿盐企业的综合能耗是国外先进水平的近 2 倍；我国盐的品种只有 100 多种，而美国、日本已达到上千种。②

32.1.2 四川盐业发展历史与现状

中国井盐生产自战国末年，大约公元前 255～前 251 年李冰穿广都盐井揭开井盐生产序幕以来，迄今已有 2000 多年的历史了。四川的井盐生产清代最为兴盛。清代中期、嘉庆、道光年间井盐生产中心已由清初川北逐渐向川南的富荣等地转移和发展，形成五大产盐区、三大盐业生产中心。③清代后期，尤其是咸丰三年(1853 年)太平军建都天京，淮盐不能上运，清政府允许“川盐济楚”，四川盐业销售区骤然扩大，四川盐业以超越以往任何时代的速度发展。

食盐为百味之祖，自贡为井盐之都。说到四川的井盐，就不得不提到自贡。自贡地区的井盐业，肇始于东汉时期，唐宋时已闻名全川。史籍称此地为“衍沃饶润”“过于他郡”“邦赋弥崇”。明清以来，随着自流井的崛起，自贡盐业逐趋鼎盛。乾隆时成为五大中心产场之一，嘉道时成为四川三大中心产场之一。咸丰同治年间，更成为四川井盐的中心产场，独执四川盐业之牛耳。年产盐 300 多万担，销售川、滇、黔、湘、鄂二百余州县，供全国十分之一的人口食用，盐都之称，名播中外，成为“富庶甲于蜀中”的“川省精华之地”。

自贡市的四川 JD 盐业集团，是一个典型的传统国有企业，成立于 20 世纪 90 年代初，是自贡市盐业企业事业单位的集合，是目前国内规模最大、配套最齐的大型井矿盐企业集团，具有 2000 多年的产盐历史。现有资产 18.67 亿元，在岗职工 4120 人，精制盐生产

① 中国盐业总公司经理董志华在世界盐业大会上的发言。

② 李金玲：中国盐业需要突破生态瓶颈，中国产经新闻，2007 年 12 月 7 日。

③ 五大产盐区指乾隆时的射(洪)蓬(溪)、南(部)阆(中)、犍(为)乐(山)、富(顺)荣(县)、云阳五大产区。三大盐业生产中心指嘉庆道光年间的射(洪)蓬(溪)、犍(为)乐(山)、富(顺)荣(县)。

能力 1300 万吨/年，占全国原盐产量的百分之五、占四川盐产量的三分之二。集团拥有全国盐业行业唯一综合性甲级设计研究院，是全国井矿盐工业信息中心，产品质量检测中心和科技研究开发中心。主产品自流井牌精制盐，获全国唯一井矿盐银质奖。与海湖盐相比，更具有绿色环保特性，销往全国 20 余个省份，并远销日本、韩国、菲律宾等东南亚国家和地区。四川 JD 盐业(集团)公司的前身是成立于 1914 年的天津塘沽的 JD 精盐公司。近年来，JD 集团在扭亏脱困的基础上，抓住机遇，实施体制创新、技术创新、资本运营、结构调整等工作，使集团抢占了行业先机，步入了良性发展轨道。

32.2　盐业企业人力资源配置中性别平等的必要性

32.2.1　实现男女平等对构建和谐社会的重要性

男女平等这一基本国策是 1995 年国家主席江泽民同志在联合国世界妇女大会(简称“世妇会”)上提出的。他向全世界承诺：“我国把男女平等作为促进社会发展的一项基本国策。”在 2003 年中国妇女第九次代表大会闭幕后，胡锦涛同志要求“各级党委政府一定要坚持男女平等的基本国策，通过扎实有力的工作促进妇女事业的发展”。男女平等基本国策具体分析来讲，包含了“男女平等”和“基本国策”两个概念。根据宪法规定，男女平等指的是男女两性在政治的、经济的、文化的、社会的和家庭的生活等各方面享有平等的权利和机会。笔者认为，将我国和国际社会男女平等的解释结合起来考虑，要在政治、经济、文化、社会和家庭等方面平等的价值尊严、平等的权利机会、平等的发展现实这三个层次上实现男女平等；而且平等的标准不是静止的，而是动态的，应当是衡量社会进步的一项重要指标。而基本国策是带有根本性、全局性、普遍性的政策，在整个政策体系中处于最高层次，规定、制约和引导着一般的具体政策，它的适用范围宽、强制权威性强、稳定程度高，能够长时期发挥指导、约束、协调的作用。男女平等是基本国策的适用范围和目标，基本国策规定了男女平等的地位、性质和功能。由此可见，国家领导已经相当重视男女平等，而且正在竭力为实现男女平等而努力。

32.2.2　实现男女平等对构建和谐社会的必要性

事实上，妇女的解放，从一开始就在冲击封建观念，民主革命时期主张自由和民主，成立新中国实现了阶级解放，扳倒了压在妇女身上的封建政权这个大山，然后冲击神权、族权、夫权。近半个多世纪以来，在党所领导的革命、建设、改革开放和现代化事业中，从来都把妇女的解放和发展包含其中，为妇女发展提供了强有力的保障和良好的社会环境，妇女在政治、经济、文化、社会和家庭生活等领域享有了更加广泛的权利，中国女性地位的变化是历史性的、巨大的，可谓天翻地覆。

妇女在社会生活中有着重要的作用。特别是在今天倡导实践科学发展观和构建社会主义和谐社会的大环境下，更加体现了男女平等，以促进社会和谐的发展。妇女是精神文明的创造者，是物质资料的消费者，同时也是家庭子女教育的主要承担者，有着和社会发展密不可分的联系，值得强调的是女性群体中还蕴藏着巨大的人力资源，她们有着一种独特的韧劲，这就是女性在社会生活中所体现出的与众不同。要构建社会主义和谐社会，首先要团结拼搏，和谐互信，要充分重视和发挥广大妇女在建设社会主义和谐社会中的作用。家庭是社会的细胞，是社会的基础，是人们生活的港湾，是幸福的发祥地。家庭和谐了，和谐社会也就有了基础；社会和谐了，经济的可持续发展和整个社会的科学发展就有了保障。妇女在维系家庭的稳定及促进家庭的和睦幸福等方面发挥着积极的无法替代的作用。妇女以真善美的心灵，美化家居环境，提升家庭的文化品位，净化家庭乃至社会的空气。

现代妇女倡扬健康向上、文明和谐的家庭氛围，为构建和谐社会提供内在的、强大的精神动力和智力支撑。现代妇女引领中华民族传统的家庭美德，争做尊老爱幼的模范、夫妻和睦的模范、勤俭持家的模范、邻里团结的模范，以促成人人讲美德、家家创文明的良好社会风气，营造平等发展、融洽和谐的家庭人文环境。当代妇女组织开展各类家庭文明创建活动，关注下岗职工家庭、特困家庭等弱势群体，依靠和发动社会力量，切实开展社会救助和帮扶活动。实践证明，现代妇女在促进和实现家庭和谐，夯实构建和谐社会的基础中必将、并且也正在发挥着积极的作用。

建设和谐社会离不开妇女这支伟大力量的参与。从古到今，妇女和男子同是历史的创造者，妇女在发展物质生产、文化艺术、家庭建设等方面都做出了特殊贡献。“和谐社会”反映了人类所追求的基本价值，本书所说的“和谐社会”，是具有社会主义性质的和谐社会，是民主法治、公平正义、诚信友爱、充满活力、安定有序、人与自然和谐相处的社会。构建社会主义和谐社会不能缺失妇女视角。广大妇女是构建社会主义和谐社会的重要力量。实现男女平等，是构建社会主义和谐社会的必然要求；构建社会主义和谐社会，也为广大妇女施展才干提供了广阔舞台。我们要充分发挥广大妇女在构建社会主义和谐社会中的独特作用，也要在妇女参政、就业、受教育等方面创造更加良好的环境，共同把我们的社会建设得更加和谐、更加美好。盐业企业作为典型的国有企业，在人力资源配置方面更应注重体现构建和谐社会的要求——男女平等。

第 33 章 盐业企业人力资源配置问题的思考

——以 JD 品种盐有限责任公司为例

33.1 引 言

盐，是我们日常生活的必需品。其来源主要有：海盐、池盐(湖盐)、井盐、岩盐(矿盐)。海边的城市一般是生产海盐；北方的城市大多是生产矿盐；四川的城市一般是生产井盐；中原的城市很多都是生产池盐。由于各方面的限制，本书就井盐企业人力资源配置情况做简单的讨论。

井盐的主要成分是 $Ca(HCO_3)_2$-$CaCO_3$、$NaCl$、$MgCl_2$、$CaCl_2$、Na_2CO_3、$NaNO_3$-$NaNO_2$。在历史上，四川省自贡市以盛产井盐著称。自贡开采井盐已有 2000 多年的历史。据记载，历代盐工在自贡先后钻井 13 000 多口，有的井深达 1000 米，即使以平均 300 米计，等于凿穿了 400 多座珠穆朗玛峰。

自贡，这座因盐而生、由盐孕育的城市，对包括井盐深钻汲制技艺在内的非物质文化遗产的保护不仅是保护盐井、天车、工具等实物，更重要的是要将先民凿井的精神及由盐派生的文化很好地传承和创造性地发展下去。那么怎样才能将自贡这悠久的盐业精神及文化传承下去呢？这就要保住自贡的盐业企业，因为只有盐业企业的存在才能延续制盐的精神和文化，而在改革开放的浪潮中要保住盐业企业，就要赢得竞争，21 世纪乃至以后，竞争归根到底就是人力资源的竞争。

人力资源是一个企业最重要的资源，它可以为企业创造无穷无尽的财富。但是一个企业要长久的生存发展仅丰富的人力资源还远远不够，丰富的人力资源只是企业取得成功的一个充分条件，其必要条件是还要对这些丰富的人力资源进行合理的配置，使其人尽其才，才尽其用，最大限度地发挥人力资源的潜能为企业创造最大的财富。

从当前我国盐业企业的现状来看，整体上讲员工文化素质偏低，职业技能不高，企业人力资源管理在低水平上徘徊。形成这种现状的原因主要是领导对人力资源管理工作的重视不够，重业务轻管理。从而也使盐业企业的人力资源管理工作处于被动和应付状态，跟不上经济飞速发展、社会不断进步、建立现代化企业的脚步。那么自贡的盐业企业人力资源配置情况又如何呢？本章就以四川 JD 品种盐有限责任公司(简称“品种盐”)为例，对该公司现有人力资源的配置情况做一些探讨。

33.2 盐业企业人力资源供需状况

33.2.1 盐业企业概况

四川 JD 品种盐有限责任公司成立于 2001 年 11 月，是在原自贡华康保健盐公司、自贡美仕嘉调味品公司、自贡鑫源调味品有限责任公司等三家公司的基础上整合而成的多品种盐生产企业。隶属于全国规模最大的井矿盐企业——四川 JD 盐业集团，是目前全国规模最大、技术最强、设备最先进、市场体系最完善的多品种盐生产企业。

该公司背靠势力强大的 JD 集团，有全国唯一的井矿盐甲级研究设计院——自贡市轻工业设计研究院作技术支撑，有全国唯一的井矿盐检测中心和信息中心，依据千年盐都古老的采掘工艺和丰厚的盐文化积淀，采千米深井无污染岩盐矿体为原料，大力开发多品种盐。近年来又与四川大学食品工程系、华西医学院、四川理工学院等单位合作。走产、学、销相结合的道路，已开发出以“自流井”为品牌的营养盐系列、调味盐系列、泡菜盐系列、香肠调料系列及“JD”品牌的足浴盐、沐浴盐、果蔬净、化妆品系列，以及礼品盒、特殊用盐 JD 系列共六十余个规格的品种。目前具有 4 万吨/年的生产能力。年产 10 万吨的二期工程正在筹建中。

公司班子年富力强，勇于开拓，敢于进取，苦干加巧干，务实抓落实，提出了“食盐健康革命”“打造世界第一食盐品牌”等新理念。2003 年 5 月 12 日，胡锦涛同志在视察该公司时指出：“盐业就是要走深加工的道路。”公司全体员工备受鼓舞，决心在品种盐的研究开发、生产销售等方面为人民的健康生活贡献自己的力量。

公司全体员工恪守“诚信务实 JD 人、放心健康 JD 盐”的企业理念，决心与全国各地的盐业公司、经销商、消费者一起携手走向美好的明天。

33.2.2 盐业企业人力资源需求现状

根据笔者走访调查，从品种盐公司人力资源部获悉：品种盐公司走的是产、学、销相结合的道路，因此该公司就格外注重产品的研发与销售，研发团队以研发“质优价廉”的产品为己任，打出自己的品牌优势；营销团队则以诚信、务实、高效的营销能力为企业创造价值。因此，品种盐目前最需要的是销售人员和研发人员，而这两类人员主要来自集团内部招聘(也就是集团内各大分公司之间的人员调动)和外部招聘，外部招聘主要面向社会。

33.2.3 盐业企业人力资源供给现状

自贡，一个老工业城市，其发展也相对缓慢，单就地理位置这一点来看，自贡企业对于人才的吸引力不是太大。很多人才来到自贡的企业都在短短几年内就离开，而自贡本土就只有四川理工学院这一所高校，由于专业设置的原因，其为自贡企业特别是自贡的盐业企业提供的人才是很匮乏的，特别是高校扩招以来实行毕业生与用人单位的双向选择，就使得更多毕业生都不愿意留在自贡，都奔向成都、重庆等相对较发达的城市。即使部分学生暂时留了下来也很少长久地留在该地。对于其他高校的毕业生，自贡就更不具有吸引力了，其中来到自贡的多属于本地生源。

另外，对于自贡的盐业企业，其人力资源的主要供给来自自贡本地的一个盐技校，而该校为盐业企业提供的主要是制盐的初级技术人才。

从自贡盐业企业现有的人力资源供给状况来看，人力资源的供给不是很丰富，甚至还有很匮乏，这是盐业企业人力资源管理面临的一个非常严峻的问题。

33.3　盐业企业人力资源配置现状

品种盐公司是四川 JD 盐业(集团)公司旗下的一个全资子公司，品种盐公司截至 2008 年 3 月共有员工 225 人，男 114 人，女 111 人。其具体分布如图 33-1 和图 33-2 所示。

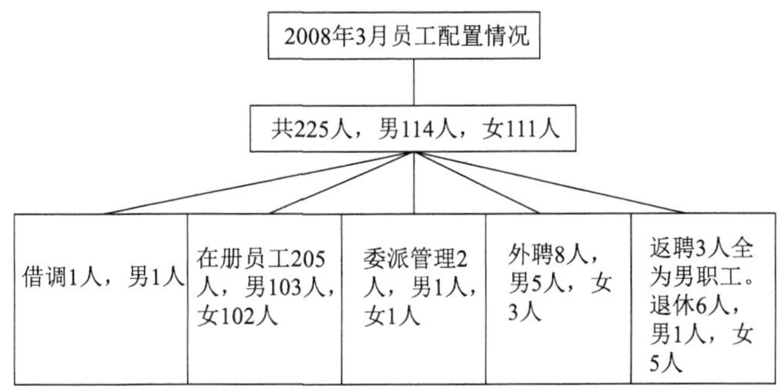

图 33-1　2008 年 3 月品种盐公司员工整体配置状况

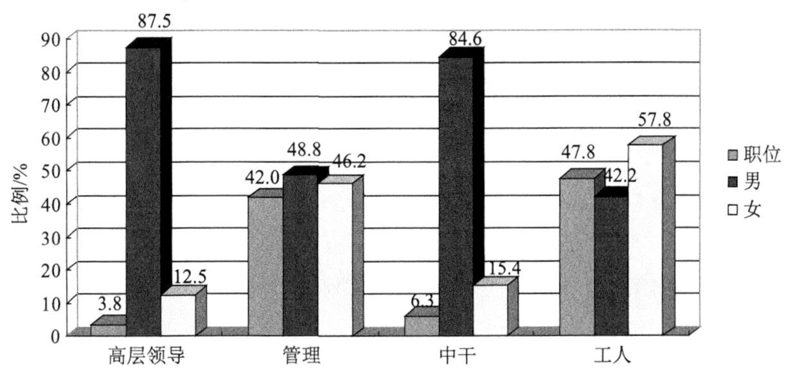

图 33-2　品种盐公司员工职位分布状况

33.3.1　学历分布状况

大专及以上学历的人员大都居于管理岗位，特别是研究生都是公司的高层领导；中专(及相当于中专的同等学力)和以下学历的都是从事一线操作的员工，后勤、物资保障职位更是由初中及以下学历人员担任。

在大专及以上学历全日制本科员工中，四川理工学院和四川大学毕业生就有 39 人，占 33.1%，其他的为广播电视大学、省委党校、市党校毕业人员。

其品种盐员工学历分布具体情况如图 33-3 所示。

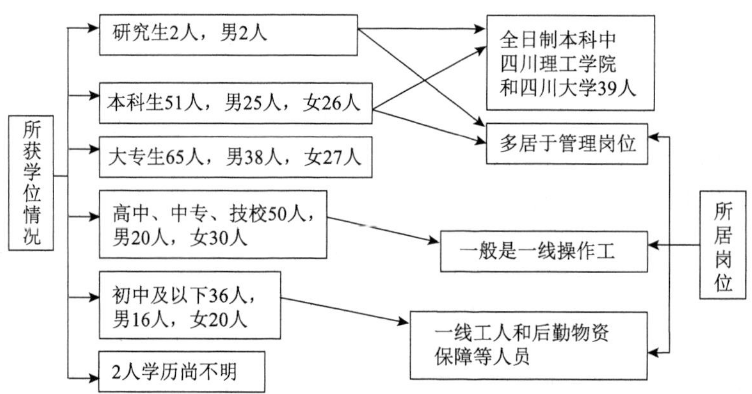

图 33-3　品种盐公司员工学历分布情况

33.3.2　年龄分布状况

品种盐公司现有员工的平均年龄为 45 岁。21～30 岁大多数都是近几年的高校毕业生。31～40 岁，领导层和管理岗人员大多都居于此年龄段。41～50 岁一线工人较多。51 岁及以上清洁工等后勤普通工人居多。详情见图 33-4。

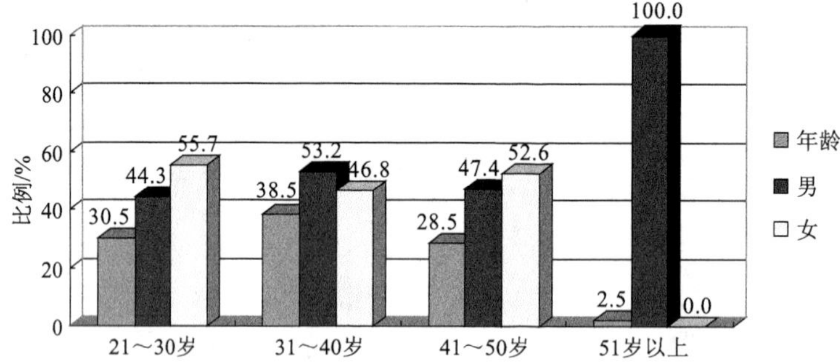

图 33-4　品种盐公司员工年龄分布情况

33.3.3　技能等级分布状况

品种盐公司员工技能等级分布及各等级中男、女人数分布如图 33-5 所示。

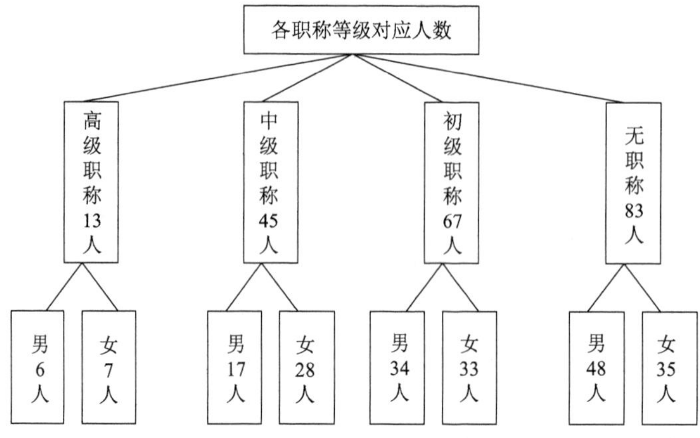

图 33-5　品种盐公司员工技能等级分布情况

33.4　对现有盐业企业人力资源配置的分析

品种盐公司近几年在人力资源管理工作上花了很多心思。其人力资源的配置也越来越趋于合理化，品种盐公司现有的人力资源配置有许多值得我们借鉴的地方。

33.4.1　员工整体学历分布有所提高

在 2003 年，从 JD 集团整体的学历分布来看，拥有本科和大专学历的员工还不到在岗总人数的 20%，而到 2008 年 3 月品种盐公司拥有大专及以上学历的就有 118 人，占在岗总人数的 55.8%。可见，在这 5 年中，品种盐公司还是很重视从学历上提高员工整体素质的，并收到了一定的成效。

33.4.2　生产人员和非生产人员比例比较合理

一般来说，生产人员的比重大小取决于企业的生产类型和实际工作的特点。从 20 世纪 50 年代开始，随着科学技术的迅速发展和市场竞争的加剧，在发达工业化国家的企业中，出现了技术、研发、管理、营销、信息、公共关系等类人员比重逐步扩大的趋势，但在企业中直接从事生产经营活动的一线人员，也必须在数量和质量上得到切实的保证，使一线生产经营人员与非生产人员保持合理的比例关系。虽然在理论上并没有对企业内生产人员与非生产人员的比例做一个实质性的规定(按照企业管理的相关规定，非生产人员应该占全体员工的 20%)，但是品种盐公司是产销一体化的生产型企业，其销售工作在该企业中就显得格外重要，销售人员是企业的创利主力军，其原因有三：第一，企业的产品依靠销售转换成价值，从而达成利润最大化(办企业的直接目标)的目标，而销售人员是其中重要的实施者。没有销售，生产出来的产品将在仓库中等待报废。第二，科学技术发展加快，产品生命周期变短，生产能力过剩，竞争激烈，顾客需求变化加快令企业的销售面临巨大挑战。第三，销售人员是企业与外界(特别是顾客)接触最多的人员(最先知道市场变化的是销售人员)，代表着企业的形象。因此，销售人员在品种盐公司员工配置中占有较大的比例，销售人员属于管理岗位的非生产人员，因此该公司现在生产人员与非生产人员 6∶4 的比例是比较合理的。

33.4.3　非生产人员内部比例比较合理

非生产人员包括：技术、管理岗位相关人员。技术、管理人员作为企业人力资源重要的组成部分，在企业产品研发、技术创新、经营管理诸多方面的地位和作用越来越重要。因此，企业在正确处理好生产人员比例关系的同时，还应当处理好以下几种关系：一是技术与管理人员在企业全员中的比例关系；二是技术人员内部各专业人员的比例关系，如科研、设计、工艺、情报、检测等专业技术人员之间的比例关系；三是管理人员内部的比例关系，如初级、中级与高级管理人员，从事计划、经营、生产、技术、信息、人事、劳动、财会、审计、统计、物流等各类管理人员的比例关系。

从品种盐公司 2008 年 3 月的人员配置来看，其中管理岗位(84 人)有一线销售员 32 人，占非生产人员的 38%；研发员 8 人，占 9.5%；高管有 10 人，占 4.8%；中层管理(包括营销队长)13 人，占 15.4%；基层管理(包括财务、信息、物流等)21 人，占 32.3%。从以上的比例分布来看，从一线销售依次往上到高管，其呈现出下宽上窄的三角形，这种形态符合实际。因为品种盐公司是产销一体化的生产型企业，因此在管理岗位中销售人员占较大比例也是合情合理的，这样的配置符合品种盐企业自身生存、发展的特点。

33.4.4 生产人员内部比例比较合理

生产人员内部的各种比例关系，具体包括以下几种比例关系：一是合理安排基本工与辅助工的比例关系。基本工和辅助工都是直接参与物质资料生产的人员。他们之间的比例要根据生产条件和各自的工作量来安排，既要防止基本工负担过多的辅助工作，又要防止安排过多的员工从事辅助性工作。企业应保证在完成各项辅助工作的前提下，尽可能减少使用辅助工。二是合理安排各工种、岗位之间的比例关系。在基本工人和辅助工人内部，由于劳动分工不同，分为很多不同的工种或岗位，他们既各有专职又互相协作。为了使生产过程协调进行，就要合理地安排好各工种或岗位之间的比例关系，这样才能适应多工种多岗位联合作业的需要，防止出现互相推脱，各工种岗位之间忙闲不均或怠工的现象。三是合理安排不同专业技能水平员工的比例关系。目前，在我国企业中，初级、中级、高级专业技能人员比例严重失调，初级、中级技能人员明显过剩，而高级技工极为短缺，成为制约企业生产发展的瓶颈，亟待采取有效措施加以解决。

生产人员主要就是公司的一线操作工人，主要包括包装工、配料工、物资采购、库房工、维修工、叉车工、监装工、混料工、吊装工、驾驶员、化验员等，其各岗位人员人数如图 33-6 所示。

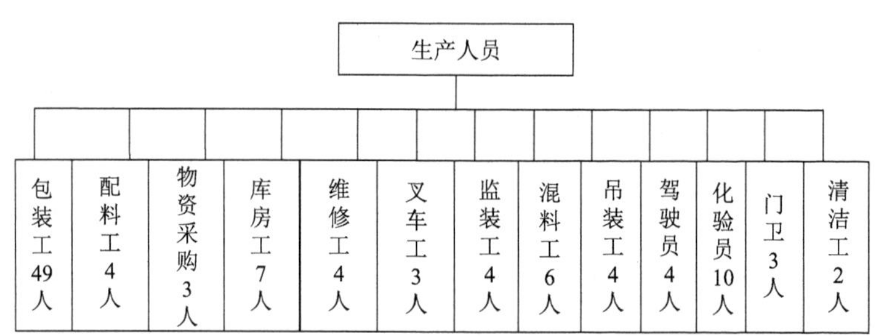

图 33-6 品种盐公司生产人员各岗位人数分布情况

从图 33-6 可以得出，包装工占生产人员总人数的 47.6%，化验员占 9.7%。根据笔者的走访调查，品种盐公司生产人员中除门卫、清洁工和驾驶员外，其他岗位的人员都是公司的主力军。因此，生产人员中包装工和化验员占如此大的比重是符合企业自身运营需要的。品种盐公司生产人员内部各工种人员配备呈现出以下图形(图 33-7)，由于三角形和梯形都具有不同程度的稳定性(梯形的稳定性是介于三角形和平行四边形之间的)。所以，品种盐公司生产人员内部各工种人员配置情况是相对稳定的。

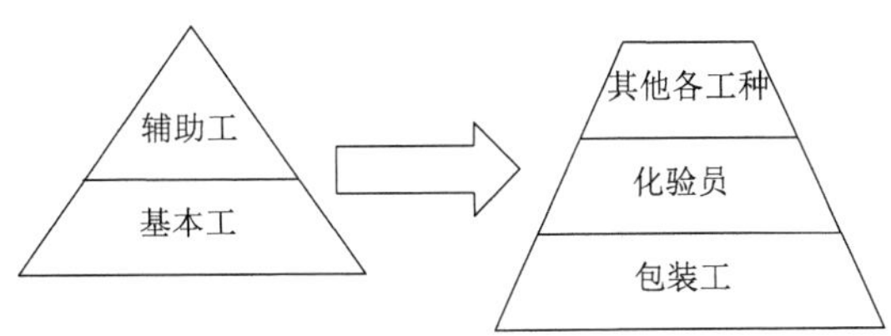

图 33-7　品种盐公司生产人员内部配置情况呈现图

33.5　盐业企业现有人力资源配置中存在的问题

市场经济的竞争实质上就是人才的竞争，品种盐公司认识到这一点的重要性，这几年来也在这上面下了不少工夫，并收到了一定的效果，有许多值得我们借鉴的地方，但是人力资源的优化配置并不是一朝一夕就能够完成的，特别是对于机构臃肿的国有企业来说，要实现人力资源的优化配置更不是一件容易的事情。品种盐公司也不例外，其现有的人力资源配置情况也存在诸多问题。

33.5.1　年龄结构老龄化

年龄结构是指企业人力资源中具有不同年龄员工的构成方式和比例关系。年龄结构合理化是力求建立一个老年、中年和青年比例合理的人力资源综合体，并使之处于不断发展的动态平衡之中。合理的年龄结构，有利于发挥处于老年、中年、青年三个年龄阶段上员工的各自优势，取得较佳的合成效应。

由于国有企业性质及品种盐公司内外人力资源供需等原因，员工年龄偏大，尽管品种盐公司针对这点较早地采取了措施：近几年引进了一些年轻的人才，但是其现有员工的平均年龄仍有 45 岁。这大大影响了企业的生产效率，主要有以下几方面的原因。

1. 体力、精力不足

一般地说，30 岁左右的员工在正常的生产技术组织条件下，工作效率最高。员工过于老化或低龄化都会对生产效率产生不利的影响。企业应根据岗位、工种的特点，合理规定员工年龄的适合范围。

生产型企业生产产品是需要大量的体力劳动的，一个人一生体力、精力最旺盛的是青年时期，到中年就逐渐进入衰退期，这就大大地降低了其工作的效率，因此品种盐公司现有员工的平均年龄是偏高的。

2. 缺乏创新、求索精神

由于人体的生理原因，在青年时期有足够的精力去学习、去尝试，而且由于其学习能力也处于鼎盛时期，加之一种“初生牛犊不怕虎”的精神，这种年轻的冲劲能激发人的创新精神。

当人步入中年后，由于岁月的磨砺，创新、求索的精神逐渐消失，在处理事情上思前顾后，往往耽误了解决问题的最佳时期。有的“开厂功臣”还居高自傲，习惯了大锅饭的生活，在这新的市场竞争中，为了保住自己的地位，排挤年轻有为的人才，有时还不思进取，抱着“大错不犯，小错不断”的态度，工作得过且过，有就等着退休的思想，这严重影响着全体员工的工作积极性。

33.5.2 知识结构不合理

知识结构是指企业人力资源中具有不同文化和专业知识水平(如一般初级、中级、高级、尖端知识)的员工的构成方式和比例关系。知识结构合理化是要保证企业人力资源中具有不同文化和专业知识水平的员工，按照合理比例进行组合，形成一个适应企业生产经营需要的文化知识有机体。知识结构合理化的一般标志是：企业中具有不同文化和专业知识水平的员工，按高、中、低三个层次呈上尖下宽的宝塔形分布。

从品种盐公司员工的学历分布来看(图 33-8)，初中及以下学历员工太多，由于文化水平的影响，有时即使引进的先进的生产技术，依然不能在较短的时间内正常使用，就更不用说熟练地运用了。这大大地浪费了时间，使企业生产的产品不能快速地占领市场。

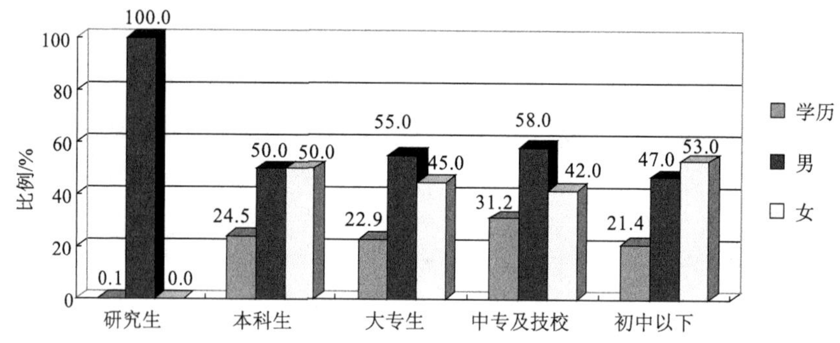

图 33-8 品种盐公司员工学历分布情况

33.5.3 性别结构不合理

性别结构是指企业人力资源中男女员工的构成方式和比例关系。性别结构的合理化，有利于充分地发挥不同性别的员工在从事体力和脑力劳动方面的优势，使不同性别的员工适材适所、各尽所能。

一般来说，男性更适于从事体力劳动，妇女由于生理上的各种特点，特别是在劳动年龄内要经过经期、孕期、哺乳期和更年期四个阶段，使她们的劳动能力受到影响。但另一方面，由于女员工的耐力、柔韧性和平衡能力比男子强，她们更适于从事有这方面要求的工作。

从前面的配置中我们可以看到公司各层级的男女比例，高层领导为 9∶1，中层管理为 8∶2，基层管理岗位为 5∶5，工人为 4∶6。盐业企业作为制造型企业，一线职工是需要大量体力劳动的，根据男、女性生理上的特点理应是男职工人数大于女职工人数。另外，在高层和中层管理人员中女性职工人数明显偏少，性别差异只对体力、耐力等方面有一定的影响，对人的智力、知识是没多大影响的。高层和中层管理主要是脑力活动，不应因性别问题而区别对待。

第 34 章　盐业企业人力资源配置性别合理比例分析

——以四川 JD 盐业集团为例

盐乃“国之大宝”。无论世界上任何国家和地区，盐既是民生之必需，也是国家财政赋税收入的一项重要来源，甚至是一项重要的战略资源。

有关盐业史的研究，我国有着悠久的历史。20 世纪 80 年代以来，我国的盐业史研究进入到一个新时期。20 世纪 90 年代，已积累了相当一批研究成果。

但是盐业人力资源方面的研究涉及的还较少，即使有一些相关方面的研究，也是很笼统地关于人力资源的开发与管理或者有关新的人才观念的建立。对盐业企业人力资源配置中性别平等问题的调查和研究不但可以给决策者提供参考，在理论上还可以弥补人力资源管理研究的不足，丰富和完善人力资源管理的理论内涵，使其更加多元化、系统化，具有理论探讨的意义。本章通过对中国盐都——自贡市 JD 盐业集团及其所辖的几个制盐厂的调查研究，提出较为合理的男女职工配置比例，希望可以为优化人力资源配置提供一点参考意见。

34.1　四川 JD 盐业集团人力资源配置与管理现状分析

分析盐业企业人力资源现状，不仅要看总量，还要看构成；不仅要着眼于人力资源的数量，更要着眼于质量，通过微观的分析，来把握整个盐业行业人力资源的现状。

34.1.1　盐业企业人力资源分类

盐业企业人力资源分类与一般人力资源的分类大同小异，大致可以从技能和产业进行分类。

1. 按技能分类

按技能种类可以简单分为技术干部、管理人员、技术工人。技术干部包括凿井、汲卤、输卤和煎盐的技术指导人员和新技术研发人员。管理人员指在各层次管理岗位上从事综合管理、协调管理、服务职能的所有人员。技术工人包括所有不同岗位上具有一定技能的工作人员。

2. 按产业分类

产业分类指的是盐业行业内产业的分类，可分为盐业制作、产品销售及多种经营。四川主要是生产井矿盐，因此盐业制作就主要包括勘测、凿井、汲卤、输卤、煎盐、包装等工序。产品销售主要指本企业生产的食用盐、工业用盐、液体盐、药用盐、品种盐的出口和内地销售。多种经营指 JD 集团的玻璃钢管罐和 CNG 气瓶等新型材料的开发、生产和销售及投资房地产等。由于食用盐一直是国家控制，而品种盐的市场前景很好，因此 JD 集团专门设立一个分公司即四川 JD 品种盐有限责任公司专门负责开发设计品种盐，挖掘市场潜力。

34.1.2　四川 JD 盐业集团人力资源结构特征

1. 知识技能结构

从图 34-1、图 34-2、表 34-1 来看，虽然高学历的职工比例有所上升，但是目前 JD 集团拥有高学历的员工还是明显偏少，有待进一步提高。男女职工的知识技能水平差距逐渐减小。

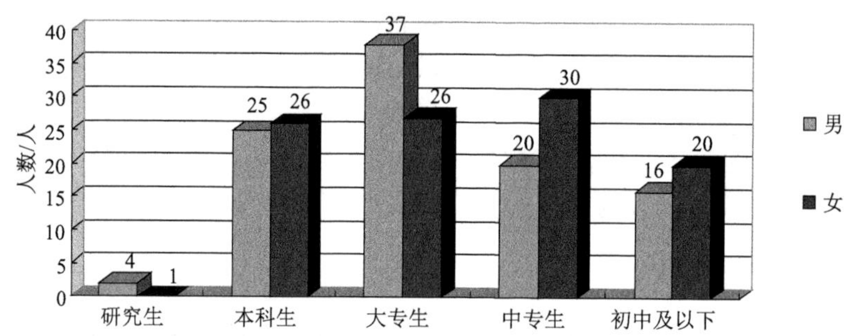

图 34-1　某品种盐公司员工学历结构图

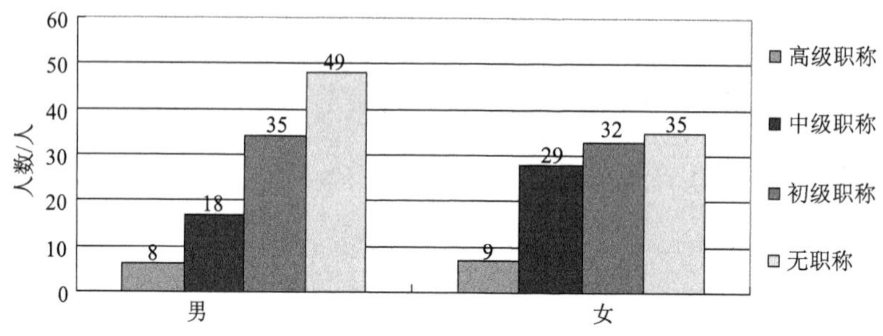

图 34-2　某品种盐公司员工职称结构图

表 34-1　JD 集团学历结构图　　单位：人

学历	本科及以上	大专	中专技校(高中)	初中及以下
人数	367	787	1338	1532

2. 年龄结构

2008 年四川 JD 品种盐有限责任公司的职工年龄结构调查结果是：21～30 岁的员工大多数是近几年的高校毕业生；31～40 岁的人大都是领导层及管理岗位人员；41～50 岁的一线员工居多；51 岁以上的员工大多是清洁工等后勤普通工人。四川 JD 品种盐有限责任公司的平均年龄是 45 岁。职工年龄结构有老化的趋势，不利于企业的发展。具体数据如图 34-3 所示。

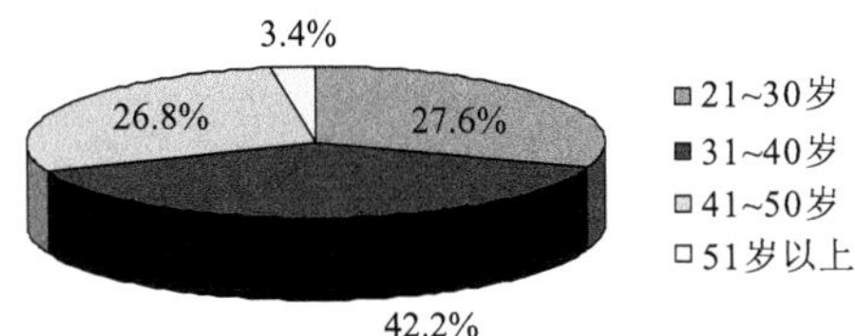

图 34-3　某品种盐公司员工年龄结构图

3. 性别结构

从四川 JD 品种盐有限责任公司男女职工的分配来看，女职工主要从事一线工作和基层管理工作，而其中一分公司主要是真空制盐，由于技术环境等要求的限制，一线职工大多数是男职工。详见表 34-2 和图 34-4。

表 34-2　JD 集团员工性别构成情况　　单位：人

项目	男	女
职工总人数	3764	1269
管理人员	655	304

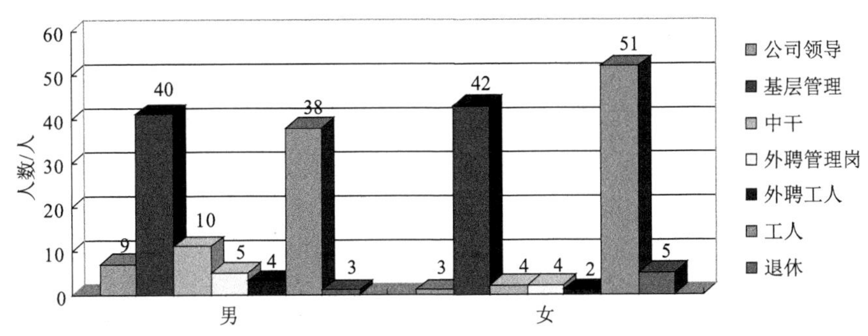

图 34-4　某品种盐公司员工性别结构图

34.1.3　人力资源管理现状分析

在人力资源管理方面，由于长期以来，食盐实行专营管理，从总体情况看，目前我国许多食盐专营企业的人力资源管理还带有很重的计划经济痕迹，还处于传统的人事管理阶段，很多企业都没有单列的人事部门，大多数与办公室合并；即使有人事部门，也仅是一个行政服务部门，也只是管管干部、管管人事档案，没有健全的人事管理制度，不能为企业职工提供人力资源培训和服务，没有上升到科学化、规范化的人力资源综合管理的高度；在人事管理方面，重使用轻培养、重学历轻实力、重年龄轻水平、重本地轻外地，已不适应行业飞速发展对高素质人才的要求。

不修正人力资源系统以适应现实组织，将会失去竞争优势。那些能创造出新的动态的人力资源模型的组织将会留住所需的高知识人才，有了他们，组织才能在未来的全球化竞争环境中获得成功。

34.2 盐业企业合理性别比例分析

34.2.1 中国盐业发展前景及水平

2006 年，我国盐业新增产能 1400 万吨，产能年增幅为 25‰，其中纯碱、烧碱行业自建盐厂新增制盐生产能力 500 万～600 万吨，主要集中在河南、湖北、四川、江苏、江西等省。而在新增产能中，仅有 50%的制盐项目是经国家发展改革委员会核准的，其中“两碱”企业自建盐厂项目核准出现空白。井矿盐呈现盲目投资、低水平重复建设的发展势头，加大了私盐冲击食盐市场的可能。

中国盐业协会最新统计快报显示，2007 年 1～6 月份，制盐工业产量 2582 万吨，基本与 2006 年持平。其中，海盐 1326 万吨，较 2006 年减少 3%；井矿盐 1050 万吨，同比增长 20%；湖盐 186 万吨，同比减少 5‰。盐的消费量 3402 万吨，同比增长 26‰。其中，“两碱”工业用盐 2710 万吨，同比增长 30%，占工业用盐的 79.7‰。2007 年上半年，我国进口原盐 69 万吨，出口 32 万吨，库存 900 万吨，较 2006 年年底减少 600 万吨。氯碱、纯碱协会预测，2007 年，纯碱、烧碱新增产能 200 万吨，需消耗原盐 270 万吨。根据在建井矿盐项目投产情况，2007 年井矿盐预计新增产能 260 万吨，加上库存及进口，海盐的减产并未影响全国原盐市场供应，盐业市场产需基本平衡，但是江西、湖南、湖北等局部地区呈现产能增长过快现象。

业内人士表示，作为一种特殊商品，盐在生产领域和流通领域的利润相互间并不挂钩，而是分开的。这次盐适用增值税税率的下调，是让利于制盐企业的举措，以减轻其负担，进而改善生产条件，推进技术进步，促进盐业行业快速发展。

我国的盐业企业从工业企业总体结构来看，大中型企业所占的比例很小，绝大部分是小型企业。在盐的技术装备水平方面，海盐区大中型盐场实现了从纳潮、制卤、结晶到收盐、集坨、运输的机械化；井矿盐采用了由矿山到真空制盐的生产线，引进了部分先进的设备和技术，不少精制盐厂已应用了计算机控制技术、加碘盐加工技术，装备水平得到了很大提高，并从国外引进和自行研制了一批自动化、半自动化先进加碘设备和包装设备，配置新型的加碘机 137 台，安装打包装机 34 台，小包装机 595 台，加碘盐加工、包装水平接近世界同行先进水平。同时建成了盐行业计算机信息网络，向盐业信息管理现代化迈出了关键的一步。

从 20 世纪 90 年代以来，加碘盐的生产和供应发展很快，产量由 1990 年的 3000 万吨发展到目前的 8000 万吨以上，盐的产量和品质大为提升。据了解，2003 年上半年，全国食盐产量为 390.98 万吨，比 2002 年同期增长 16.34%。旨在防治碘缺乏病的加碘盐，覆盖率为 95%以上，合格碘盐食用率达 88.8%以上，防治工作取得显著成效。在全球产盐的 120 多个国家和地区中，中国盐产量居世界第二位，海盐产量居世界首位，并始终保持着快速发展的势头，成为世界上仅次于美国的第二产盐大国，产盐工业在中国方兴未艾。

从 2000 年起，由于盐的下游产品纯碱和氯碱迅猛发展，国内盐业市场每年的需求量逐年增加，增幅达 8%以上，特别是 1998 年部分海盐区遭灾后，产不敷销矛盾突出。世界市场盐的需求量约为 2.2 亿吨，贸易的对象主要是工业用盐，中国既是重要的出口国，也是重要的进口国。伴随着纯碱和氯碱行业的高速发展，我国盐的出口能力逐渐下降，进口量迅速增长。专家预计，盐业产能 2000 年迅速扩张，产销开始趋于平衡，2001 年会出现产略大于需的局面，每年的出口量也将不断增加。

行业的发展背景是企业进行人力资源配置的大前提，除此之外，企业的人力资源配置，尤其是性别配置还受到以下因素的影响。

34.2.2　影响性别配置的因素

从社会认可方面来看，社会性别想要表示的是男女之间的许多差别不是生来就有的，而是后天造成的。社会性别并不否认男女之间有生理上的差异，而是认为这种差异不应该成为他们的待遇有天壤之别的理由。一位世界著名的女企业家曾说："女性想要得到同样的职位，要比男性干得好两倍。但是庆幸地是想比他们做得好两倍简直是太容易了。"由此来看，虽然女性拥有胜任很多工作的能力，但是仍得不到社会的认可。

从生理方面来看，一般来说，男性更适合于从事体力劳动，妇女由于生理上的各种特点，特别是在劳动年龄内要经过经期、孕期、哺乳期和更年期四个阶段，使她们的劳动能力在此段时间内受到影响。但另一方面，由于女员工的耐力、柔韧性和平衡能力比男子强，她们更适于从事有这方面要求的工作。

从社会总体性别比例来看，2007 年 7 月 15 日，国家人口和计划生育委员会在国务院新闻办公室举行的新闻发布会透露，目前我国的男女出生性别比是 116.9∶100，男女出生比例严重失衡。这也一定程度影响着盐业企业的性别结构。

34.2.3　优化人力资源结构，合理配置性别比例

1. 优化人力资源结构

一个企业中若都是同一个年龄段的人，那么在需要更替时就不得不"一锅端"，工作前后不衔接，出现周期性间断，使产业和领导群体工作受到很大影响。一般来说，年龄大的有经验丰富、稳重老练、事业心强的优点，但是创新精神不足，守业心理较浓厚，很容易犯经验主义错误；年纪轻的精力充沛、思想敏锐、勇于探索创新，易犯冷热病。

因此，必须有一个较为合理的年龄结构，应有"老马识途"的老年、"中流砥柱"的中年和"奋发有为"的青年这三部分人组成一个具有合理比例的混合体，只有老中青结合，才能发挥其各自的最佳效能。企业员工理想的年龄分配，应呈三角形金字塔为宜。顶端人数最少，代表 50 岁以上的高龄员工；中间部位次之，代表 35～50 岁的中龄员工；而底部人数最多，代表 20～35 岁的低龄员工。

要想发挥人才的集体能量，就应该重视人才的合理配置，即按照企业的经营目标，

采取相关人才的组合，合理搭配人才，使企业内各种专业、知识、智能、气质、年龄的人员组成一个整体优化的人才群体结构，相互切磋、相互启发、相互补充、彼此鼓励，产生一种较强的“亲和力”。这样不仅能充分发挥每个人的个体作用，而且可以使群体作用功能达到 1+1＞2 的状态，并在整体里取得最佳的客观功能。

2. 合理配置性别比例

性别结构是指企业人力资源中男女员工的构成方式和比例关系。性别结构的合理化，有利于充分发挥不同性别的员工在从事体力和脑力劳动方面的优势，使不同性别的员工适材适所、各尽所能。

用人必须考虑到人员之间的相互组合与搭配。既要能充分发挥个人的聪明才智，又要能增强集体的办事能力。青年人都认为办公室内若有异性存在，就可以松弛神经，调节情绪。男女混合编制，不但可以提高工作效率，也可以成为人际关系的润滑剂，产生缓和冲突的弹性作用。

然而，男女混合编制不尽然完美无缺。在众多的男性中只配置一位女性，或者在许多女性中只有一位男性，这也许比全无异性的好，但是那位唯一的异性，因缺少同性谈话对象，内心容易积聚不满，日久可能会崩溃，或者有异性化的趋势。因此，在男女混合编制中如何恰当配置男女的合理比例就显得至关重要了。

从前面的配置中可以看到，四川 JD 品种盐有限责任公司各层级男女比例为领导层中女性占 12.5%，中层干部中女性约占 15.5%，管理岗位中男女各 50%，工人中女性约占 55.6%。盐业企业作为制造型企业，一线职工是需要大量体力劳动的，根据男、女性生理上的特点理应是男职工人数多于女职工人数。但因品种盐生产的技术性更强，这一特殊现象是可以理解的。

综合以上原因，笔者认为针对比较传统的盐业企业及其特点与特殊要求来说，男女配置的总体比例应该趋于 7∶3，相对而言较为合理。

自贡盐业企业主要引进的是德国先进的钻井、采卤设备。在次要产区，由于自然条件限制，有些工作仍然不能实现全机械化，需要一定的体力劳动。在这样的条件下，实现充分的男女平等的条件还不完全具备。在目前生产力水平还比较低、科学技术还不够发达的阶段，从总体来讲，女性在竞争中还处于相对劣势的地位。四川以生产井矿盐为主，盐的开采过程类似地质勘测，倾向于体力劳动。井矿盐开采工作劳动强度稍微偏大，条件也很艰苦，这更适合男性工作。在生产车间，由于大量采用机械化设备，对体能要求降低，只要掌握了相应的操作技能，男女均可胜任同样工作。在办公室内，可根据男女的性别气质分配工作，充分发挥各自的优势，办公室行政工作人员男女性别配置比例几乎持平，越往高层走，受个人、家庭、社会等方面的影响，女性所占比例就越低。综合来讲，在盐业企业男女的总体配置中女性比例稍微偏低是合情合理的，这并不表示对女性的歧视，而是出于对女性的保护。在人力资源配置中性别配置的合理比例也是在社会条件下提出的相对平等的合理比例，不是绝对的，而且随着时间的推移和科学技术的发展，以后男女比例会越来越接近，等到技术发展到一定水平的时候就可以真正实现男女平等了。

在短期内，盐业企业的比例都会趋于 7∶3，这个比例在原有比例的基础上变化不是很大，可以很顺利地进行人力资源的优化配置，充分合理地利用资源，让男女职工人尽其才。

34.3 结 束 语

由于不同的行业、不同的企业规模、不同的发展时期及不同的发展战略和企业文化等条件的影响，人力资源配置会随着这些因素的改变而有不同的最优配置；另外，由于企业技术力量、人文环境、国家政策、人力资源供给等外部条件的动态变化也对企业人力资源的配置有着很大的影响。因此，人力资源的优化配置绝不是静止存在的，而是随着各种内外部条件的变化而也动态变化的。企业要实现人力资源的优化配置也不是照搬其他成功企业的配置模式，而是以人力资源管理理论为指导，结合企业自身的实际情况，根据各方面因素，动态地对人力资源作出适合企业自身发展的优化配置。

由于时间仓促，笔者没能收集到更多翔实的资料，数据有所欠缺，致使此次研究做得不尽完美，有待进一步调查分析和进行更深入的研究。

第 35 章　盐业企业女性职工配置偏低的原因

历来盐业企业都是国控企业，对其人力资源配置的性别比例进行调查研究，做好人力资源的配置，建设和谐企业，是比较有意义的一件事。

35.1　盐业企业男女职工配置基本状况

35.1.1　盐业企业的人力资源配置现状

调查显示，自贡某盐业集团共有员工 4033 人，其中女性员工 1269 人，男女比例近似 7∶3。

隶属该盐业集团的专用盐分公司共有员工 508 人，其中男性 363 人，女性 145 人，男女比例接近 8∶2。

该盐业集团管理人员共 959 人，其中女性 304 人，男女比例近似 7∶3。集团普通管理岗位 84 人，男 41 人，女 43 人。中层干部 13 人，男 11 人，女 2 人。高层领导共 8 人，男 7 人，女 1 人，女性职位越高所占比例越小，女性领导年龄偏大，担任正职的数量偏少。

35.1.2　女性职工配置低的原因

1. 招聘女职工有限制

由于盐业企业的特殊性，特别是井盐企业，在招聘时，某些职位“只限男性”或是“男性优先”，有的连财会、秘书这样的中性甚至更适合女性的工作，招聘时都标注着“仅限男性”，有的职位仅限少量女性。

2. 女职工离职早

盐业企业女性职工由于结婚、生育的原因，提前离职的现象比较多，面对工作与带小孩两种选择，女性一般选择后者。另外，某盐业集团 2008 年 6 名退休人员当中，男 1 人，女 5 人。企业关于退休年龄的规定是：男性职工(包括干部与工人)为 60 岁，女性职工中干部为 55 岁，工人为 50 岁。这个规定导致不少女性在退休时工龄不足 30 年，享受不到 30 年工龄以上才能享受到的国家各种优惠政策。

3. 女职工的工资偏低

普通岗位女职工工资状况调查显示，女职工工资低，造成了女性不偏爱盐业企业的现象。企业认为由于受教育水平限制，女性员工只能从事技术水平比较低，或简单的重复性的劳动密集型工作，就业层次不高，所以工资待遇比较低。

4. 法律保护不健全

从所调查的情况来看，盐业企业每年都有女职工生小孩，企业为此每年支出的成本很高。该企业面临的劳动争议问题主要是在企业改制和主辅分离的过程中，由于国家及地方的相关政策前后不配套，不连贯，造成许多问题难以落实，引发劳动争议。这不仅让女性职工身心疲惫，也影响企业的声誉和形象。

35.2　女性就业压力

随着我国经济体制的急剧转轨和社会结构的转型，原本由国家强制执行的保护女性就业的屏障被打破了，而新的跟市场经济相匹配的保护女性就业的相关法律法规还不健全，女性就业总体的质和量都出现了下降趋势，就业过程中歧视女性的现象日趋严重。有资料表明，近年来我国女性就业率下降，就业呈边缘化趋势，同时也成为失业压力最大的群体。

根据最新的全国人口普查抽样数据，中国女性的人力资本水平低于男性，从全国平均水平看，女性的平均受教育年限为 7.51 年，男性为 8.5 年，两者相差接近 1 年。盐业企业中女性科研人员少于男性这一现象正好和调查的受教育年限相符。

近年来，为争取男女更大程度的平等而进行斗争的结果之一便是，女性角色和工作量的增加。这主要由于以下若干因素：女性进入劳动力市场的数量大幅度增长，职业女性工作时间延长(没有成年男性分担财务和家庭责任的)，单身女性家庭增加(美国统计局)，配偶之间家务劳动分担格局很少变化。因此，要履行工作和家庭的所有义务，许多女性深感力不从心。

许多研究结果表明，工作—家庭的超载会导致心理烦恼的产生。因为当个人担当了多重角色时，需要花费大量的时间和精力。同时，角色之间冲突的可能性也增加了，这就引起了角色紧张，并减少了心理幸福感，皮尔林(Pearlin)指出“家务超载”会使女性产生沮丧感的可能性增加，普莱科(Pleck)和科佩曼(Kopelman)发现角色冲突对生活满意度有消极影响。许多研究发现孩子会增加女性的烦恼。

35.3　女性就业最佳状况

我们所提倡的男女平等就业，客观上是指女性能够同男性一样获得平等的就业机会，增强就业能力，提高就业水平；女性合法的劳动权益能够受到应有的保障；女性能够凭自身的能力和素质，自由地选择自己的职业，平等地参与社会的经济发展。从社会学意义上讲，女性以任何形式、在任何程度上所参与的与职业化相关的社会生活内容都属于就业范畴。

一个国家女性就业的最佳状况应该能够实现或至少接近以下模式。

(1) 平等性。女性享有与男性完全平等的就业权利与择业机会，消除对职业女性任何形式的歧视；在工资及各种形式的福利待遇上，实现男女同工同酬。

(2) 广泛性。女性具有充分的自由能够选择是否进入传统上由男性从事的职业领域。

(3) 安全性。建立完善的、适合职业女性生理特点的劳动安全防护与卫生保健系统；在所有工作岗位，职业女性人格受到尊重，不受性骚乱。

(4) 系统性。建立并完善相应的社会服务系统，为女性解决就业的“后顾之忧”提供保障。

(5) “认识上的一致性”。社会普遍承认家务劳动作为准职业及非生产性、非市场化劳动的社会经济价值。

35.4　女职工配置偏低的原因分析

从自贡 A 盐业集团调查的数据来看，女性职工总数偏低，部分岗位女性人数也偏低，男女比例有的已经达到 8∶2。这个比例的人力资源配置对盐业企业是非常不利的。根据笔者调查分析，女职工配置偏低有深层次的原因。

35.4.1　社会历史原因

盐业企业一直被视为劳动密集型企业，有一种观念认为盐业企业的工作以体力劳动为主，因为这个千年盐都的历史离不开数以万计的人力、畜力，而体力劳动又以男性为主，女职工配置偏低与这种观念有关。就人类历史的演进而言，生产力的发展促使了私有制的产生和父权社会的最终形成。与私有制产生的同时，一夫一妻制家庭模式形成，财产按父系继承，女性丧失了家庭财产的所有权和继承权，只得借婚姻或血缘的关系，依赖于男子；而女性的家务劳动作为对丈夫养活自己的一种回报，只有使用价值而没有价值——当妇女的家务劳动只被认为是家庭私事而不能领取相应报酬的时候，女性在男人心目中就只是一个被供养者，她的地位就只能屈居于男人之下。伴随着性别的不平等，所谓“男尊女卑”的性别歧视延续了下来。经济上的附庸地位、法制上的“计丁授田”、观念上的女无私蓄、形式上的男耕女织，乃至最无人性的买卖妇女等，使女性沦为男权社会的牺牲品。两性几千年来在收入、权力、就业、失业、家务劳动、职业隔离等方面都存在不平等的待遇，当社会分工出现性别差异、财富分配出现不均时，生产、交换和消费中的性别歧视就会自然而然地产生。

建立一个等级化的劳动性别分工的框架的基础是对社会中最基本制度的理解。中国最基本的制度就是家庭。婚姻制度和家庭制度，在中国有非常大的强制性，人们通过婚姻获得社会身份，家庭被看作一个基本的生存单位。如果家庭仍然是一个基本的生存策略单位的话，它所形成的内部劳动分工就很难改变，因为这里一个重要的机制是，家庭获得的“好处”是隶属于包括女性在内的每一个家庭成员的，维持“男外女内”的模式可以为家庭带来“好处”，而盐业企业在主观上不愿意雇用因家务劳动缠身的女性。

35.4.2　经济原因

由于盐业企业以经济利益为中心，所以在选择员工时，首先遵循的第一条原则也就是用最少的报酬支出换取最大限度的利益回报，这一特点在市场经济高度发达的今天尤为显著。从经济学角度分析，企业雇用较少的女性是为了规避女性自然附着成本以求得生存和保持竞争优势的理性选择。根据贝克尔歧视理论，自然附着成本是女性相对于男性的额外支出，是雇主拒用女性的根本原因。女性自然附着成本主要包括：第一，与女性生理和生育相关的成本。女性由于生理上的原因和承担的社会分工和家庭义务远较男性艰巨，在客观上比男性有较少精力投入工作。相比之下，男性适应性较强，对工作条件的要求不如女性苛刻，通常无须支付补偿性工资。由于受前述原因的影响，在同等条件下，女性对企业的整体贡献比男性小，特别是未婚未育女性由于存在婚嫁和养育子女等不稳定因素，企业无法完整估量她们对企业的贡献远景，从而很难将主要职能或关键岗位放手于她，也就是说企业不能很好地确认在这些女员工上的长期投资是否能如愿得到回报，所以这些女工的职业机会因此深受损害。第二，国家和政府鼓励女性积极、优质地承担社会义务，并为此提供了一定的鼓励措施和保护政策，而这些奖励性措施所产生的负担大多数由雇佣女工的企业承担。举个例子，女工的产假休息，企业不仅要承受劳动力使用状况变更的损失(承受女工怀孕期间对企业贡献减少的损失及支付临时替工者的劳动报酬)，还要无偿支付女工产假工资，这种成本支出在使用男性员工时是不会发生的。第三，择业的倾向性和较高的转岗培训成本。从社会学的角度来看，女性角色的传统定位和男强女弱的社会意识，在一定程度上已内化为女性自己的价值标准，使女性忽视了就业能力的培养，抑制了自己的竞争意识和创新精神。因此，雇主当然倾向于雇佣有相关专业基础、肯钻研和有创新精神的男性雇员。市场经济迫使企业自然要秉着效益第一的原则选择或培训劳动力，从企业长期用工的经验来看，女性员工与男性相比，成本高，效率低。因此，多数企业不愿意投资于她们。

从劳动者个体的角度来讲，一个人的人力资本含量越高，其劳动生产率越高，边际产品价值越大；反之，其劳动生产率越低，边际产品价值也就越小。相应地，在劳动力市场上，人力资本含量高的劳动者容易得到较好的工作和待遇，这是其内在人力资本价值的表现。用人力资本理论来解释男女劳动力就业差异及其职业性别歧视之间的关系，主要表现在以下几个方面。

首先，人力资本投资造成人力资本存量的性别差异。由于历史和社会性别歧视行为的存在，女性受教育的机会少于男性，特别是在传统的重男轻女的社会中，它直接影响了女性的劳动能力和竞争力。不仅如此，由于雇主更多地愿意对男性劳动力进行在职技能培训和专业培训，从而进一步扩大了人力资本的性别差异。

其次，生理差异造成女性人力资本价值的贬值。在整个职业生涯中，由于生理上的差异，妇女因生育、照料子女等原因暂时请假离开企业，等她们重返劳动力市场后，原有的人力资本会因“生锈”而减少甚至失去作用，造成男女劳动力生产率的差异及其职业选择、收入分配的差距，这也往往成为女性不容易就业的一个主要原因。

最后，工作经验和职业变换是人力资本增加的主要途径之一。由于女性选择工作的范围窄，人力资本增加的途径受到限制，决定了她们大多数集中在技能含量较低或先前从事过的职业中，改变职业地位和社会经济地位的可能性明显少于男性。

因此，种种原因造成人力资本投资上的性别差异，使女性劳动力的人力资本存量少于男性，造成了女性在劳动力市场上处于劣势地位。这正是盐业企业女性职工配置偏低的主要原因之一。

35.4.3 制度性原因

盐业企业女性职工配置偏低，除了传统的文化价值观念形成的角色刻板印象，还包括制度、政策及法律在内的更为复杂的原因。在计划经济体制下，政府过分强调男女同工同酬，导致男女不同工也同酬；忽视女工的生理特点和生育重任必然产生的性别差异，使用人单位感到不公平而积怨甚深。搞社会主义市场经济，政府把用工自主权交给了用人单位，一些用人单位便公开地在招工简章中宣称不招女工。加之我国法律法规的不健全，则进一步加剧了就业性别歧视的发生。《劳动法》第十三条：“妇女享有与男子平等的就业权利。在录用职工时，除国家规定的不适合妇女的工种或者岗位外，不得以性别为由拒绝录用妇女或者提高对妇女的录用标准。”

然而，这一条款没有得到用人单位的重视：首先是就算不遵守这条法规也未必会受什么惩罚，《劳动法》第十二章“法律责任”就没有涉及这个问题；其次是它们也往往不会那么坦率地“以性别为由”，而是另有诸多理由。在从教育、就业到任用、培训、晋职等方面都不能保证平等机会的情况下，根本不可能对两性的工作能力做出客观比较；国家已经用生育保险来均衡企业负担，企业又提出照顾孩子、家庭也是麻烦，只要想找理由就不是难事。妇女要生育，如果企业就因此排斥女性，那人类繁衍后代的责任谁来承担呢？

国家法定的企业职工退休年龄是男性员工年满 60 周岁，女性员工年满 50 周岁，女干部年满 55 周岁。从事井下、高温、高空，特别是繁重体力劳动或其他有害身体健康工作的，退休年龄为男性年满 55 周岁，女性年满 45 周岁。因病或非因工致残，由医院证明并经劳动鉴定委员会确认完全丧失劳动能力的，退休年龄为男年满 50 周岁，女年满 45 周岁。在男女退休年龄差异上，其制定的初衷是对女性的照顾，一度被认为是保障妇女权益的象征。然而，随着时代的发展，人的平均寿命日益延长，女性受教育程度也越来越高，而且独生子女政策减轻了女性养育子女的辛劳，女性职工要求同龄退休的呼声越来越高。尤其是对于管理岗位来说，女性提前 5 年离开工作岗位，意味着经过几十年积累的人才资本还没有得到最大限度的利用就被中止，造成人才资源的严重浪费。而且根据目前的规定，不少女性在退休时工龄不足 30 年，享受不到 30 年工龄以上才能享受到的国家各种优惠政策。

35.4.4 生产力原因

要争取妇女解放，实现真正的男女平等，是需要一定的社会条件的。换言之，妇女解放、男女平等是有为的，不是无为的；是有条件的，不是无条件的。从社会的角度来说，最重要、最根本的条件就是生产力条件。马克思、恩格斯在阐述科学社会主义理论时从来没有离开过生产力第一的观点，同样在阐述妇女解放问题时也没有离开生产力理论。早在 19 世纪 40 年代，马克思和恩格斯就在《德意志意识形态》一文中指出：“一切历史冲突都根源于生产力的交往形式之间的矛盾。”他们在谈到妇女重新回到社会公共劳动中去的时候，强调要依靠现代社会化大工业才能办到。因此，我们在理解和运用马克思的妇女解放理论时，也不能离开生产力条件，不能离开我国社会主义初级阶段生产力和经济发展的特点。

一些史学家考证，在人类社会发展历史上也曾有过女权和女性受尊敬的时代，原因是和那时的生产力发展水平和生产方式有关的，女性从事着相对稳定的农业和畜牧业，比外出狩猎而无固定所获的男子在经济中的地位更高，因此其家庭和社会地位也较高。之后男子也回到农业和畜牧业生产中来，他们的强健体魄和能力使妇女在生产中变得逊色，退到次要地位，男女的家庭和社会地位也同时发生倒置，开始了女性受压迫、受奴役，男女不平等的时代。这是男女不平等的历史唯物主义解释。从这种观点出发，男女不平等现象的消除也必须依赖于生产力的进一步发展，依赖于生产力的高度发展。换句话说，女性尊严的恢复，男女平等的实现，必须依赖于新的生产力条件。在这种条件下，男女在劳动中的作用和地位不会因为其体力和生理结构的差异而受到任何影响。因此，从宏观上看，我们认为当前的盐业企业社会生产力发展水平还不具有妇女彻底解放，实现男女完全平等的条件。

中国是一个发展中国家，处在社会主义初级阶段。虽然今天我们的社会生产力有了较大的发展，有了占主导地位的社会化大生产，然而我们的总体水平还处在由手工工具向普遍的机械化发展时期，还比不上发达国家。自贡盐业企业主要引进的是德国先进的钻井、采卤设备。在次要产区，由于自然条件的限制，有些工作仍然不能实现全机械化，需要一定的体力劳动。在这样的生产力和社会条件下，男女平等的基本条件还没有完全具备。特别是从我们逐步建立起市场经济体制以来，又出现了一些新问题。比如，市场经济实行竞争、效益和优胜劣汰的机制，其中竞争就包含社会角色的竞争，也包含男女性别角色的竞争。在目前生产力水平还较低，科学技术还不够发达的阶段，从总体上说，女性在和男性的竞争中是处于相对劣势的。

科学技术是第一生产力。机器代替了体力劳动，并在一定程度上抵消男女间的生理差异，知识型社会的形成使男女之间的生理差异变得微乎其微。这种社会关系的革命，在新的世纪弱化了因生理差距而引发的女性在生产过程中的被动地位。因此，提高盐业企业的生产力迫在眉睫。自贡盐业企业应着眼全球，放眼未来，积极参与国际间的合作，自主研发与国外引进相结合，走一条“科技兴企”的现代化发展之路。

35.5　女性职工的优势所在

俗话说：男女搭配，干活不累。女性在工作中也有优势，主要有四大优势。

第一，语言能力的优势。女性运用语言词汇的能力较强，在语法、造句、阅读能力等方面更为出色。一般说来，女性从事文字整理、编辑、翻译、播音员及教育、接待洽谈工作等，更能发挥其特长。盐业企业也需要这样的人才。

第二，思维能力的优势。女性在形象思维能力及思考问题的细致、周全方面具有优势，因而适合于形象设计方面的工作，如盐业品牌的设计，往往能让人感到和谐、典雅、优美。另外，在科研方面思维也颇具优势。

第三，交往能力的优势。女性普遍具有温顺、和蔼、容易与人相处、感情丰富且善于体谅别人的特点，在社交场合或工作协作中表现出较强的人际交往能力，适合从事行政管理、办公室、公关、推销等工作。盐业企业的员工较多，需要女性发挥其人际交往能力进行沟通。

第四，忍耐能力的优势。女性的忍耐力比男性更强。受过高等教育的女性，个人修养好，能广泛听取各方面的意见，善于与他人合作共事，适于企事业单位的管理工作，在相对单调乏味的条件下仍能孜孜不倦地长期工作。大多数女性工作耐心持久，态度认真，有较强的工作责任心，因此女性在担任财务工作、计算机操作、勘测设计的内务、资料整理、图书情报、档案管理及办公室等工作中能很好地发挥自己的优势。

35.6 应对女性配置偏低的基本措施

35.6.1 从社会角度

第一，作为公共主体，政府部门的政策性倾斜和舆论导向十分重要。前面已经提到，企业最重要的是创造利润，企业不用或少用女工的一个重要原因是使用女性职工通常情况下成本高于男性员工。所以政府部门可以从缩小企业雇佣员工由于男女性别差别所带来的使用成本差异着手，为企业更多地使用女性职工创造条件，女性员工成本高于男性成本，主要集中在两大方面：①在女性养儿育女阶段企业的额外负担；女性养儿育女是为家庭延续后代，也是在尽必要的社会义务，既然是社会义务就要倡导整个社会来支持和关爱女性尽生养之责，盐业关系国计民生，和谐配置男女比例利国利民，所以女性在生养孩子过程中所带给盐业企业的额外负担也完全可以由整个社会承担。我们可以确立生育保障金制度，为妇女产假、托儿所建立统一的财政机制，费用由政府、企业及全体公民按一定比例共同承担，并用于补偿女性在生养孩子时带给工作单位(包括企业)的损失。另外，在政策上适当延长男性员工计划生育护理假和提供较长时间的男性员工幼儿抚养假也是一个不错的办法，而且这有利于纠正幼儿过多地在女性环境下成长缺乏父亲教管而带来的女性化倾向。②同工同酬条件下，在劳动强度较大的岗位女性贡献少于男性所带给企业的损失。我们要客观理解同工同酬，有很多岗位很难用数值正确计量工作多少，同时也有不少岗位是完全可以估量工作量的。在市场经济条件下，同工同酬应该是相同贡献相同报酬，而不再是同一工种同一报酬，多劳多得，少劳少得，企业应按员工的贡献大小支付报酬，我们应该承认女工在某些方面确实存在弱势，如果在同等条件下，女工的劳动贡献明显少于男性，应该允许企业按实际情况支付报酬，而不能强求同工同酬，这符合公平合理的原则，也有利于企业接纳女性员工。

第二，推进就业立法，营造男女平等的就业平台。对某些法律条文作具体化规定。入世后盐业企业为适应高新技术产业的发展与传统产业的改造要求，需要女性职工不断提高自身素质。显然，通过立法方式明确“不适合女性岗位”的具体范围。一方面，有利于对女性特殊权益的保护，由于女性体质的限制，开采井矿盐时确实有劳动强度过大或高危的岗位不适合女性工作，如井下挖掘、卤水开采等；另一方面，立法明确“不适合女性岗位”的具体范围其实是对女性就业权的保护和尊重，让女性真正拥有反对就业歧视的可操作性的法律武器。又如，我国《妇女权益保障法》第 23 条规定：“除不适合妇女的工种或者岗位外，不得以性别为由拒绝录用妇女或者提高对妇女的录用标准。”但是，对于何为“不适合妇女的工种或岗位”，却没有一个具体严格的标准，在实际招聘中往往成了用人单位性别歧视的借口，故对“不适合妇女的工种或岗位”应做严格而科学的规定。针对男女退休年龄不一的现象，笔者认为，一是修改有关法规；二是采取灵活的、劳动者可自由选择的或与用人单位协商等多种形式的提前退休制度。

第三，积极倡导男女就业平等。本书在前面也提到女性职业压力还来自传统的重男轻女思想，要改变这一观念，政府大力宣传和提高全民素养就尤为重要了。尊重女性不是一个新话题，但长期以来，我们的社会却一直存在一些对女性不公的现象，作为政府部门有责任倡导一个人人平等的环境，有责任教育人们尊重女性。

第四，提高女性劳动力的文化素质，加强女性劳动力职业培训，建立终生教育体系。基于我国女性发展的不平衡性，女性劳动力素质的提高，应根据不同情况，提出不同的对策。盐业企业的领导层女性偏低和科研人员中女性职工偏低与受教育程度有直接联系。因此，首先，要提高女性在各类教育中的比重，消除在文化教育上重男轻女的封建思想的影响，从法律上保障女性受教育的平等权利。其次，进一步提高女童入学率、升学率，并在经济上给予一定的照顾，同时加强监督和指导，减少甚至杜绝女童辍学。最后，争取 80%～90%的女性劳动力的文化素质达到初中以上文化程度。当然要达到这一目标，还需要教育部门及有关方面的通力合作。

第五，减轻家务负担，促进家务劳动社会化。根据调查的相关数据，在时间的使用上，虽然中国妇女劳动参与率高于许多国家，但她们仍然承担着大部分的家务劳动，妇女从事家务劳动的时间是男性的两倍多。随着社区建设的发展，家务劳动社会化无疑可以扫除女性人力资本投资的障碍。社区建设包括托儿所、幼儿园、食堂、餐馆等的设立和洗染、缝纫、修理、保姆等服务的提供，会降低女性人力资本投资的机会成本，消除对女性人力资本投资的后顾之忧，为妇女广泛地、更多地参与市场经济活动创造条件。

第六，发展科学技术，提高生产力。20 世纪 20 年代以来，自贡盐业企业逐渐改用蒸汽、电力作动力，采用新式的顿钻和旋转钻，特别是新中国成立后，积极引进西方先进的钻井、采卤技术，到 20 世纪 80 年代初期，主要产区都实现了机械化，彻底改变了盐区面貌。生产力的提高不仅带来了前所未有的经济效益，也使更多的女性加入到盐业企业中来，与科技同步前进，产生了巨大的社会效益。

35.6.2　从企业角度

作为国有企业，盐业企业在坚持以经济建设为中心的同时应坚持尊重女性。

企业的尊重首先应体现在正确认识女性员工的“四期”[①]生理特征对企业利益的影响。女性员工“四期”保护的客观需要确实给企业带来了一定的负担，但女性承担生养下一

① “四期”指经期、孕期、产期、哺乳期。

代的社会义务是我们人类社会赖以存在和延续的自然社会分工的结果，我们必须尊重这一人类社会的自然法则，作为企业也有责任为整个人类社会的发展和延续做出贡献，从这一点讲，企业就不该因女性员工的生理原因而对女性员工缺乏诚意。企业对女性员工的尊重也应体现在企业对全体员工的一视同仁上。在条件允许(这里的条件允许指女性生理特殊条件允许的情况下)的前提下，无论在选招新员工或岗位分配、职级提升上都不能以性别为理由给女性设置人为的就业障碍和额外的职业压力，包括条件允许(同前)下不提供额外的照顾和同一岗位与男员工一致的要求、一致的提升、学习机会。企业对女性员工的尊重还应体现在将适合女性工作的岗位适当倾斜给女性。不可否认，女性由于生理上的原因，有一部分岗位是无法胜任的，这使得女性在客观上选择机会就少于男性。但是随着盐业企业生产力的大大提高，我们可以看到很多岗位是无需分男女的，如管理、营销、招聘、设计、研究等，所以我们希望企业尽可能在某些行业给女性以机会，至少与男性员工同等的机会。

当然，要真正消除女性就业歧视，用人单位从观念上改变对女性的偏见更为重要。因为戴着有色眼镜看待女性就业问题，是不可能在招聘中真正做到男女平等的。

35.6.3 从个人角度

作为女性，努力提高自身素质、积极参与竞争是提高职业竞争能力的关键。

面对越来越激烈的竞争、越来越大的职业压力，有些女性感到失落，也有些女性感到无可奈何而安于现状，但更多的女性选择积极参与竞争。当然，参与竞争不是空口白话就可以出成果的，努力提高自身素质对于提高女性员工的地位和竞争能力是非常重要的。作为女性，拥有良好的个人修养对于参与职业竞争是十分有利的。良好的个人修养具体应该包括树立正确的人生观、世界观和职业观。同时，有选择地强化某一方面的技能十分重要，这有利于集中精力掌握好该技能，也有利于巩固个人在这一领域的职业地位。另外，拥有良好的职业道德特别是敬业精神和认真负责的工作态度将十分有助于员工赢得企业领导层的信任。

女性也应克服依附性、自卑感、狭隘性、脆弱性等心理障碍，树立男女平等的就业观念。通过学校、社会、大众传媒教育和宣传符合发展潮流的性别平等的教材和资料，提高各级决策者、社会大众对于女性社会角色的认识，唤起女性更深层次的觉醒。发展妇女教育，提高女性素质是实现男女就业平等，促进女性全面发展的基础。在市场经济条件下要实现男女就业平等，在需要进行社会观念的变革外，最终还要取决于女性主体意识的觉醒和自身素质的提高。

因此，在这个科技发达及信息革命的年代，女性不应处于被动状态，相反地，她们不仅只是接受者和使用者，而应以前所未有的程度，积极参与创造这种崭新的文化。在电脑极速发展的领域里，盼没有玻璃天花板[①]阻碍女性的参与及晋升，女性受到的是家庭的支持、企业的鼓励和社会的认可，女性职工将在激烈的就业环境中更具竞争力。

① 玻璃天花板是指在公司企业和机关团体中，限制某些人口群体(女性、少数族裔)晋升到高级职位的障碍。正如玻璃一样，这个障碍虽然不是明文规定在那里，但却是实实在在存在着的。

35.7 结 束 语

我们应当根据工作的要求来确定人员的性别比例，或者不去刻意地制定所谓的性别比例。只要适合的人员，具备从事该工作岗位条件的，就应当予以任用。男女比例的说法，不是先期限制的，而是后期总结的，通过这个比例可以看出企业人才结构的丰富性，给男女双方以榜样和促进。

盐业企业优化人力资源配置，不应只看男女性别本身，而应合理安排各类人员的比例：①要合理安排确定直接生产人员(包括工人、工程技术人员等)和非直接生产人员(包括管理人员、后勤人员等)的比例，尽量减少非直接生产人员的比例。②要合理确定基本生产工人(直接参与井矿盐制作过程的工人)与辅助工人的比例，即一线工人与二线工人的比例，在一定的技术装配条件下，扩大一线工人比重是提高劳动生产率的一项重要措施。③要合理确定各个工种之间的比例，在一定的产品结构和一定的生产技术条件下，各个工种在人员配备数量上，存在着一个最佳的比例，按这个比例配备人员，工种之间的劳动能力就会大体平衡，减少和消除窝工现象。

男女两性的平等是一个世界问题。男女地位的平等在法律上还需 100 年，在事实上还需更长的时间。性别不平等的现象，如同等条件下对妇女提出更高的要求；招聘中对妇女提出身高、容貌、体态等方面不必要的条件；合同中对女性结婚和生育有所限制；男女同工不同酬；促进女性就业的生育保险进程缓慢等。要消除这些现象，保障女性的劳动权利，构建和谐社会主义社会，还有待我们继续努力。

第 36 章　盐业企业人力资源配置合理性分析

自贡市是四川省最早的省辖市和工业重镇之一，地处四川盆地南部，沱江流域釜溪河畔。境内中浅丘陵起伏，地势由西北向东南倾斜，海拔在 250～500 米。全市总面积 4372.6 平方千米，总人口 370 多万人。

36.1　自贡盐业基本概况

自贡的地下蕴藏着丰富的盐卤和天然气资源，自古就以盛产井盐闻名，素有“盐都”之称，“自贡”这一名称就来源于自流井和贡井两口盐井，简称为“自贡”。自贡市的井盐发端于东汉，闻名于唐宋，鼎盛于清末民初。据历史记载，东汉章帝时期(76～88 年)，在今富顺、邓关地区，开凿成功第一批盐井。其中一口位于今富顺县城西南，以其出盐最多，收获厚利，被命名为“富世盐井”。此后的 2000 多年里，在城市形成和发展过程中，自贡走过了一条因盐设镇、因盐设县到因盐设市的道路。先后累计开凿了 1.3 万多口盐井，产盐近 7000 万吨，并创造了一整套井盐钻凿生产技术的工艺。特别是北宋庆历、皇佑年间出现的“卓筒井”所采用的冲击式顿钻法探井钻凿工艺，是世界钻井技术的重大突破，这一技术工艺被世人誉为“世界现代石油之父”。而位于大安区长堰矿的燊海井，是世界上第一口超千米深井，卤水自喷，盐气同产，成为世界钻井史上的里程碑。为了系统地展现自贡盐史，自贡市兴建了世界上唯一一座井盐生产史陈列专业博物馆——盐业历史博物馆。该馆收集了盐史文物 1326 件，特别是收集了较为完整的一套凿治井的传统工具 90 种，共 282 件，这些可以说是集我国古代深井钻凿之大成、对人类文明作出过贡献的珍贵实物。

1949 年 12 月，自贡解放，成为四川省的省辖市之一。经过 50 多年的建设，如今的自贡已由单一的以食用盐为主的井盐产场，发展成为一个具有品种较多的、综合性较强的盐业基地。

自贡市以井盐文化为主体的历史文化内含十分丰富，盐业企业相对发达。位于自贡市的“四川 JD 盐业(集团)公司”是目前中国规模最大、配套最全的井矿盐企业集团。现有职工 7000 人，资产总额 14 亿元，精制盐生产能力 230 万吨/年，占全国原盐产量的百分之五，占四川盐产量的三分之二。集团拥有全国盐业唯一综合性甲级设计研究院，是全国井矿盐工业信息中心、产品质量检测中心和科技研究开发中心。主产品自流井牌精制盐，获全国唯一井矿盐银质奖。与海湖盐相比，更具有绿色环保特色，销往全国 20 余个省、自治区、直辖市，并远销日本、韩国、菲律宾等东南亚国家和地区。

近年来，JD 集团在扭亏脱困的基础上，抓住机遇，实施体制创新、技术创新、资本运营、结构调整等工作，使集团抢占了行业先机，步入了良性发展轨道，由自贡市第一亏损大户变成了自贡市首户利税超亿元企业，受到了党和国家最高领导人的充分肯定。

36.2 自贡盐业企业人力资源配置情况

(1) 人员。在册职工有 9521 人，其中在岗 5276 人，管理人员 1254 人，占在岗人数的 21.61%；学历上本科 158 人，大专 840 人，初中及以上 2390 人；按老口径人才标准，中级、初级职称以上有 1527 人，占在岗人数的 26.50%；集团中层管理人员平均年龄 43 岁，大专以上占 72%；员工中，35 岁以下占 41%，45 岁以上占 53%，技术工人 1541 人。

(2) 资产。集团公司资产 9.7 亿元，另外大安公司有 8000 多万元；股本有 8160 万元，自井盐厂有 710 万元，国家股有 500 万元，法人股 650 万元；改制后承诺的债务为 1.54 亿元。早在 2002 年，就达到工业总产值 4.25 亿元，工业增加值 2.03 亿元，销售收入 4.83 亿元，利税(其中利润 5908 万) 1.25 亿元。集团某年的目标任务：工业总产值，保 6 亿争 6.5 亿；工业增加值，保 2.2 亿争 2.4 亿；产量，固体盐保 170 万争 180 万吨，液体盐保 22 万吨争 25 万吨；销售收入，保 5.6 亿争 6 亿；利税，保 2 亿争 2.5 亿；利润，保 6000 万争 1 亿元。

(3) 30 万吨工程，设计投资 8004 万元，工程统计为 8200 万元，尚欠资金 800 万元；实际能力已达 60 万吨，最高日产 1950 吨，平流进料，顺转排盐；2002 年 5 月 6 日奠基，11 月 29 日出盐，历时 207 天。

(4) 管理。一是以生产要素为管理中心的管理模式。生产要素主要有人、财、物、技术。管理模式有直线职能式、流水式的金字塔形式。这种模式的弊端表现在三个方面：①管理重叠；②职责不清；③容易错位。二是管理制度。没有建立起真正的科学有效的管理制度，蓝皮书只是初步进行了规范。三是管理体制。分为三个层面：第一个层面是母公司及下属的子公司，母公司是国有独资，授权经营；第二个层面是制盐公司下属的子公司，如品种盐、房地产、大安公司，制盐公司绝对控股；第三个层面是制盐公司下属的分公司，包括长山盐矿、供销公司，这些分公司取消了法人资格。其相互间的关系包括以下几方面：①集团与下属子公司的关系；②制盐公司与下属子公司的关系，下属子公司绝对由制盐公司控股，接受董事会、监事会约束；③制盐公司与下属分公司的关系，经理们是资产的管理者、生产的组织者，而不是经营者，这种管理应采取直线职能制。

36.3 盐业企业现有人力资源配置中存在的问题

市场经济的竞争实质上就是人才的竞争，自贡盐业企业就其现有的人力资源配置情况来说，虽然作了许多改革，但还存在一些问题。诸如年龄结构老化、知识结构不合理、性别结构不合理等等，在第 33 章中已述及，此不再赘述。

36.4 盐业企业人力资源的优化配置

人力资源配置既是人力资源管理的起点，又是人力资源管理的终点，其最终目的是要达到个人—岗位的匹配，提升组织的整体效能，实现组织目标。

36.4.1 调整员工年龄结构

从整体上看，JD 品种盐公司员工年龄结构趋于老龄化，这对公司的发展有一定的束缚作用，怎么去挣脱这种束缚，使员工年龄结构合理化，可以通过以下途径解决这一问题。

1. 注入新鲜血液

企业的员工就好比流淌于人体内的血液，陈旧的血液让人的身体机能停滞不前，甚至衰退，用新鲜血液去置换出旧血液会使人身强体壮。同样，对于一个企业来说，新员工能够带来新的知识、技术、文化、理念等，新旧观念不断融合，使企业跟上时代前进的步伐，在竞争中立足。

对于盐业企业员工结构老龄化的问题，在注入新血液的时候主要目标群体集中在 20～30 岁，这个年龄段的人有着极强的爆发力和创造力，有利于形成一种敢于创新的企业文化。

2. 合理安置知识结构单一的老员工

知识结构单一的老员工，由于人体生理等方面的原因，随着年龄的增加其对于新生事物的接受能力越来越弱，而且这一年龄阶段即使员工个体有极强的求知欲或领悟力，出于人力资源投入的考虑，即使对这部分员工进行培训提高其个体素质，但是这部分员工在培训后较短的时间内就要退休，其为企业创造价值的时间不是太多。因此，对于这部分员工可以进行适当的安置，比如，提前退休、派遣到其他更适合他们的公司或岗位。将他们现有的位置让出来，使能者居之。

36.4.2 加强职工培训力度

一个人的工作能力与智力、教育程度和生活经历有着很大的关系，可以通过不断的学习、有针对性的培训来提高。国际和国内一些成功企业都把对员工的培训作为一项重要工作。比如，美国的宝洁公司，“注重人才，以人为本”，宝洁公司把人才视为公司最宝贵的财富。宝洁公司的一位前任董事长 Richard 曾说：“如果你把我们的资金、厂房及品牌留下，把我们的人带走，我们的公司会垮掉，相反，如果你拿走我们的资金、厂房及品牌，而留下我们的人，十年内我们将重建一切。”市场竞争从本质上来说是人才的竞争，宝洁公司在上百年的经营历史中，培养人才不仅仅是一项工作，它已经成为一种文化，一种习惯，因此始创于 1837 年的宝洁公司，是世界上最大的日用消费品公司，产品行销 160 多个国家，历经百年，依然常青。可通过以下途径来提高职工文化水平和职业技能水平。

1. 提高员工文化水平

鼓励和支持员工在工作之余参加自学、成人高考、夜大学、函授大学等各种形式的学习。单位领导要对培训工作引起重视和给予支持，才能有助于在全公司形成比、学、赶的文化氛围，主要加大技术和研发人才的培养，开发出独具一格的质量“信得过”的产品，打造自己的产品优势，赢得市场竞争力。管理阶层要通过引进先进的管理理念，结合企业自身的特点在实践中不断探寻出适合的管理体制。文化水平的提高，得益于个人，受益于企业。

2. 提高职业技能水平

通过搞好岗前培训和日常培训，来提高员工整体的职业技能。岗前培训主要侧重于单位组织纪律和单位规章制度等，使员工认可其企业文化；日常培训主要侧重于新知识、新科学技术、信息传递沟通能力等，通过理论指导实践，从实践中不断总结、相互学习来提高员工个体的专业素质，以达到提高企业整体素质的目的。

3. 加强思想教育

加强对职工的思想教育，提升他们热爱本职工作，干好本职工作的热情和工作积极性，爱岗敬业，为企业的发展献计出力。对职工思想教育的内容，一是加强对国家重大政策、法律、法规、会议精神等政策性知识的学习；二是对一些公民道德规范和职业道德规范的学习。

总之，加强培训工作，提高职工文化和职业技能水平，对企业来说，可以使组织得到长期的发展和利益，提高组织的效率，使企业的目标得以实现；对个人来说，体现企业对每个个体(员工)在精神和业务发展方面的关爱，并帮助他们在实现组织目标的同时实现个人目标。

36.4.3　合理调整性别结构

男女在工作岗位上的配置比例，要注意合理配置，不可一刀切，不同岗位、不同工种男女比例是不同的，以提高生产效率为原则。可见第 34、35 章内容。

第 37 章　井盐企业辊工人力资源现状调查

——以自贡市盐业为例

37.1　引　　言

四川省自贡市是我国最早也是最大的井盐开采地，素有“盐都”之称。自贡市因盐建镇、置县、设市，而且以井盐闻明于世。天车是生产井盐的重要工具，在产盐最辉煌的时候自贡市内有 13 000 多座天车。所谓天车，即木制井架，是将若干杉木联结，以竹篾绳捆扎而成的巨大支架，耸立于井口，用于采卤、淘井、治井。最早的井架是独脚，之后随着生产和技术的发展，为保护井架的稳定，支架逐步增加，最多达到 12 只脚，井架也随之增高。昔日自贡天车林立，秀插云天，景象蔚为壮观。天车特有的雄姿、科学结构及奇特的修造技术，受到中外学者的赞誉，被誉为“东方的埃菲尔铁塔”。然而，目前全自贡市范围内仅有 18 座天车，稀落的天车已经破旧不堪。

有着“自贡城市名片”之称的天车，是盐都古代劳动人民留给我们的珍贵文化遗产，是千年盐都的象征，是自贡市不可替代、不可再生的文化旅游资源。虽然它在现代制盐中的作用已经不是那么明显和重要了，但不能就让它这样从世界上消失，更不应该把它从我们的记忆中抹去，因为它是自贡盐业和中国井盐的见证，在中国盐业历史发展的长河中功不可没。自贡现存的 18 座天车，均为市级以上文物保护单位，如何让这仅存的 18 座天车很好地保护下来，完整地留给后人呢？这就需要辊工。

辊工，就是维护天车的专业技术人员。他们将圆的杉木联结，用竹篾绳捆扎成高大支架(现在几乎都不用竹篾而用铁丝)，用楔子来稳固支架，并对支架进行日常维护。在产盐的鼎盛时期，仅辊工就上万人。

37.2　调 查 方 法

对此研究，我们采用查阅文献资料和实地调查、走访的方式进行研究。通过查阅文献资料，了解自贡市制盐的千年历史；通过实地调查、走访了生产盐必用的天车和维护天车的辊工和辊工技术。

37.3　调 查 结 果

通过我们的实地考察与走访了解到，四川省自贡市在过去产盐的鼎盛时期，用于生产盐的天车 13 000 座，现存仅有 18 座，其中 3 座因年久失修而损毁严重；维护天车的辊工在鼎盛时期有 10 000 多人，现仅有 10 名，且年龄老化，平均年龄 50 多岁。

37.4　现 状 讨 论

37.4.1　天车保护现状

1. 古时的天车状况

据史书记载，远古时期四川东西部分属巴国、蜀国，现在的荣县归蜀国，富顺县属巴国。北周武帝天和二年(公元 567 年)江阳县北部富世盐井及其附近地区置雒原郡、富世县(以井名命县名)，是为富顺境域立县之初。同期在荣县境东部建公井镇(因附近有著名盐井曰大公井，故以井名命镇名)，是为荣县设立行政单位之初。建市前自贡分属荣县和富顺县。

后经历代历朝变迁，到抗战时期因沿海沦陷，川盐济楚，富荣盐场在保证军需民食和支援前方抗战方面起了十分重要的作用。为了克服两县长期分治盐场的弊端，加速盐业经济的发展，民国二十八年(1939 年)八月经四川省政府批准，划出富顺、荣县紧密相连的主要产盐区，面积 160.9 平方公里成立新市，市名取自流井和贡井之合称名曰自贡市。“贡井”是因其城区旭水河畔的大公井闻名而走上因盐设镇、设县道路的。在北周天和二年(公元 567 年)，因盐设立公井镇。唐武德元年(公元 618 年)升为公井县，为荣州管辖。明嘉靖(1522～1566 年)时，大公井因产盐洁白、味美作为贡品，被更名为“贡井”。同年九月一日，自贡市正式成立，隶属四川省政府。自贡因盐设市，许多地方因盐得名，老百姓因盐或富或穷，各地商贾因盐而云集自贡。整个自贡处处可见高耸的采盐井架(天车)，处处能听到盐工采盐的号子声，更能看到盐商的马队在山峦的羊肠小道上慢慢行走。在产盐最辉煌的时候自贡市内有 13 000 多座天车，可见其当年盐业的辉煌。

2. 现存的天车状况

自贡市产盐天车随着历史的变迁和科技的进步，有着众多辉煌的天车逐渐从地平线上消失，现仅存 18 座天车。按其分布的地域划分，其中贡井区内有天车 6 座，自流井区有天车 5 座，大安区内有天车 6 座，沿滩区有天车 1 座。按产权和使用管理权限划分，JD 集团 10 座，自贡市文化局 4 座，自流井区政府 2 座，燊海井旅游开发公司 1 座，大安区政府 1 座。

现有的 18 座天车，有 8 座目前仍在生产使用，即双成井、新双盛井、燊海井、云蒸井、金流井、熠涌井、永二井、东源井，保存基本完好。其余 10 座已停用或废弃，即源丰井、龙旺井、宝隆井、通虹井、源通井、吉成井、天成井、裕成井、益生井、小桥井。自贡现存的 18 座天车，均为市级以上保护单位，具体情况如下：国家级保护单位，燊海井；省级保护单位，东源井、吉成井、天成井、裕成井、益生井；市级保护单位，小桥井、源通井、永二井、源丰井、熠涌井、云蒸井、龙旺井、通虹井、双成井、宝隆井、金流井、新双盛井。

从天车的保护现状来看，情况各异，差别很大。大致可以分为三类：一是保护较好的有 12 座，这部分主要是已列入文物保护单位和仍在生产使用的天车。二是年久失修、破损严重的有 3 座，这些天车虽有人看管，但由于缺乏资金，长期未得到维修。三是无人看管，且存在安全隐患的宝隆井、通虹井、源通井 3 座，均为企业废弃的天车。

天车作为“自贡城市名片”，是自贡市特有的现象，是盐都古代劳动人民留给我们的珍贵文化遗产，是千年盐都的象征，是自贡市不可替代、不可再生的文化旅游资源。笔者希望通过本次调查研究最大限度地挖掘天车的价值，重视辊工的培养与开发，以维护好天车，使之更好地为盐都人民和中国盐业服务，发挥出更大的作用。

37.4.2 辊工的现状

1. 辊工的含义

辊工作为天车的技术维护人员，在天车的建造和保护过程中发挥着巨大的作用。以前辊工是以团队的形式工作，因为建造天车的工程很庞大也很复杂。天车一般比较高，都在十几米左右，天车的架构主要是杉木，均用上等的圆杉木用竹篾捆扎在一起而形成的三脚支架(现在用铁丝来捆扎)，在杉木与杉木的空隙之间用木楔子来进行固定，使其变得紧凑而扎实。辊工的工作就是捆扎和维护这些支架(天车)，这是一种技术性工作。在盛产井盐时期，辊工的地位不低于钻工，当时是非常受人尊重的，当时有这样的说法“自贡市因盐设市，天车是盐之父，辊工是盐之母”，由此可见辊工的地位是非常高的。当然由于辊工的地位高，其待遇也非常可观，人们都愿意从事辊工工作，所以当时辊工的队伍是非常庞大的。

2. 辊工的现状

1) 辊工技术面临失传

以前由于辊工地位高，受人尊重，待遇比较好，所以很多人都愿意学习辊工技术，争相做辊工，而现在辊工的平均工资在 800 元左右，很多人都不愿意学习辊工技术，辊工技术在逐渐丢失。据现已退休的辊工介绍，自贡市现在的 10 名辊工的技术都已经达不到原来的要求了。由于待遇较低，现有的辊工都不愿意继续干更谈不上去钻研与提高技术了，更没有人愿意再去学习或担任辊工，这就使辊工技术面临着失传的危险。

现在仅有的 10 名辊工，年龄偏大，平均年龄近 60 岁，由于辊工的特殊工作性质，需要在高空作业，而且没有现代高空操作的安全设施，天车的特殊性要求辊工完全靠手脚爬上高高的天车，完成在高空的维护工作。年龄偏大是不适合高空作业的，这也是辊工技术需要继续传授下一代的重要原因。

辊工技术后继无人的现状实在令人担忧，只有辊工才懂得天车的复原、天车的维修、天车的保护，如果辊工的消失就直接意味着天车将在不久的将来消失，自贡盐都唯一能为子孙后代留下的产盐遗产也就消失了，这将严重削弱盐都的盐文化底蕴。

2) 辊工生存艰难

随着经济的发展，人们在市场经济中越来越重视经济效益，辊工是属于自贡市 JD 集团的员工，JD 集团当然会把经济效益摆在首位。由于天车的生产作用逐渐减弱并几乎消失，被废弃的天车现在的文化、旅游价值还没有深入地挖掘出来，而且这 18 座天车，一般是一年才维修一次，这就造成了“养兵千日用兵一时”，客观上可以说工作量不大，在维修的时间段外，辊工一般都处于闲置无事干的情况。JD 集团考虑到经济效益和工作量的原因，给予辊工的工资就比较低，而且辊工是没有社会保险等福利待遇的。

现在看来，辊工是个特殊的社会工种，辊工的社会地位不高，现在的年轻人几乎都已经遗忘了天车，同时也遗忘了辊工。辊工的技术传授采用“师傅带徒弟”的方式，由于辊工的收入比较低、福利少、社会地位不高，年轻人几乎都不愿意选择辊工这个工种，所以现在的辊工几乎没有徒弟，这实在是令人担忧啊！

从另一个角度来看，这也是社会发展和科技进步的必然，关键是我们如何来保护这一物质文化遗产。既然企业是以利润最大化为目的的，要想使辊工很好地传承下去，在现实中是难以做到的。如果将辊工这一特殊工种，从企业中剥离出来，作为一种文化或旅游产业来进行开发与保护，应该说比在单纯的企业要好得多。不仅有利于文化价值的提升、旅游产业的开发，而且有利于辊工的保护。

3）辊工队伍缩小

随着科学技术的进步，经济的飞速发展，天车采集卤水的作用日益被现代化的先进技术所代替，真空制盐技术普及，天车的作用被削弱，天车开始逐渐被人们遗忘了。随着市场经济的发展，人们日益重视经济效益，很多天车被拆了，现在自贡市仅存 18 座天车，天车应该在世界范围内也就只有这 18 座了。随着天车的减少，辊工队伍也逐渐缩小。2008 年自贡市的辊工队伍有 13 人，2009 年有两人退休，2010 年又有一人退休，辊工队伍正在加速缩小，仅有 10 人的辊工队伍无法将辊工技术很好地传承下去，出现辊工技术后继无人的危险局面。如何挖掘辊工的潜力和实现辊工的人力资源优化配置，将是一个难题。我们希望通过本次调查，为辊工的人力资源开发与配置发出警示，以引起人们的注意，并能以实际行动促进辊工自身和天车保护的双向发展，使自贡市这一特有的文化历史遗产不致在人们的视线中消失。

从社会历史文化遗产保护来看，只有将辊工纳入“保护”范围，使其成为一种特殊的文化遗产来加以保护，才能使这一技术传承下来，作为物质文化的“天车”也才能真正地传承盐文化的特质。

37.5　小　　结

保护的关键就是将辊工纳入文化产业或旅游产业，而不是放在企业中。只有将辊工从企业剥离，将其与天车作为旅游产业来开发与保护，这一体现盐文化的物质载体才能长久地传承下来。

第 38 章　井盐企业辊工人力资源的开发

——以自贡市盐业为例

辊工人力资源开发，有利于实现辊工资源的优化配置，既能够实现保护天车这一重要文化遗产的作用，又能够实现辊工自身的经济价值。辊工人力资源开发的意义主要在于维修残存的天车，将天车这种物质文化遗产继续留给子孙后代，见证井盐生产的主要标志。

38.1　辊工人力资源开发概述

人力资源开发有广义与狭义之分，广义的人力资源开发是指国家或企业对所涉及范围内的所有人员进行正规教育、智力开发、职业培训和全社会性的启智服务，即培植人的知识、技能、经营管理水平和价值观念，并使其潜能获得不断发展和最充分的发挥的过程。它包括对全社会的人从幼儿开始的教育到成年后的使用、调配、继续教育管理直到老年退休后发挥余热等全过程的整体性、综合性、全面性的行为过程，其目的是提高全社会人员的整体素质和技能水平，为社会提供源源不断的各类人才。广义的人力资源开发通常指以国家为主体的宏观的人力资源开发。狭义的人力资源开发专指组织的人力资源开发，是指组织通过向其员工提供各种学习机会和活动，以改进员工能力水平和组织业绩的一种有计划的连续的工作。狭义的人力资源开发通常指以组织为主体的微观的人力资源开发。

无论是宏观的人力资源开发还是微观的人力资源开发，都具有两个基本特征：其一，人力资源开发具有人力资本投资的基本性质，任何人力资源开发活动都要有成本支出，即投资性支出；其二，人力资源开发的结果是员工和组织及全社会的人力资本水平或存量的提高。

辊工是天车的制作者和维护者，是唯一懂得制作与修复天车的技术人员，天车是井盐产盐的重要工具。辊工人力资源开发，就是培养辊工，继承天车制作技术，保护天车的历史文化价值。

天车是自贡市井盐文化的标志，是见证自贡这个古老的盐都的标尺，而辊工对于天车来说是非常重要的不可缺少的技术人员。然而，随着科学技术的发展，天车的作用已经发生了重大变化，当年采集卤水的作用已经被现代化的机械所代替。虽然天车的作用发生了重大变化，但是天车的文化价值、旅游价值在当今社会中日益突出，因此辊工的作用仍然不可替代。

38.2　辊工人力资源开发面临的问题

38.2.1　辊工人力资源数量偏少

调查显示，自贡市 2008 年有 13 名辊工，2009 年退休了 2 名，2010 年退休了 1 名，现在的辊工仅剩 10 名。由于辊工的收入比较低、福利少、社会地位不高，所以现在的辊工几乎没有徒弟，年轻人几乎都不愿意选择辊工这个工种。由此可见，自贡市的辊工数量是比较少的，这就意味着辊工的人力资源在数量上不占优势，长此以往，辊工这一特种技术将面临着失传的危险局面。

由于辊工数量的偏少，就更需要对辊工进行人力资源开发，至少应该把辊工技术继续传承下去，不致使这门有着悠久历史的技术失传。

38.2.2　辊工人力资源质量降低

由于辊工的收入比较低、福利少、社会地位不高，所以现在辊工对工作几乎没有什么积极性。据了解，现在仅存的 10 名辊工已经不能独立建造或者复原一座完整的天车了，年老辊工的技术在日益退化。现在的辊工根本不愿向师傅踏实学习辊工技术，所以年轻辊工的技术也在逐渐退化，这也是辊工人力资源开发面临的一个重要技术问题。

38.3　辊工人力资源开发的内容

38.3.1　辊工人力资源的生理开发

开发人力资源的前提是保护人力资源，要保护人们在劳动过程中的人身安全和身心健康，需要研究辊工在高空工作的劳动条件下生理反应的规律及劳动过程中辊工机能状态的变化规律。

运用科学的原理和方法，一方面最有效地进行劳动，同时有效地消除疲劳。管理者要研究辊工产生疲劳的原因，以及消除疲劳的方法和途径，根据人体生物钟的原理，掌握和运用工作节律，科学地安排工作日程，也是减少疲劳、提高效率的有效措施。

为了提高辊工工作的效率，还应该研究辊工姿势体位的生理影响，一方面让辊工掌握姿势体位的生理影响，学会用正确的姿势体位从事劳动，以便尽可能减少无效的能量消耗；另一方面要重视并不断改进工具设备，按照辊工的需要，改善工作环境和工作条件。

38.3.2　辊工人力资源的技术开发

所谓技术开发是指辊工能力的培养和提高，随着科学技术的迅猛发展，知识经济的到来，知识更新越来越快，不断创新成为企业在竞争中维持不败的法宝。人力资源的创新能力成为企业竞争优势的根本。

辊工要做好师徒的技术传授工作，特别是在创新能力方面挖掘辊工的潜力，辊工的人力资源创新能力开发应从两个方面入手，一是做好人力资源的创新条件建设，即为人力资源从潜在创新能力向现实创新能力的飞跃提供优越的外部条件；二是人力资源创新能力的运营，即从人才的角度出发，研究如何更好地充分开发、激励、配置人力资源的创新能力。

38.4 辊工人力资源开发的方法

38.4.1 职业开发

职业开发是指以员工的职业为对象的人力资源开发活动。它包括以下几方面内容，改进辊工的职业生涯规划，帮助辊工更加有效地应付和摆脱工作困境。

(1) 改进辊工在职业阶段上的匹配过程，使处于早、中、晚期职业危机的组织和个人更加有效地解决这些危机。

(2) 正确处理辊工在职业中、晚期出现的落伍退化、激情消失，但求安稳的问题。

(3) 使辊工在家庭和工作的不同的生命阶段均取得均衡。

(4) 使所有有显著贡献和沿组织阶梯攀升的员工保持生产活力。

38.4.2 管理开发

人力资源管理开发是指通过管理的基本手段提高管理效率，以实现人力资源的有效开发。管理开发的基本手段包括纪律手段、行政手段、经济手段。

1. 纪律手段

纪律手段是用法律法规、公司的规章制度、行为规范来调整人力资源开发主体和劳动者之间的权利和义务，规范人力资源市场行为。因此，纪律手段具有普遍性和规范性、强制性、稳定性和行为结果的可预测性。

纪律对全体辊工都具有较强的约束力，辊工都必须遵守，如果谁违反了这些纪律，就会受到相应的惩处和制裁，从而增强管理的权威性和有效性。

JD 集团可以专为这 10 名辊工制定规章制度，加强对辊工的日常管理，从而使组织管理系统有自动调节的功能，节约大量的调解工作。

2. 行政手段

行政手段是指依靠组织和领导的权威，运用强制性的命令和措施。通过组织自上而下的行政层次的贯彻执行，直接对下属人员施加管理手段。

JD 集团的专职负责人，可以根据法律、上级机关或组织章程赋予的权利，运用自己的威望，直接指导辊工，监督和调节辊工的行动，使管理取得预期的效果。现在仅剩的 10 余名辊工的编制都在 JD 集团，他们直接归 JD 集团管理，一般情况下，只有政府需要维修天车时才会使用辊工进行维修，并支付部分报酬。由于辊工的工作量不饱和，所以JD 集团对辊工的管理也是较懒散的，没有具体的管理制度并且对辊工的关心程度也不够。行政方法是通过组织系统、组织层次自上而下来管理，因此基本上是采取直线方式直接传达指示和命令。

行政手段有利于集中统一的管理和快速、有效地调节下属的行为，但行政手段也有不足之处，主要是不利于发挥下属的积极性，以及横向沟通较为困难，信息传递容易失真。

3. 经济手段

经济手段是通过把辊工的个人行为结果和经济利益联系起来调节辊工行为的一种管理手段。其特点是：非强制性和间接性，而不是像行政手段那样对被管理者的行为进行直接和强制性的干涉和支持。

1) 辊工兼职

由于现在自贡市仅有 18 座天车，维修量是有限的，一般情况是一年维修一次，即辊工只是在一年维修期间比较忙以外，平时是比较闲的，人力资源就白白地浪费了。应该把这些闲置的人力资源充分地利用起来，为这些辊工安排一些兼职，在维修之余可以充分利用这些闲置的人力资源，为公司创造经济效益。

由于现在自贡市的辊工是属于 JD 集团的在职员工，JD 集团可以为辊工安排一些技术性和专业性不强的工作，这样既可以把闲时的人力资源利用起来，又可以节省公司的人力，为公司创造更多的经济利益。

2) 辊工工艺品

辊工的技术性是比较强的，一般没有接受过专业训练的人是难以胜任辊工的维修工作的。辊工对天车的结构、模型是比较熟悉的，可以充分利用辊工的专业技术，来制作天车模型，天车的模型是非常漂亮的。天车特有的雄姿、科学结构及奇特的修造技术，受到中外人士的赞誉，被誉为“东方的埃菲尔铁塔”。

辊工可以利用专业技术，以团队的形式制作工艺品，公司负责销售，可以出售给自贡市的旅游公司，天车是盐文化的象征，是盐都的标志，可以将天车工艺品进行推广，外来的旅游者也可以把天车模型当作盐都的一种特产。一方面，可以提升自贡市的盐都文化底蕴，提高旅游经济的发展；另一方面，可以为 JD 集团带来经济效益，公司效益好了，辊工的经济收入也就自然会提高。这样既使辊工的技术流传下去了，又宣传了自贡市的盐业文化。

经济手段能较好地处理各方面的物质利益关系，并能使员工通过努力满足物质方面的需要，调动他们的工作积极性。

38.4.3 组织开发

组织开发是指提高组织能力的一套技术措施，其基本目标是改变组织氛围、组织环境和组织文化。每一个组织都有自己的目标，在正常情况下，组织开发的重点是组织的协调能力，解决组织的内部冲突和矛盾，建立合作的目标，改变组织的价值观和组织文化，旨在提高组织的生产率和效能。

宣传教育手段是组织开发的关键。宣传教育手段是指通过对组织的宣传和理解，以及道德的教育，提高人们的认识水平和思想水平，使他们自觉地为实现组织目标而努力的方法。宣传教育手段具有目的性、启发性、长期性，可以使人们加深对辊工这种工种的了解，使辊工的地位能够得到人们的尊重，得到人们的理解和重视，这也为辊工的人力资源开发提供了重要的条件。

38.5　小　　结

辊工是制作与维护天车的一种重要而特殊的工种，要想把祖先遗留下来的盐文化这种重要的遗产继续保护下去，留给我们的后代，就需要不断地维护现在仅存的 18 座天车，这就离不开辊工。辊工现在的开发也面临着困难，针对这些困难，我们认为应该着重从经济手段方面对辊工进行人力资源开发，因为在市场经济中，只有经济效益提高了，天车才能受到更好的保护，只有天车受到重视了，辊工才能得到更好的开发，辊工技术也才能传承下去。

第七篇

民营与家族企业管理

第 39 章　民营企业技术员工培训问题分析及对策

——以 XQD 电器公司为例

员工培训是企业实现人力资源开发、获取高素质人力资源的基本动力，是提高企业各项工作和产品质量的手段，也是有效的激励手段和加强沟通、提高企业凝聚力的手段。企业员工通过接受培训，不仅提高了自身的知识、文化、素质和技能，而且可以提高工作效率，增加个人收入，减轻工作压力，增加自信心，增强职业安全感，使员工能有效适应企业发展的需要。因此，员工培训是组织不断学习新知识、保持新动力的源泉，是企业成功发展的必要条件之一。

39.1　XQD 电器公司简介

XQD 公司于 1994 年 6 月成立，初为“XQD 电子电器服务中心”，1998 年 2 月注册为“XQD 电器有限公司”，2005 年成立“XQD 制冷工程有限公司”，下设 6 家格力空调专卖店，主要从事格力空调销售、售后服务，成为国美电器、永乐电器格力空调指定供应商及专业安装单位，连续四年成为当地政府定点采购格力空调指定协议供应商。公司现有员工 200 余人，高级管理人员中本科及以上学历 6 人，中级管理人员中大专及以上学历 31 人，中、高级技师 64 人。1997 年 7 月公司被珠海格力集团指定为“一级代理商”及“特约售后网点”。截至 2010 年年底，XQD 历经了包括政府机构、科研/军队通信、教育/培训、建筑/地产/物业、医疗/药业/食品、酒店/餐饮/娱乐、金融/保险/、IT 电子/制造/、能源/化工、文化产业、物流/交通/贸易/等近万余家单位用户、60 万个家庭用户，提供了超过 200 万次的专注服务，凭借格力空调卓越的产品品质及 XQD 的专业系统设计、施工安装、调试技术及优质的售后服务，赢得了用户的一致好评。2011 年，被评为 AAA 信用等级单位及五星级客户满意度单位等。

39.2　XQD 技术员工培训的问题及原因

39.2.1　XQD 技术员工现行的培训模式

1. 师傅带徒弟式

师带徒培训法是一种最为传统的在职培训方式。XQD 最早的师带徒培训没有一定的方法和程序，新进员工只是从观察和体验中获得技能，因此这种方法所产生的成效相当迟缓。随着时代的发展，后来的师带徒培训法逐渐成为一种在职培训的方法，它的主要表现形式是由一位经验丰富的员工作为师傅，让其带一名或几名新员工。在 XQD，师带徒培训的有效性主要取决于三个方面：师傅、徒弟和组织。这要求师傅具有较强的沟通、监督和指导能力及宽广的胸怀；要求徒弟应具有虚心好学的品质，积极主动和师傅建立并保持友好的工作关系；要求企业组织为新进员工选择合格的师傅，并且对师傅的培训工作给予充分的肯定和必要的奖励。

2. 课堂讲授法

课堂讲授法也属于传统模式的培训方式，它是指培训师通过语言表达，系统地向受训者传授知识，并且期望这些受训者能记住其中的重要观念与特定知识。其要求培训师应具有丰富的经验；其讲授要有系统性，条理清晰，有重点，有难点；讲授时语言要清晰，生动准确；有必要时，培训师可以运用板书，且尽量运用必要的多媒体设备，使培训效果更好。

3. 视听技术法

视听技术法就是利用如投影仪、录像、电视、电影、电脑等现代视听技术对企业员工进行培训。这项技术法要求在播放之前要说明此次培训的目的，并且依据讲课的主题选择合适的视听教材；用播放的内容来表达每个人的感受或对“如何将所学运用在工作上”进行讨论，XQD 采用的方式是边看边讨论，以加强员工理解。

XQD 技术员工的培训主要采用以上几种方法和技术，而培训的主要内容是公司的发展史、岗位的基本技能、安全意识和质量意识，员工的培训时间一般为 2～3 天，并且大部分的一线员工只是由主管简单交代注意事项，然后用老带新，熟悉岗位。有些员工甚至直接上岗，几乎没有任何的培训。中层以上的管理人员，无论是家族或非家族成员，也几乎没有培训。

39.2.2　XQD 技术员工现行培训存在的问题

1. 技术员工深度培训的体系较欠缺

在 XQD，企业虽然每年都对专业技术员工的培训需求进行调研，并将其列入年度培训计划当中，但是与其他类别的人员培训相比较，企业仍然缺乏针对专业技术员工的深度培训体系，针对专业的技术员工有的只是少量的常规适应性培训，没有横向、纵向的深度培训。

2. 培训方法单一，缺乏针对性

企业对技术员工的培训方式单一，培训的基本内容是公司的发展史、岗位的基本技能、安全意识和质量意识，没有针对具体岗位的性质对其进行专业技术的培训，这就使企业的技术员工对工作缺乏热情和积极性，工作效率低，影响了企业的发展。

3. 技术员工培训普及程度不高

当今世界发达国家的企业员工培训程度较高。例如，坐落在纽约的大通曼哈顿银行，是一个培养和选拔职业商业银行员工的摇篮，它非常重视培训，平均每年对教育经费的支付就达 5000 万美元；而在索尼爱立信公司，企业技术员工接受岗位专业培训的比例也非常高，它将员工培训分为三个层次，分别对其进行基本技能培训、专业能力培训及针对高级经理人的培训，同时它非常重视员工的全面发展，就技术员工而言，一般企业不需要掌握财务和管理知识，但是索尼爱立信公司就对技术员工普及了这些知识。

然而，XQD 的技术员工培训很不普及。他们接受企业技能培训的比例为 16.7%，接受专业技能培训的比例为 8.2%。在中国的民营企业中，绝大多数企业的技术员工与专业技能培训基本处于无缘状态。

39.3　民营企业技术员工培训的改进措施

39.3.1　提升领导对技术员工培训的重视

1. 领导观念的转变

在大通曼哈顿银行，培训对每位领导来说已经是非常普遍的事情，它们的员工培训成效与其领导的带头参加是分不开的。该银行为了便于高级主管了解新信息，还经常对他们进行快速培训，有时还送到有关大学进行专门培训。大通曼哈顿银行每年也会抽出一部分时间培训银行领导等各级官员，该银行培训主管曾把培训工作的主攻方向放在银行领导身上。因此，企业领导应及时转变对技术员工的培训观念，做到培训从领导层做起，通过领导带头引导技术员工树立正确的培训观，积极认真地对待培训。

2. 加大对技术员工培训的投入

为了加强对技术员工培训的重视，企业领导应该加大对技术员工培训的人力、物力、资金等的投入，通过投入加快企业技术员工培训的步伐，也可以间接提高企业内部技术员工整体素质。

39.3.2　实施多元化的培训方法

目前在我国，绝大部分民营企业都采取比较单一的培训方法，这使很多技术员工对培训失去了兴趣，觉得培训可有可无。因此，为了企业的持续健康发展，企业应该实施多元化的培训方法，并且针对不同的培训需求采取不同的培训方法，努力使培训科学化、系统化，积极引入全面的培训方法，提高员工的技能。

1. 利用新技术开拓培训

企业单调的培训方式容易让企业员工对企业丧失信心，出现效率低等情况，这不利于企业的发展。针对技术员工的培训方式，企业应采用理解式、创造式的思维，把注重培养创造性思维的技术员工放在首位，培养企业技术员工独立思考和解决问题的能力，拓宽技术员工的知识面，培养全方位的技术人才。

2. 科学合理地安排培训方法

为了调动技术员工的积极性，最大限度地激发技术员工的潜能，实现企业战略目标，企业应综合运用案例分析法、企业内部网络培训法、师带徒法，积极开展小组活动，科学设置培训项目的序号，促进员工充满热情地完成技能培训。

39.3.3 培训要有针对性

企业应该注重根据自己的实际情况出发进行培训调查，做好员工的培训需求分析。根据“木桶原理”，培训的重点应该是不断地找出并加长最短的木板，并有针对性地选择培训的时间、方法、形式和内容。

1. 制定不同培训需求

可以效仿美国通用公司采用的“下订单”式培训，这种培训是针对培训对象，量体裁衣，确定培训需求、培训计划、培训实施、培训评估，然后去满足不同岗位、不同层次人员的不同培训需求。由此，企业可以根据技术员工的专业或相近专业的划分，来制定不同岗位的培训需求，实现培训需求的科学合理化。

2. 科学设计培训内容

随着新形势的发展，企业对技术员工的生产能力、传播能力、创造能力的要求越来越高。因此，企业技术员工培训应该重视培训内容，不断跟踪各种新技术、新方法的发展。在满足技术员工培训需求的前提下，有针对性地设计培训内容，并实时观察技术员工的变化，使培训内容也不断地随着他们的变化而变化，注重培训的时效性。

3. 建立深度培训的知识体系

技术员工有一定的专业技术知识，他们需要的是本行业、本岗位、本专业内复合型、前瞻性、技术领先的知识，但是在实际的培训中却缺少各专业技术知识领域内纵向深入、比较完整的知识体系。因此，企业应该建立具备这类知识、技术和解决生产技术难题能力的知识体系，深层次挖掘技术员工的潜力，全面提高技术员工素质。

39.3.4 培训要将企业发展与技术员工职业生涯规划结合

企业的员工培训并非仅仅针对新员工及不同职员，从基层一线工人到最高领导者也都需要接受培训，只不过培训的内容、方式和要求各有不同。

就企业而言，首先应该为技术员工制定更专业的职业生涯规划，让他们能够合理科学地将自己的职业发展与企业的战略发展结合起来，并且让他们认识到自我发展与企业发展相结合的重要性，并在以后的培训中，将企业的发展战略与员工的职业生涯规划相结合，制订培训计划和培训内容，这样不仅有利于企业技术员工看到公司的发展前景，还有助于其看到自己在专业能力上的提升及自我发展的空间，可以大大提高员工的工作效率，促进企业发展。

39.3.5　建立完善的技术员工培训机制

完善的企业技术员工培训制度有利于企业不断创新技术，不断地提高自己的竞争力，有利于在激烈的竞争中立于不败之地。

1. 培训师的选择

培训师在培训活动中不仅是传授知识、态度和技能的教师，还应该成为受训者积极主动、独立探索的引导者和帮助者。培训师在培训实施过程中起关键作用。可以通过两种途径选拔培训师：一是从公司内部挑选，二是从外部引进。

公司内部挑选：主要由那些资深的、具备专业技术特长、有相当教学素质的员工构成。他们往往具有外聘培训师不可能具备的优势，即对公司文化、市场环境、实际经验、培训需求等方面极端熟悉。

外部引进：公司外聘培训师有的来自咨询公司，有的是高校教授、科研机构专家，他们既可弥补公司内部培训师能力的不足，又能使公司扩大与咨询公司、高等院校、科研机构的信息交流与合作，还可以及时把握新的信息动态及新的管理理念。

2. 培训设施的准备

企业可以建立自己的培训实践中心，技术员工可在此完成诸多生产线上的实践活动，在合格上岗前得到充分锻炼。公司还应有固定的培训教室，而不应以会议室来代替。在培训教室里配备相应的教学设备，如白板、电脑投影仪，录音摄像电视等设备。

3. 建设规范化的技术培训工作

企业应致力于建立一套完善的培训系统，制定符合技术员工形势发展的长期培训规划，将技术员工的培训活动规范化、制度化、深度化，开发建立技术员工的职业指导体系，根据技术员工的不同类别进行专业能力的培训和深度拓展，使技术员工的培训工作得到合理有效的发展。

39.4　结　束　语

通过对XQD公司技术员工培训的调查研究，笔者认为企业培训最重要的一点就是培训成果的有效转化，而在此基础上的关键问题就是如何切合实际地发现培训需求，这就首先要求企业要有健全的培训需求分析体系；其次，必须取得管理者及各部门的支持，并要有健全完善的公司员工培训制度来确保培训的成果，并在以后的工作中得以应用和发挥。

第 40 章　民营企业的团队管理模式

随着企业改制的不断深入，逐渐发展壮大的民营企业辉煌下却隐含着致命的不足，迫切需要对其产权结构和管理模式进行探讨与改革。“三分生产，七分管理”，管理模式的先进与否直接影响企业的生产效益。就民营企业的运作特征来说，团队管理模式的高效率、高产出的特征为其管理模式改革提供了一种可供借鉴的可能性。

40.1　民营企业概况

我国民营经济经过改革开放几十年的不断发展，从无到有、从小到大，已形成越来越强的经济实力，成为国民经济的重要组成部分，其所占份额也越来越大。近年来国企面临困境，为调整产业结构，建立现代企业制度，出现了较为严重的下岗失业问题，民营企业成为安置失业人员的重要途径，有近 600 万下岗职工被民营企业所吸纳，很好地解决了国企下岗职工失业再就业的严重问题，支持了我国经济体制改革的正常实施并促进了国民经济的发展。可以说，民营企业在我国的国民经济宏观格局中占据着越来越重要的地位。通过民营企业自身的不断成长壮大及国有企业的改制，民营企业和民营经济必将得到更快更好的发展。

然而，民营企业的发展也存在着困难。民营企业是在改革开放之初由小农经济逐步萌芽发展起来的，因此其本身就带着与生俱来的两个致命弱点——家族化管理和独裁决策。这体现在，企业中重要事务均由家庭成员或亲戚负责，有强烈的排外性；企业员工以家族成员为主，对外来人员有选择地加以录用，主要标准是视其与家族的亲疏程度；企业的经营权由“家长”垄断，权利集中，实行“一言堂”；企业的生产经营活动常以伦理规范取代经济规范。

家族管理体制比较适合经营内容单一、技术层次低的中小企业。当民营企业处于小规模，从事单一产品生产的时候，管理者大权在握，独断决策，集企业的所有权和经营权于一身，这和家族的结构特点及运作方式二者之间是相辅相成的，对民营企业来说在创始阶段是有利的。但其弊端也是明显的：决策随意性大，无规范性可言，人才来路不畅。因此，一旦生产规模扩大，经营领域拓宽，技术层次提高，市场竞争加剧，这种企业管理制度就很难适应。如不摒弃家族式的管理，则其将不可避免地走向衰亡并断送其家族化之路。民营企业要想做大做强，必须对其管理模式进行改革。对正在发展中的民营企业，其管理模式可以借鉴团队的管理模式。

40.2　团队管理模式

40.2.1　团队的概念

团队是一个由少数成员组成的小组，小组成员具备相辅相成的技术或技能，有共同的目标，有共同的评估体系和做事的方法，共同承担最终的结果和责任。团队的一般要求如下。

(1) 成员数量少：一般在 3～20 人，最好在 8～12 人。团队的规模一般比较小，团队成员一般不能超过 10 人。团队成员过多，就会产生交流的障碍，讨论问题时很难达成一致，团队很可能会分裂成许多较小的群体，团队的凝聚力就会减弱。团队成员过多，还会产生社会惰化现象。一方面，团队成员过多，个人的作用和团队的绩效关系模糊，个人的贡献无法直接衡量。另一方面，团队成员过多，团队成员会认为其他人不尽责，而降低自己努力的程度。

(2) 成员相辅相成的技能：每一个队员应带来不同的技术或技能，他们或是某项技术的专家，或是技术性较强的员工等，有能力解决问题和做出决策，每个队员有与别人沟通的技能，能冒一些风险，可以提出有建设性的建议和批评，能听取不同队员的意见。

(3) 有共同的目标、共同的评价，共同承担责任，整个团队有共同做事的方法，如共同的时间表、共同的一些活动等。

40.2.2　团队与普通群体的区别

在简单组成的群体中，每个人本身是独立的，他们的目标各不相同，有着不同的活动。然而，一个团队的人是有共同目标的，他们相互依赖、相互支持，共同承担最后的结果。首先，团队成员之间为了完成任务，相互支持、相互依赖，而群体一般是独立地完成任务；其次，团队成员有共同的目标，有相同的衡量成功的标准，而群体内部大多没有统一的衡量的标准；最后，团队成员之间相互负责，共同承担最终的责任，而群体中没有最终的责任人。

40.2.3　团队管理模式的基本要求

团队管理模式除上述一般要求外，还应做到以下几点。

(1) 团队的形成是为完成某一特定的任务。团队是人的集合，团队管理与决策是分不开的。因此，一般说来，团队中有三种技能的人不可少。第一种是具有技术专长的人；第二种是能够发现问题，提出解决问题的建议，并权衡这些建议，然后做出有效选择的人；第三种是善于倾听、反馈、解决冲突及具有其他人际关系技能的人。对团队来说，还有一点值得重视，那就是不同技能的人要进行合理搭配。一种技能类型的人过多，另两种技能类型的人就会减少，团队的整体绩效就会降低。所有高绩效的团队都能给成员一个适合自己个性的角色。研究表明，一个成功的团队大约有多种不同的角色定位。他们分别是：创造—革新者；探索—倡导者；评价—开发者；推动—组织者；总结—生产者；控制—检查者；支持—维护者；汇报—建议者和联络者。理想的团队需要具有不同技能和承担不同角色的人，但在团队成立之初是不可能的，也不应该要求得如此严格，因为一些技能可以在团队中得到学习，角色也可以在与其他团队成员的磨合中定位。

(2) 改变管理方式。当企业准备实施团队这一管理模式时，对企业工作人员的要求也随之改变，管理人员必须以不同于往常的方式进行管理，他们必须下放权力，必须对新的行为进行奖励和评估。企业员工同样必须以不同于以往的行为来行事、沟通、交流、配合，他们必须承担更多的职责。特别是在没有明确制度和规范约束的情况下，团队成员应明白自己“该做什么”及“怎么做”。

(3)凝聚力是团队生存的基础。如何培养团队成员的凝聚力呢？其一，团队要有一个明确的目标。为了增强凝聚力，一个成功的团队的成员用大量的时间和精力来讨论和完善一个在集体层次和个体层次都能被接受的目标。这一目标一旦被全体成员接受，就会起到航标灯的作用。接下来的工作，就是把这一目标转变成具体的、可衡量的和现实的绩效指标。比如，将市场占有率提高 4%，将退货率减少 4%，等等。事实上，如果一个团队不能确定明确的具体工作指标，或是具体的工作指标与整体目标毫无关系，那么团队成员会因此变得困惑、涣散，表现平庸，凝聚力差。其二，建立一个以群体为基础的评估和奖酬体系。传统的以个人为导向的评估和奖酬体系与团队的精神是不一致的。在团队中，计件工资，现金发放，工作轮换和晋升等激励个人表现的方式，并不适合于团队。因为在团队中我们鼓励相互协作而不是相互竞争，我们强调的是集体利益而不是个人利益。强调集体的责任心，强调集体主义精神，对增强团队的凝聚力有着积极的作用。

(4)忠诚感和信任感是团队成功运作的灵魂。团队是一个高凝聚力的集体，它需要团队成员的忠诚。作为团队的成员，应该用语言和行动来支持你所在的团队。发挥主人翁的责任感，为团队出谋划策。将团队的利益置于个人的利益之上。特别是当团队成员或团队受到外来者的攻击时，你应该勇敢地站出来维持团队的利益。团队是一个相互协作的群体，它需要团队成员之间的相互信任。团队成员在承受压力和困惑时要相互信赖，就像荡离了秋千的空中飞人一样，他必须知道在绳的另一端有人抓着他。团队中的信任，表现为两个方面：一是团队成员之间的相互高度信任，即团队成员必须彼此相信各自的正直、个性和能力。要做到这一点，就要求在工作和生活中，表明你是个诚实可信赖的人，你对一切问题都能做到开诚布公，愿意与团队成员分享你的观点和信息，并能保持自己行为和个性的一贯性，同时你还应毫无保留地展示你的才能。二是管理者与团队成员之间的相互信任。作为管理者一定要把自己当成团队中普通的一员，在团队中没有地位的高低，只有分工的不同，管理者不应该有任何特权思想。在团队中还应提倡公开性和透明化，做到办事公正，在进行决策和采取行动之前，先想想别人对决策或行动的客观性和公平性会有什么看法。在进行绩效评估时，应客观公正、不偏不倚。在分配奖励时，应注意其平等性。

(5)创造力水平的高低是衡量团队成败的关键。如果团队缺乏创新能力，那么它充其量是一群徒有其名的乌合之众。一方面，从团队的特点来看，它应该有得天独厚的创新能力；另一方面，作为团队的成员也应努力将自己培养成创新的能手。团队的每一个成员有各自不同的技能和经验，他们在一起共事会产生优势互补的效应，会打破原有的“思维定势”，产生新的思路和想法。团队的每一个成员都会受到团队其他成员的信任和依赖，这更成为他们不断思考、勇于创新的动力。

(6)参与管理是团队建设的出发点。强调员工参与管理是企业自身发展的必然要求。企业鼓励员工参与管理，就是要发挥员工个人的积极性，尊重个人的个性和特长，使员工增强对企业的责任感。事实上，团队型参与管理是参与管理的较高形式。组织充分信任工作团队，授予他们自我管理的权力。他们不仅注意问题的解决，而且执行解决问题的方案，并对工作结果承担全部责任。一般说来，他们的责任范围包括控制工作节奏、决定工作任务的分配、安排工间休息。有的团队甚至可以自己挑选队员，并让成员相互进行绩效评估。

40.2.4　民营企业采用团队管理模式的必要性

团队管理模式，就是企业根据需要实现的目标，按照一定的要求形成完成任务的小组(团队)，把目标分解成任务，而后布置给每一个团队，并由高层管理者进行宏观调控。

民营企业采用团队管理模式，有其内外因素的影响。

首先，外部因素：①客户的期望值更高，如对物质品质要求高及有多样选择，包括对质量、服务和技术支持在内的全方位的需求。②更加复杂的市场和产品，如市场的多样化，以及产品和产品功能的不断增加。③商业不确定性更大，如不断变化的市场、产品生命周期缩短，以及对用户需求作出反应的需要。④市场竞争加剧。

其次，内部因素：①要求高级管理层更多地从战略角度考虑问题。采用团队管理模式可把高级管理层从繁杂的日常事务中解脱出来，使其能集中精力思考重大问题，从事更多的战略规划工作。②需要反应迅速、快速决策。通常情况下，团队成员比高级管理层更了解与工作有关的问题，而且这些问题对团队成员来说更有切身利益，因此以团队方式作出各种决策的速度，要比将工作分派给个人的方式快得多。把决策权直接下放给团队，可使组织在迅速作出决策方面具有更大的灵活性。③需要集体主义精神。在为实现共同目标而建立的团队中，成员们必须对如何将个人力量更好地贡献于集体目标具有统一的理解和认识，并建立起共同的承诺，使团队成员为了一个共同的目标而有机地团结凝聚在一起。④不断追求创新。由不同背景、不同经历的个人所组成的团队将会产生更具有创新意义的设想，而且作出的决策要胜于仅仅由个人作出的决策。可以说，团队具有这样的潜能，即能把各种技能、经验和专业知识有机地结合起来，保持企业的活力和创新，在竞争中求得生存和发展。

40.3　团队管理在民营企业中的实现

全球经济一体化进程的飞速发展和知识经济成为促进经济增长主要方式的变革已将我国的每一个企业置入一个崭新的谋求生存发展的环境当中，民营企业也毫无例外地必须迎接来自新世纪这场前所未有的全球经济革命的挑战。市场竞争加剧，客户的期望值更高，商业的不确定性增大，民营企业必须改革管理模式。这些正是民营企业困境与团队管理模式的交集。民营企业的可持续发展，为团队管理模式提供了生存和发展的空间，团队管理的低成本、高效率等优势，也正是民营企业的内在要求。

具体到民营企业，就是要充分发挥好团队的优势，同时巧妙地避绕团队管理工作中的陷阱。在团队中设立清晰的目标，以制约企业发展方向的随意性；领导充分授权与分权，改变“家长”作风；实现高层管理职业化，所有权与经营权相分离；培养集体主义精神，增强企业凝聚力；更扁平的结构，更集约的管理，高层管理者从战略角度考虑问题。只有这样，民营企业才能突破发展的瓶颈，实现新的飞跃!

(1)注重成员的选择，制定良好的规章制度。成员的组成要注意选择性格、能力、气质等相互互补的成员组成项目团队。在项目规模小的时候，项目主管既要是技术专家，善于解决各种各样的技术问题，还要通过传帮带的方式实现人管人；在项目规模较大的时候，项目主管必须通过立规矩、建标准来实现制度管人。所谓强将手下无弱兵，没有不合格的兵，只有不合格的元帅。一个强劲的管理者，首先是一个规章制度的制定者。规章制度也包含很多层面：纪律条例、组织条例、财务条例、保密条例和奖惩制度等。好的规章制度可能体现在执行者能感觉到规章制度的存在，但并不觉得规章制度会是一种约束。对于违背规章制度的行为，应该及时制止，否则长此以往，在这种公众麻木不仁的氛围中，一些不良风气、违规行为就会滋生、蔓延甚至繁荣。项目主管虽然是规章制度的制定者或者监督者，但是更应该成为遵守规章制度的表率。如果项目主管自己都难以遵守，如何要求团队成员做到?

(2)明确共同的目标。在团队管理中，不同角色由于地位不同和看问题的角度不同，对项目的目标和期望值会有很大的区别，如项目主管面对客户，需要按照承诺，保质保量地按时完成项目目标；而项目成员可能是打工者心态等。好的项目主管善于捕捉成员间不同的心态，理解他们的需求，帮助他们树立共同的奋斗目标。劲往一处使，使团队的努力形成合力。

(3)营造积极进取、团结向上的工作氛围。假如项目缺乏积极进取、团结向上的工作氛围，项目成员的力量就很难合在一起，大家相互扯皮、推诿指责，项目也就不可能成功。对于那些嫉妒别人的成就与杰出表现，天天想尽办法破坏与打击的人，如果不予去除，久而久之，组织里只剩下一群互相牵制、毫无生产力的庸人。这就要求组织营造积极进取、团结向上的工作氛围。在团队内部，通过大家的一致努力，完全可能营造出一个积极进取、团结向上的工作氛围。这就需要做出以下努力：奖罚分明公正，对于工作成绩突出者一定要让其精神物质都丰收；对于不出力者要受到相应的惩罚；每个成员承担一定的压力，项目主管不应该成为“所有的苦，所有的累，我都独自承担”的典型，项目主管越轻松，说明管理得越到位；在学术问题的讨论上，要民主要平等，不做学霸，不搞一言堂，充分调动每个成员的积极性、创造性；在生活中，项目主管需要多关心多照顾项目成员，让大家都能感受到团队的温暖。

(4)注重相互之间的沟通。良好的沟通能力是解决复杂问题的金钥匙。每个人的知识结构和能力有区别，对于同一问题的认识会出现不同的结果。在这种时候，项目主管就需要具备良好的沟通能力。在现实生产中，经常会出现客户对项目需求的更改要求，到了收尾阶段，客户发现现实需求已经发生变化，需要项目做大幅度的调整。项目主管要是不管不顾，这个项目可能就毫无意义。项目主管要是按照客户需求来调整项目目标，这个项目就可能拖延，超过预算。这种时候，项目主管与公司高层、成员、客户之间的沟通能力就极其重要。良好的沟通能力将有助于解决这类复杂问题。

第 41 章　家族企业知识型员工流失的原因

在当今竞争日趋激烈的知识经济时代，人才问题成为企业的核心问题，人才竞争也已经成为家族企业竞争的首要主题和核心内容之一，企业想要获得持久的竞争优势，就必须要依靠构筑人力资源竞争力，拥有比对手更优秀、更忠诚、更有主动性和创造力的人才。人才流失是企业资本的流失，必然影响到企业的生存与发展，而人才流失问题更是关乎家族企业生死存亡的大问题。

41.1　知识型员工概述

41.1.1　知识型员工的界定

什么是知识型员工？“知识型员工”又称为“知识工作者”“知识员工”或“知识工人”，是由世界著名管理大师彼得·德鲁克(Peter Drucker)于 1959 年在其著作《明天的里程碑》(*Landmarks of Tomorrow*)中最早提出的，他将知识型员工的内涵界定为“那些掌握和运用符号和概念，利用知识或信息工作的人”。加拿大学者弗朗西斯·赫瑞比(Frances Horibe)对知识型员工的定义是：“知识型员工就是创造财富用脑多于用手的人们，他们通过自己的创意、分析、判断、综合、设计给产品带来附加值，知识型员工是企业发展的核心力量，是每个企业中增长最快的因素”。在我国，它是随着知识经济浪潮和知识管理革命而兴起的一个新概念，至今学术界对此没有统一的定义。国内学者对知识型员工内涵的阐述各有不同侧重，主要包括以下三种观点：一是职位论。该观点主要对员工从事的工作岗位性质进行界定，认为知识型员工通常在产品开发、工程设计、市场营销、广告、会计计划、法律事务和金融、管理咨询等领域工作，而高科技企业中的研发人员是管理学界所普遍认可的知识型员工的典型。二是能力论。该观点主要认为知识型员工一般是指具有从事生产、创造、扩展和应用知识的能力，为企业带来知识资本增值，并以此为职业的人。三是学历论。该观点认为知识型员工指的是会电脑、懂技术或掌握管理技能和能够不断自我更新知识的大中专学历以上的员工。综上可以发现，对于知识型员工尽管目前学者们缺乏统一的定义，但是知识型员工一般应具备以下三个基本条件：第一，具有从事生产、创造、扩展和应用知识的能力；第二，从事高级脑力劳动；第三，能为组织带来巨大的知识资本增值，为产品或服务带来很高的附加价值。目前，普遍的观点认为“知识型员工”是指“在企业中从事生产、创造、扩展和应用知识的活动，为企业做出创新型的贡献、带来知识资本和货币资本快速增值并以此为职业的人员”。它是直接致力于与知识相关的工作、对企业有创新型的贡献、可为企业带来知识资本增值进而使货币资本快速增值的企业内部员工。知识型员工的范围从职业上界定，典型的有企业管理人员、研发人员、专业技术人员和高级营销人员等。

41.1.2 知识型员工的特点

知识型员工是一个追求自主性、个性化、多样化和实现自我价值的员工群体，与一般员工相比，他们具有很强的独特性。

1. 具有相应的知识资本，个人素质较高，工作创造性强

知识型员工一般都受过良好的教育或有长期的实践经验，掌握了较高的专业技术和技能及企业的核心生产技术和关键客户关系，从而成为某一方面的知识专家。这一知识专家的稳定性和对工作的积极性，直接关系到企业的生存和发展。因为知识型员工拥有企业最稀缺、最宝贵的资本——知识资本和知识创新能力，知识型员工和企业不再是传统意义上的雇佣关系，而是通过知识资本的投入，成为企业的战略合作者。知识型员工的知识资本和知识创新能力构成了企业创新能力的基础，使企业能在复杂多变的环境中，解决可能出现的各种新问题，变革企业的管理制度，研究开发出新产品，策划新的服务方式，从而提高企业的竞争能力和应变能力。

2. 具有很强的工作自主性，劳动成果难以衡量

知识型员工大都从事创造性劳动，更倾向于宽松的、高度民主的、自主的工作环境，而不愿意受规章制度的制约和企业领导的监督。他们从事创造性的工作，其工作过程及成果常常以某种思想、创意或技术发明、管理创新的形式出现，很多是无形的东西，其价值显现要经过相当长的一段时间。另外，知识创新的复杂性和难度，往往要求知识型员工组成工作团队，运用集体的智慧完成工作任务。因此，劳动成果多表现为团队智慧和努力的结晶，个人的工作绩效则难以衡量。

3. 自有主见，蔑视权势

由于知识型员工在技术方面的特长，他们对任何事物、工作都有自我的意见、看法、观点，而且这些自我的意见、看法、观点又能对上司、同僚和下属的决策行为产生严重影响。因为他们拥有这些值得让他们骄傲的知识资本，所以就使得知识型员工并不崇尚任何权威。

4. 追求完美，流动性强

知识型员工作为高素质、高层次人才，其更注重自身价值的实现，有得到社会承认和尊重的需要，不满足于被动地完成事务性的工作，而是热衷于挑战性的工作，追求完美的结果。因此，在现实中，他们一般对企业的忠诚度较差，流动意愿强，而更忠于自我的发展、最大限度地实现自我价值。

41.1.3 知识型员工的需求

知识型员工的特点，导致了其具有相应的价值取向，从马斯洛需求层次理论来看，知识型员工的需要主要集中在尊重和自我实现这两个较高层次上。知识管理专家玛

汉·坦姆仆经过大量实证研究发现，知识型员工注重的前四个因素及比重依次为：个体成长(34%)、工作自主(31%)、业务成就(28%)和金钱财富(7%)。这个比例从一定程度上概括了全球知识型员工的需求特点。但在我国，这个需求的比例会有所变化，即在物质财富还比较匮乏的知识型员工中，金钱财富可能成为其首要需求，但是一旦他们拥有了一定的金钱财富，注意不是足够的金钱财富，他们的需求结构就会把金钱列于次要位置。总的来说，与其他类型的员工相比，知识型员工更重视能够促进他们发展的、有挑战性的工作，以及顺利的业务、职位的发展空间、宽松的工作环境、优秀的企业文化，这些都成为其个体成长中需求的客观条件。他们要求被给予自主权，使之能够以自己认为有效的方式进行工作，较少受到各种限制和规定，并完成企业交给他们的任务。与其他员工相比他们更渴望看到工作的成果，认为成果的质量才是工作效率和能力的证明。当他们体验到自己的贡献和成就时，就会获得巨大的满足感和成就感，从而激发起其工作的积极性，他们会更加努力地获得良好的业绩，获得企业或者他人的重视，获得一份与自己的贡献相称的报酬，并使自己能够充分分享自己创造的财富。

41.2　家族企业知识型员工流失原因分析

人才稀缺与日益增长的人才需求，使知识型员工面临多种流动诱因和流动机会，知识型员工的高流失率已成为困扰大多数家族企业的严重问题。对于知识型员工流失的原因可以从内外两方面来研究。外部原因主要是社会环境、行业环境和企业本身的环境；内部原因主要是指知识型员工本身的因素，如知识型员工重视自身价值的实现及知识的获取与提高。知识型员工“更多地忠诚于他们的专业而非他们所在的组织，他们不断追求对知识的探索，追求事业的发展，而企业要求他们能够创造价值”。总的来说，我们可以从以下三个因素分析知识型员工流失的原因，即家族企业自身因素、知识型员工自身因素及外部环境因素。

41.2.1　家族企业自身因素

家族企业在长期的经营实践中表现出来的特点是导致知识型员工流失的主要原因，其主要表现在以下几个方面：家族企业的特征、收入政策、福利政策，以及企业文化与目标、家族企业主的管理风格、沟通因素等。

1. 家族企业组织本身与知识型员工个人期望的差异性

家族企业只追求利润是否有提高，企业的社会影响力是否有扩大，而知识型员工追求终身的就业能力，重视自身价值的实现，重视自身知识的获取与提高。两者的目标不同，出发点就不一致，前者认为只要能获取高额利润，可以不在乎员工的感受，但后者希望自己的能力能得到提升，希望通过流动能实现自身价值的增值，这也正是家族企业知识型员工流失的关键原因。

2. 企业的特征

企业的特征主要包括三个方面：一是企业的规模。家族企业的规模一般不大，给知识型员工带来的不安全感较强，因为人们一般都以能进入规模大的企业而自豪。另外，家族企业的规模小，企业内部适合于知识型员工轮岗的岗位较少，从而使得知识型员工内部流动的机会不多，而这种内部的流动对增加知识型员工的工作满意度，减少流失是很有好处的。二是企业在产业中所处的地位。通常家族企业在本产业中所处地位较低，所占份额较少，使得其知识型员工的安全感不强，流失也更易发生。三是企业的经济效益。知识型员工之所以愿意留在企业中，重要的一点就是企业能够给知识型员工带来较为满意的个人收入，而个人收入是与企业的经济效益紧密相连的，企业的经济效益越低，知识型员工收入就越低 ，流失率也就越高。

3. 企业的收入政策与福利政策

人的需求是分层次的，根据马斯洛需求层次原理分析，生理的需要是排第一位的。作为满足这一需要的最重要的保障——个人收入水平，这是个体择业的首要考虑因素，追求更高的收入是知识型员工流动的一个重要原因。大部分家族企业由于实力有限而无法提供具有较强外部竞争性的薪酬，从而导致家族企业的知识型员工流失。良好的福利政策能够弥补收入政策的不足，但家族企业迫于生存的压力一般无暇顾及企业员工的福利，企业主与知识型员工无法建立起彼此长期合作的心理契约，这样也会引起知识型员工的流失。

4. 薪酬与知识型员工的贡献不对等

由于家族企业的资金实力有限，在给予知识型员工的报酬方面无法与大型企业竞争，而且多数家族企业的薪酬体系是依照企业主的相关经验来核定的，因而知识型员工的起薪和一般员工的起薪并无太大差异。这对一个刚毕业的知识型员工来说，或许可以勉强接受，但随着他们经验的增加，能力的增长，便不会满意目前的薪酬水平。根据美国行为科学家亚当斯提出的公平理论，人们不仅关心自己获得的绝对报酬，也关心自己和他人在工作和报酬上的相对关系，即人们要将自己获得的“报酬”(包括金钱、工作安排及获得的赏识等)与自己的“投入”(包括教育程度、所作努力、用于工作的时间、精力和其他无形损耗等)的比值与组织内其他人作比较，只有相等时他才认为公平。如果不相等，就会出现“公平紧张”的现象，从而影响日后的工作积极性。因此，当企业的薪酬体系不能反映知识型员工的贡献时，他们就可能会选择离职。

5. 缺乏培训的机会

家族企业由于自身特点通常缺乏资金为员工提供再教育、再培训及发展的机会，而知识型员工却迫切希望通过培训以实现自我增值的目标，这样也往往使知识型员工产生离职的念头。

6. 企业文化与目标

努力拼搏、勇于奉献的价值观念和明确的企业目标会使员工愿意与企业一同奋斗以实现企业和个人的目标，这样其流失的可能性就会小。建立明确的企业发展规划和目标，创造与培养一个好的企业文化环境，拥有开明的用人制度与良好的工作氛围是知识型员工愿意留在企业与企业共同发展的重要因素。然而，家族企业由于自身特点的原因大多都不注重企业文化建设，也缺乏清晰明确的发展目标，这也成为知识型员工流失的重要原因。

7. 家族企业主的管理风格

家族企业主的管理风格多数采取家长制管理，作风较独断，同时还存在排外思想，任人唯亲的现象较严重。因此，大多数家族企业主仍然把人看作工具，以工作任务为导向，以利润为中心，缺乏以人为本的观念，使得知识型员工晋升的机会有限，从而导致知识型员工的流失。

8. 家族企业的管理制度

受家族企业自身因素的影响，他们通常采用经验管理的方法，缺乏科学有效的管理制度。然而，科学的管理制度与和谐的工作环境却是员工是否愿意在企业长久工作的一个重要原因，若企业的经营管理方式致使机构设置重叠、薪酬机制不合理，工作人浮于事、官僚气十足、办事效率低下、信息沟通反馈不畅就会导致员工能力得不到发挥，智力资本流失，关键岗位的知识型员工就会选择离开企业另谋高就。

9. 沟通因素

就企业内部而言，增加信息沟通可以改善人际关系，消除因信息不通而造成知识型员工紧张和不满的情绪，有效化解各种冲突与矛盾。信息阻塞是影响知识型员工发挥积极性，导致其流失的一个重要因素。企业内的集权度是影响知识型员工信息沟通的一个重要原因。家族企业的集权度通常较高(独裁制)，从而使知识型员工之间的平行沟通、上级与下级之间的沟通、上行和下行沟通比较困难，知识型员工很难发泄自己的不满情绪，因此导致其流失率较高。

41.2.2　知识型员工自身因素

1. 工作满意度

影响工作满意度的因素有报酬和晋升、企业氛围、管理风格、期望等。报酬不仅能使知识型员工满足生理需要，而且是个人成就获得尊重的象征，所以低收入会导致较低的工作满意度。晋升能给知识型员工带来更丰富的工作内容、更高的收入、更大的工作自由度和自主权，这些都有助于员工工作满意度的提高。对企业氛围有负面影响的因素包括企业集权度、不畅通的沟通渠道、民主性的缺乏等。家族企业由于自身实力不够及企业主的目光短浅，通常提供给知识型员工的报酬不具有外部竞争性。加之繁重的工作任务、过高的最低绩效要求、单调的工作内容使知识型员工感到不安和乏味，造成家族企业的知识型员工的工作满意度较低，从而导致其流失。

2. 个人文化意识

文化的差异决定了知识型员工工作价值观的差异，工作价值观是员工对工作和工作相关问题的基本态度。具有较强权力意识的知识型员工认为自己的上级应该给自己更大的权力，应当不断得到提升和重用。晋升是最重要的需要，一旦这种需要得不到满足，就会对自己的工作产生强烈的不满。知识型员工具有较大的忧虑，对未来担忧，在个人择业时认为企业的规模是极为重要的，常常喜欢选择大企业作为满足自己需要的环境。并认为，企业要有明确的目标；企业的管理应由专家来进行，组织结构要明确并受到重视。家族企业的规模决定了知识型员工晋升的空间有限。家族企业一般没有明确的战略目标、完善的规章制度和清晰的组织结构，即使有一些零散的制度也没有得到有效执行，出现管理随意化的特征。另外，家族企业主通常不愿请职业经理人来管理企业而喜欢自己在企业管理实践中不断摸索。

3. 个人理想和工作志向

知识型员工都充满了远大的理想而且随着社会的发展、经济大环境的变化，他们的理想也会产生变化。如果他们新的理想在本企业得不到实现，那么他们将会寻找新的环境去实现这种理想从而发生流动。员工个人的工作志向影响其去留，无论从事技术工作、销售工作，还是行政管理工作，如果计划从事的工作类型和职位与目前企业提供的不符，那么知识型员工也易于流失。

41.2.3 外部环境因素

1. 产业结构对知识型员工流失的影响

产业结构对家族企业知识型员工流失的影响主要体现在两方面：一是产业结构的调整会使得知识型员工从一个产业转向另一个产业；二是新兴产业的出现，使得其他产业的知识型员工流失而进入该产业。由于产业结构的调整与扶持受到国家的宏观干预，因此产业结构对知识型员工流动的影响受国家政策的影响。

2. 国家和地区的经济发展状况对知识型员工流失的影响

国家或地区的经济发展状况对家族企业的知识型员工流失的影响包括经济发展速度和经济发展效益两方面。高速发展的经济对人才提出了更高的要求，要求人才具有更高层次的知识和技能，要求人才具有更加良好的素质，这迫使一些知识型员工重新返回学校接受教育。所以在经济高速发展的条件下，家族企业的知识型员工流失率会增高。经济发展的效益可以用通货膨胀的指标来测试。在高通货膨胀率的情况下，一些知识型员工为了维持自己和家庭的生活水平，不得不寻找更高薪酬的工作，从而导致家族企业知识型员工流失率的增高。

3. 社会环境对知识型员工流失的影响

伴随着社会的转型期，讲究规则、信守承诺的市场经济价值观念还没有完全形成，人们的价值观念出现了迷茫。在缺乏舆论监督的情况下，人们自然会根据自己眼前利益的最大化来做出选择。随着经济的全球化、信息化，国与国、地区与地区之间的界限变得模糊，空间距离的缩短使知识型员工的流失极为容易发生。

第 42 章　家族企业知识型员工流失的影响及对策

知识型员工作为知识的载体大多拥有知识、经验、技能、创造性、敬业勤奋精神等，对企业的生存和发展起着至关重要的作用，是使企业保持和提高竞争力的动力，所以知识型员工作为经济社会发展的稀缺资源，越来越成为人才市场争夺的主要对象。家族企业更不可避免地会面临实力雄厚的大企业对人才尤其是知识型人才的争夺，知识型员工的流失是市场经济发展道路上的必然现象，如何降低知识型员工的流失率和减少其流失的影响，已成为摆在家族企业面前必须解决的问题。

42.1　知识型员工流失对家族企业的影响

知识型员工的流失会给企业带来两方面的影响：积极影响和消极影响。知识型员工流失对家族企业的积极影响包括：使企业保持一定的员工流动率，这能够为家族企业不断输入新鲜血液，引进高素质员工，淘汰不合格员工，使企业保持活力。知识型员工的流失也会给企业带来消极影响：导致企业丧失核心竞争能力，掌握核心技术或商业机密的知识型员工的离职可能会导致企业赖以生存的核心技术或商业机密的泄露。知识型员工的流失造成的消极影响还体现在破坏企业凝聚力和向心力、影响企业创造价值的能力、削弱企业竞争优势及企业无形资产的流失上。知识型员工的流失对企业来说风险极大，除了直接给企业带来一些重要岗位的空缺及增加人力资源重置和培训成本外，当某些核心员工和核心技术流失后，实质上还等于给竞争对手提供了“帮手”，同时还会使企业内其他知识型员工受到负面影响，从长远来讲，对企业的凝聚力、竞争力都十分不利。

42.1.1　导致企业核心技术和商业机密的流失

由于知识型员工本身所具有的特点，其在企业中掌握着核心技术或商业机密，他们的流失可能导致企业赖以生存的核心技术或商业机密的泄露。如果发生这种情况，将会给企业带来极大的损失，特别是当这些知识型员工跳槽到竞争对手或者同行业企业或另起炉灶后，企业都将面临严峻的竞争压力，甚至破产。

42.1.2　影响企业的生产效率，阻碍企业的可持续发展

知识型员工的流失可能导致企业关键(技术)岗位的空缺。由于知识型员工掌握着某种专门的技能，如果他们流失，企业可能无法立刻找到可替代的人选，那么这一关键岗位在一定时期内的空缺势必影响企业的整体运作，甚至可能会对企业造成严重的损害，影响到企业的生产效率，阻碍企业的可持续发展，且如果出现了知识型员工的集体跳槽

又不能及时补充，家族企业面对的必然是倒闭。

42.1.3　增加企业巨大的成本

员工的流失会导致企业损失为招聘此职位所花费的招聘费用、培训费用及其他一些直接成本，同时还要花费再次招聘和再培训的费用及该职位空缺所损失的机会成本，此外还有员工流失前三心二意造成的生产率损失、从离职发生到新员工上岗前岗位空缺的效率损失。与一般员工相比，知识型员工的离职给企业带来的成本更为巨大。因为知识型员工相对来说比较匮乏，稀缺程度越高，获取的难度越大，有的甚至要通过猎头公司才可获得，所以招聘成本、选拔成本往往都比较高。且知识型员工往往掌握有企业的核心技术，所以他们离职前的生产损失成本、空缺成本、管理混乱带来的成本费用等都相对更高。

42.1.4　对企业员工造成巨大的思想冲击

企业内部某些人可能因为知识型员工的离职而心思波动，产生不稳定情绪，且知识型员工往往在一个企业中身居要职，凭借个人魅力身后不可避免有一批追随者，一个“领袖”的离职可能意味着一个团队的解散。一家公司对外发布新闻宣称其 CEO 主动辞职了，其实是 CEO 与董事会意见相左被解职的。由于这一原因，该 CEO 走后，好几名核心员工接二连三地辞职。这样就必然造成企业内人气损伤，致使企业工作效率降低，不利于员工间的团结，不利于企业文化建设，不利于企业凝聚力培养而给企业造成间接损失。

42.2　应对家族企业知识型员工流失的基本策略

知识型员工在家族企业中扮演着重要角色，他们的去留直接影响到企业的生存与发展。应对知识型员工流失的策略首先应“以人为中心”建立人本管理模式；其次还可以让知识型员工感觉到企业重视他，如充分授权、工作内容丰富化、实行弹性工作制等；知识型员工更多地忠诚于自己的专业、个人兴趣和职业生涯的发展，所以还应当为他们提供培训机会，帮助他们有效进行职业生涯规划。要想留住知识型员工除了提供一些基本的工作自主权、培训机会、愉快的工作环境等，最根本的是要了解他们的个性和需要，一个良好的发展空间及与其能力相匹配的报酬也是他们最看重的。要想真正留住知识型员工，需要企业树立与知识型员工是合作伙伴关系的理念，而不是让他们感到被控制，要在企业中营造一个充分沟通、信息知识共享的环境，管理者还应采取与他们共同制定面向未来的发展计划等措施来防范知识型员工的流失。

42.2.1　建立“以人为中心”的人本管理模式，重视与加强企业文化建设

人本管理，即以人为本的管理，是指在企业管理过程中以人为出发点和中心，围绕着激发和调动人的主动性、积极性、创造性而展开的实现人与企业共同发展的一系列管理活动，是一种“留人先留心”的原则。这就要求在企业的管理行为中始终贯穿着激励、

信任、关心和情感等柔性化的内容。要求企业领导具有科学的人才观，既要有识才的慧眼、选才的勇气、容才的胸怀、用才的艺术，还要在企业的生产经营中，发挥每个人的作用，让全体人员都来关心企业、参与决策、参与管理，把个人与企业融合起来，使知识型员工得到企业的重视和心理的满足。企业文化是全体员工共同创造的群体意识，是一种黏合剂，它以一种微妙的方式来沟通人们的思想、感情，融合人们的理想、信念、作风、情操，把各个层次的人都团结在本组织周围，为他们增添动力，使他们为企业发展和实现自我的价值勇于献身，不断进取。企业文化是一种力量，随着知识经济的发展，它对企业兴衰将发挥越来越重要的作用，甚至是关键性的作用。管理者通过对企业文化的建设，注重知识型员工的自我尊重、自我实现等高层次精神需求，才能使每个知识型员工在工作中自发地形成对企业的忠诚度和责任感，以及认同企业的价值观和目标，在增加员工对企业的归属感的同时进而将个人价值的实现与企业的生存发展达到最佳的结合。

42.2.2 重视知识型员工的独特个性，实行弹性管理制

知识型员工提供的是大量的创造性劳动，而这种创造性劳动又是难以衡量监督的，如果管理、激励不当，则会造成巨大的人力资本流失和浪费。IBM 总经理沃森信奉丹麦哲学家哥尔科加德的一段名言："野鸭或许能够被人驯服，但是一旦被驯服，野鸭就失去了它的野性，再也无法海阔天空地自由飞翔了。"知识型员工并非完美无缺，具有创造性潜能的优秀人才往往有着强烈的个性，或者说优秀人才的创造性往往蕴含于其独特鲜明的个性之中。对知识型员工实行宽容式管理，具体来讲可酌情对知识型员工实施弹性工作制，包括弹性工作时间、工作环境等多种方式，现代信息和网络技术的发展，为弹性工作制的实现提供了有利条件，利用网络终端在家办公，不仅满足了知识型员工的工作特性，而且可以为企业节省办公场地，降低费用开支。弹性工作制突破了时间和空间的限制，实现了个性化管理，把个人需要和工作要求之间的矛盾降至最小。

42.2.3 赋予知识型员工挑战性的工作，满足知识型员工的需求

知识型员工对于自身价值的实现十分重视，他们强烈期望获得组织和社会的认可，不满足于被动地完成一般性的指令性事务，追求的是附于自身的专项知识技能、知识成果的完美运用，向他们赋予挑战性的工作可以满足他们的这种价值追求。具体做法为对知识型员工下放一定的决策权，决策权的范围集中于"工作本身的技术决策"，同时还可通过岗位轮换和工作丰富化来实现。岗位轮换不仅可以增加员工所从事工作的复杂性，还可为员工提供有价值的交叉在职培训，从而使员工了解更多不同的工作。这不仅可以造就一支更为灵活的队伍，还能提高员工对其他工作任务的兴趣。工作丰富化是对工作责任的垂直深化，它允许员工对他们的工作施加更大的控制，员工被获准做一些通常由他们的主管人员来完成的任务。工作丰富化后的工作任务允许员工以更大的自主权、独立性和责任感从事一项完整的活动，使得员工在完成工作的过程中，有机会获得一种成就感、认同感、责任感，能够较好地激励知识型员工。

42.2.4　实施全面薪酬战略，给知识型员工以充分的激励

所谓全面薪酬战略，即公司将支付给雇员的薪酬分为外在的和内在的两大类。外在的薪酬主要指为员工提供的可量化的货币性价值。比如，基本工资、奖金等短期激励薪酬，股票期权、认股权、购买公司股票、股份奖励等长期激励薪酬，退休金、医疗保险等货币性福利，以及企业支付的其他各种货币性开支，如住房津贴、俱乐部会员卡、单位配车等。内在的薪酬则是指那些给员工提供的不能以量化的货币形式表现的各种奖励价值。例如，对工作的满意度，为完成工作而提供的各种便利工具(如电脑)，提供学习、培训的机会。另外，吸引人的企业文化、良好的人际关系、相互配合的工作环境，以及公司对个人的表彰、谢意等都成为重要的内在激励手段。外在的薪酬与内在的薪酬各自具有不同的激励功能。它们相互联系，互为补充，构成完整的薪酬体系。同时，也可以调整薪酬结构，将一部分现金报酬转化为远期报酬，如带有一定的商业性保险、调整年终奖发放时间等。实践证明，由于知识型员工对企业的期望和需求是全面的，其中既包括物质需求，更包括高度的精神需求，因而实施全面薪酬战略，是实现对知识型员工全面激励的有效模式。

42.2.5　提供有效的成就激励和精神激励环境

知识型员工由于占有最具升值潜力的生产要素——知识，在与企业的付酬博弈中具有较强的谈判实力，加之优秀人才的资源紧缺和供不应求，使得他们的市场价值不断攀升。因此，高报酬对知识型人才来说已并非其选择企业和决定去留的唯一因素。非金钱因素在他们的需求结构中所占比重越来越大。知识型员工有更强的成就动机，个体所特有的这种成就期望构成了一种强有力的成就激励。因此，成就本身就是对他们更好的激励，而金钱和晋升等传统激励手段则退居次要地位。不仅如此，由于对自我价值的高度重视，知识型员工同样格外注重他人、组织及社会的评价，并强烈希望得到社会的认可和尊重。

42.2.6　满足员工的安全保障心理，体现企业对员工的尊重和关怀

目前，我国大部分家族企业由于自身经济实力或管理思想的原因，并不为员工提供医疗保险和养老保险等保障业务，无法满足员工的安全保障心理。要想体现对员工的尊重和关怀，企业需要在这些方面加强完善：①为员工缴纳医疗保险和养老保险并提供定期的体检和心理咨询服务。这既可解除员工的后顾之忧，又可更好地了解员工的心理需求，使员工能够积极地投身于自己所从事的工作中。②完善休假制度。休假在员工生活中也是一项很重要的内容。在休假制度中，不仅应包括国家法定节假日，还应根据企业的实际和员工服务年限给予相应的休假待遇。③丰富员工的业余生活。有计划地举办一些活动，如竞技比赛、员工聚餐、电影包场等，这不仅能有效提高员工的整体素质，还能提高员工的凝聚力。④安排“品茶时间”。在单位的办公场所中提供一间免费的品茶室供员工享用，这不但可以激发员工的创意和灵感，还是一种特殊的沟通方式，可以给予员工关怀、温暖、激励和信任。总之，企业从经营理念到管理机制都要体现出组织对

知识型员工的尊重和关怀，使知识型员工能在企业中找到自己的心理支撑。

42.2.7 加强知识型员工的培训和内部选拔，帮助员工进行职业生涯规划

1. 加强知识型员工的培训

21 世纪是教育培训竞争的时代，在知识经济时代，培训与教育也是企业吸引人才、留住人才的重要条件。如果家族企业主想使知识型员工在工作中不断进步并获得足够的成就感，最好的方法是随时给其“充电”，让他们感觉到自己永远在前进，不断适应社会的需求。培训不仅可以进一步提高知识型员工的素质，还可以使他们感受到企业对自己的重视和企业的不断发展，这样可以有效提高知识型员工对工作环境的满意度，增强对企业的归属感。

2. 拓展人才选拔制度

家族企业要给予知识型员工充分发展的空间，提供成长的阶梯，即选拔人才要打破“家族”观念，“任人唯贤”而不是“任人唯亲”。这一方面可以使家族外的知识型员工看到工作发展前景，提高其对于工作和企业本身的满意度；另一方面，对于企业来说，知识型员工熟悉公司的运作程序，具有丰富的工作经验和良好的人际关系，便于很快进入工作状态，为企业创造出双赢局面。

3. 重视知识型员工的职业生涯设计

家族企业在发挥知识型员工工作积极性的同时，还要注重对他们的长期性培养，不能只顾眼前利益而忽视了他们的长远发展。在知识经济模式中，知识型员工具有对知识不断学习、更新，对新技术不断探索、不断追求，以期促进自我完善的意识和自觉性。这种自愿“充电”的动力是自我发展欲望的自我暗示和自我激励的结果，知识型员工自我发展的欲望决非仅仅只是满足于对现有职务或现有工作的胜任，其目标是为未来职业发展打下基础、创造条件。因此，家族企业在人员较少的情况下，可以集中精力和资金为知识型员工制定一个切实可行的职业生涯规划，职业生涯规划的主要内容是员工职务或职称的晋升机制、员工培训体系及用人制度等。知识型员工的职业生涯规划可以为人才搭建施展才华的空间和舞台，让更多的人想做事，让想做事的人能做更多的事，让做更多事的人能够得到合理的回报。根据人才、职业的特点和规律，为人才的发展提供机遇和动力，从而使员工的发展方向与企业的目标融合在一起，使知识型员工清楚自己在企业中的发展道路，看到自己的发展前景，不为自己所处的地位和未来的发展感到迷茫。

42.2.8 营造一个充分沟通、信息知识共享的环境

企业应建立一个信息、知识共享的平台，使知识型员工能够自主方便地了解到各方面的信息和知识，一方面增加知识型员工的知识，另一方面加强员工之间、员工与管理者之间的交流。营造一个自由、宽松、便于沟通和信息共享的环境，使知识型员工能产生被尊重、被信任的感觉，努力形成和谐的人际关系，增强企业凝聚力。同时，企业还

应关爱员工的个人生活及其家庭，利用感情投入来提高员工对企业的忠诚度，以此来减少知识型员工的流失。

知识型员工是家族企业可持续发展、做大做强的最宝贵的资源，他们作为知识的载体大多拥有知识、经验、技能、创造性、敬业勤奋精神等，对家族企业的生存和发展起着至关重要的作用，是使家族企业保持和提高竞争力的动力，所以家族企业应针对知识型员工的特点及其需求积极采取有效的对策调动他们的工作积极性，强化他们对企业的责任感和归属感，真正做到培养人才、珍惜人才、留住人才，让他们为企业的发展做出宝贵贡献，确保企业的可持续发展。

第 43 章　增强家族企业的凝聚力

对于家族企业来说，只有排除家族企业发展的障碍，增强家族企业的凝聚力，才能使家族企业长足发展。家族企业大发展，不仅能促进国民经济的发展，还能提供更多的就业岗位，使就业体系多元化，满足人们的就业需要，维护社会的安定和发展。因此，我们也期望中国的家族企业能够做大做强。

43.1　家族企业发展的障碍

43.1.1　经营障碍

家族企业的成功，往往是因为选择了一个快速发展的产业，再加上家族成员的同心协力，因而遇事都能快上半拍，抓住了机遇，形成了优势，累积了财富，这可谓创业成功。但打下天下后需过三关："分金银，论荣辱，排座次。"原先创业的家族成员很容易产生惰性，从遇事快半拍变为凡事慢半拍，于是员工有样学样，产品质量问题增加，客户抱怨投诉得不到快速处理，公司的经营危机便开始产生了。

43.1.2　战略障碍

由于外部环境的变迁，创业初期帮助家族兴起的主业，已经由原来日进斗金的现金牛变为需要投入大量现金的瘦狗，甚至成为导致公司亏损的主因。因为战略上不能及时调整而导致家族企业困难重重的也不乏其例。报喜鸟集团董事长吴志泽在谈到他们舍弃家族模式而走向联合经营时说，当时家族经营的效益虽然不错，但已面临着一个行业危机。服装行业到了供大于求的局面，开始从数量竞争发展到质量竞争。到 20 世纪 90 年代中期，品牌竞争开始兴起。他们意识到一个企业如果没有一个好的品牌，根本无法发展，生存也会很困难，而做品牌则需要实力，需要更多优势的组合，因此迫使企业进行战略调整。

43.1.3　机制障碍

随着家族企业的成长，其内部会形成各类利益集团，由于夹杂复杂的感情关系，领导者在处理利益关系时会处于更复杂，甚至是两难的境地。家族内成员可能以私人情感提出不合理的要求，以保障自己的既得利益，或者帮助利益相关者获取更多利益。此时家族企业的领导者是否能处理好私人情感与企业利益间的关系，确实是一个巨大的挑战。因此，从这一点上看，董事会、监事会制度必须建立并且要名副其实，真正能按照现代企业制度运作，对“当家人”及其家族成员有一个约束机制。否则，家族企业越往大发展，隐患和危机越多，道路越走越窄。曾有人预测：家族企业迟早要消失。或许正是为了不让这个预言成为现实，国内家族企业的创业者们不约而同地选择上市，主动寻求良性生存和永续发展。

43.2　家族企业的基本特点

43.2.1　生来就要当领导

家族企业的继承人生下来就要当领导，他们从小就在生意场耳濡目染，往往怀有超越上一代的雄心，非其他环境中成长起来的同龄人可比。

43.2.2　快速决策

商海瞬息万变，在需要作出决策的时刻，由紧密团结的家庭成员控制的企业要比其他企业反应快得多。

43.2.3　员工忠诚

家族企业通常乐于出钱照看员工子女，同员工分享利润，遇到经济低谷时，他们尽量不解雇员工。家族企业把员工看成是长期的资源，秉着尊重员工、培养忠诚的理念。

43.2.4　再投资谨慎

无论是地域扩张、产品研发还是开拓新市场，家族企业对于大笔资金的投入都会慎重考虑，对他们来说，保持财富的办法就是谨慎守业。

43.2.5　对企业高度负责

家族企业的管理者由于认为企业是自己的，因此对企业的运作高度负责，责任心很强。这主要是“自己的钱自己爱惜”。

43.3　增强家族企业凝聚力的对策

43.3.1　重视人力资源开发

家族企业凝聚力的增强，必须注重人力资源的开发与利用，做到科学配置、人尽其能。人才是任何形式企业的核心竞争力，没有人才，或不重视人才的培养与利用，这样的企业迟早会面临破产。

43.3.2　可持续增加收入

人是经济性动物。因而，在人才流动过程中，经济因素占有很大比重。收入的多少，不仅仅体现为物化的东西，更重要的是对个人价值某种程度上的肯定，从而实现员工自我满足感。纯粹的高收入也许能暂时吸引人才，却未必能长久留住人才，关键还得看收入分配过程中的公正性、合理性和激励性。例如，有两家企业，A 企业不分职位、工种，月薪统一定为 3000，而 B 企业则按员工个人能力及所做贡献的大小，将收入划分为若干档次，虽然最高者月薪不到 2500，但从实现自我价值角度考虑，B 企业比 A 企业更具有竞争优势，也更能获得有才干者的青睐。因此，笔者的第一个观点：拉开收入档次，用量化的经济指标来衡量员工不同的能力和价值，在企业内部建立能力优先机制。

在工资分配中，我们还应防止收入硬化，即一成不变的工资制度。应该按工作年限实行年薪递增制，让员工切实感到资历的增长和个人利益息息相关。有个寓言说的是猴子朝三暮四的故事。总量对猴子来说并没有变化，但朝四暮三，群猴愤怒，朝三暮四，皆大欢喜。将这种理论移植到工资分配中，必将产生极大的激励作用。有时量的增长确实能对员工心理造成泡沫式满足。

43.3.3　提高工作满意度

工作满意度，即员工对工作的满意程度。如何提高工作满意度，是人事管理工作中经常接触到的问题。

(1) 为员工创造一个优美、安静的工作环境。舒适的工作环境不仅能提高员工工作效率，还能树立公司自身形象，激发员工的自豪感。恶劣的工作环境会使员工感觉差人一等，产生自卑情绪，从而严重挫伤工作积极性。

(2) 在条件许可的情况下，尽可能提供通勤车服务，既为员工上下班提供方便，也以切实行动表明公司对员工的关心。同时，载有公司名称和标志的班车在大街上穿行，本身就是一种广告效应。

(3) 在公司内形成尊重员工劳动的气氛，尤其是领导者，不能轻易否定员工的劳动成果。须知，培养员工积极性就好比堆雪人，要毁了它，一盆水足矣，但要恢复过来，可就不是一日之功了。

(4) 建立员工建议制度。完善的员工建议制度十分重要，当建议得到重视时，员工能获得极大的满足感，进而提高工作积极性和工作满意度。美国柯达公司在这方面可以说是卓有成效，他们从总经理到基层管理人员都对建议制度相当重视，并在各部门设立专门的建议办公室。该公司总经理乔治伊斯曼甚至认为：一个公司的成败与职工能否提出建设性意见有很大关系。

(5) 实行员工参与制度。在现代社会，人们都希望了解所属环境发生的一切事情。根据马斯洛的需求层次理论，人有安全和自我实现需求。如果让员工及时了解组织运行状况，鼓励他们积极参与管理，以满足其自我价值的实现，必能增强员工责任感，提高员工士气。

(6) 工作合理化和工作丰富化。所谓工作合理化，就是通过科学测量，确定合理的工作负荷和工艺流程，避免员工因负担过重或过于轻松而失去对工作的兴趣；工作丰富化就是在单调的工作中增加一点情趣，激发员工的积极性和责任感，如美化工作名称、适当增加决策性内容、具有相同工作特征的职位进行定期轮换等。

43.3.4　增强内部亲和力

增强亲和力，实质上就是将管理的触须延伸到员工的私人领域，通过人际关系的交往来增强凝聚力。

(1) 创办内部报刊，为员工提供一个发表意见、交流心声的园地。在企业设计中，最重要的应是 MI，即企业理念设计，而内部报刊就是进行 MI 设计最佳的载体。

(2) 在员工生日送上一束鲜花或给予其他物质的、精神的祝福，会让员工深切感受到公司大家庭般的温暖融和之情。这比空洞的说教更具震撼力。如果公司规模不大，生日聚会将更使员工终生难忘。

(3) 实行定期交流制度，让领导和员工共聚一堂，总结过去的经验，规划未来的发展。如果公司规模大，则可以让员工在公司统一安排的前提下自由组合，轮流参加公司各种会议。之所以提倡自由组合，就是考虑到企业内部可能有非正式组织存在，让有共同语言的员工一起参加，可以消除他们的心理负担，从而将自己真实的想法都坦诚地说出来，使公司领导能真实地把握员工的心理动向，从而寻找管理上的差距，强化对员工的教育与管理。

(4) 尽量丰富员工的业余生活，有计划地举办一些活动，如歌咏比赛、电影包场、参观等。关于参观，美国罗杰米的做法值得借鉴。他认为派出 150 名员工而不是 2～3 名代表，花上整整 10 天时间去参观某行业展览，既能有效地提高员工的整体素质，又能增强员工的亲和力。

43.3.5　关注员工保障心理

为员工提供充实的生活保障，增强员工保障心理，对于增强公司凝聚力起着强大的基础性作用。

(1) 为员工购买医疗和养老保险。社会保险的作用就在于解除员工后顾之忧，积极投身于自己所从事的工作。

(2) 提供住房补贴或按通行做法提供无息住房贷款。在现代人的观念中，住房占有相当大的比重。解决了住房问题，就等于卸去员工身上的一大包袱，从而能更安心于工作，打消员工跳槽的念头。

(3) 建立退休制度。许多人认为在家族企业干活，老板说了算，工作没有保障。建立退休制度，在员工年老体衰或因能力欠缺不能胜任时，根据员工服务年限和职位给予一定的退休费，将会从一定程度上安定员工的情绪，改变员工的观念，从而更舒心地投身于工作。

(4) 建立工资基金制度。国有企事业单位建立工资基金，是为了有利于监控，而家族企业建立工资基金，目的还在于消除员工不稳定心理。如果拖欠员工的工资，这样的企业不利于留住人才。

(5)完善休假制度。休假在员工生活中也是一项很重要的内容。在休假制度中，不仅应包括国家法定节假日，还应根据公司实际和员工服务年限给予相应的休假待遇，如工作满两年者，可以带薪休假半个月等。休假和工作的关系，是为文武之道，一张一弛，二者皆不可偏废。

(6)解决员工档案问题。在中国特定的政治、经济环境下，档案还严重地制约着人才在完全意义上的自由流动。建立档案制度，在中国这样一个特定环境下，是我们留住人才的一个捷径。可以在人才交流中心设立专户，将员工的档案全部调转过来，由公司统一支付档案管理费，统一管理，既解除了流动人才心理上的档案情结，又有利于公司对员工的统一管理。

43.3.6　提供个人“表演”的舞台

一个公司如果能给员工提供充分的发展空间，使员工的个人能力和素质随着公司的发展而成长，这个公司与员工的相互认同感越高，凝聚力就越强。个人发展对公司而言就是能力的开发。现在有一种人才银行的观点，认为人才量的方面是硬银行，质的方面是软银行，人力资源开发就是要让公司软银行方面不断增值。

(1)鼓励员工参加继续教育，尽可能获得各类证书，并对成绩优良者给予一定的奖励，如增加考核分、报销学费等。

(2)建立统一的培训基地，各地分公司可按照总部安排分期分批派员参训。集体参训，既降低了培训成本，又有利于各分公司之间的交流。

(3)鼓励员工向更高层次发展，对作出突出贡献的员工，公司不仅不应刁难，还应给予一定的奖励。

在初始阶段，这些举措也许会导致部分优秀员工流失，但必将吸引更多、更好的员工加入我们的行列。对于公司发展，我们应着眼于长期规划，而不能拘泥于短期利益。

43.3.7　严格人事、制度管理

在人事管理领域，考核是最具基础性的工作，其他人事管理，诸如薪资分配、奖励、调配、晋升、培训等，都得经由考核得出科学的结论再对照实行，因此要增强员工的凝聚力，必须建立一套科学、公正的人事考核制度。家族企业的考核往往带有浓厚的个人色彩，考核程序简单化，考核方法独裁化，考核要素随意化，考核结果自然失真，甚至出现较大的偏差。然而，制度性的人事考核将根据员工不同的职位标准进行差别考核，既保证考核标准的统一性，又考虑到考核对象的差异性。由于考核相对公平，员工对自己所处的位置和享受的待遇产生的抱怨最小化，自然能有效地消除内部摩擦，增强员工的凝聚力。

(1)各级管理人员必须向其直属员工明确分派工作任务，不得含糊。个别员工的绩效低下，员工将被降级；大部分员工的绩效低下，其主管将被降级。此原则可层层类推。

(2)各级管理人员必须向各自的直接领导汇报“将要如何开展工作”，以获得领导的信任与支持，未获得通过的管理人员将被其领导限期整改。比如，总经理必须向董事会述职，直到获得董事会的认可，方可继续下一年度的工作；中层管理人员必须向总经理

述职。述职报告必须整理出书面文件，总经理和董事会各保存一份副本。未获通过的管理人员可以向更高层的相关管理人员提出异议(申诉)，同时提供书面的述职报告和异议理由。

(3)各级员工特别是高层人员不得过分强调个性，优秀的管理团队要以理性为先，强化团队意识。

(4)管理人员必须加强自律，在企业管理甚至私人交往的各种场合，尽量回避可能招致非议的情景。

43.3.8　注重利益的分配

利益的分配要注重以下几个原则。

(1)稳定性原则：月收入比较稳定的职位，采用相对的低薪；月收入较高的职位，收入模式必须让员工有足够的想象空间即期望空间。

(2)利益平衡原则：关系的融洽与和睦是建立在利益平衡的基础之上的。

(3)奖勤罚懒原则：如果利益分配制度能把握好利益平衡原则，将出现“奖勤罚懒”现象。

(4)跟随行情原则：每年都有一些职员成为行业的佼佼者，只要稍加留意就可以得到这些消息。待遇如果偏低于行情，会导致员工离职率上升，不利于企业的稳定发展；偏高于行情，则会导致产生不必要的支出，不利于企业实现利益最大化。吸引人才和留住人才应是一套有利于人才表现与发展的管理机制。

(5)区别对待原则：在人力资源领域，经营型管理人员已经成为需要特殊对待的稀有资源。“人品”与“实际能力”俱佳的经营型管理人员需要特殊的对待。与其他类型人才的最主要区别在于其收入模式的独特性，如“年薪+期权”形式的收入模式。

第 44 章　家族企业可持续发展

改革开放以来，虽然家族企业发展的历史不长，但它已经成为中国经济的一个重要组成部分。虽然如此，但“规模小、长不大”，甚至手工作坊式的问题却一直困扰着家族企业的发展与壮大。有学者认为，中国传统的“肥水不流外人田”的家庭化管理心态是中国家族企业“长不大”的重要原因，并由此断言家族企业没有发展前景。但有资料显示，全球 65%～80%的私人企业是家族企业，而据美国的财富杂志统计，世界排列前 500 强的企业中，也有 40%的企业为家族所有，也就是说有近 200 家企业为家族企业。

很自然地我们会有这样的疑问：为什么有的家族企业能够做大做强而长盛不衰，而有的却只能勉强维持甚至是昙花一现？其中的缘由是多种多样的。但有一点是肯定的，即成功的家族企业的一个重要特点是他们普遍注重公司的管理与对员工的关心。以人为本的现代管理理念，应该是现代家族企业管理理念的首选。

44.1　家族企业的优劣分析

44.1.1　家族企业的概念

家族企业是指公司的创始人或者他们的后代仍在公司中担任重要职位，或者控制着相当大的公司股份，或指企业的资本和股份主要控制在一个家族之中，领导层的核心位置由同一家族成员出任。家族制企业的经营管理运作体系一般是通过血缘纽带维系，内部管理具有浓厚的家族式色彩。目前我国大多数民营企业是家族制企业，实行家族化管理模式。

44.1.2　家族企业的优势与劣势

家族企业的优势：①创业时期，凭借家族成员之间特有的血缘关系、类似血缘关系、亲缘关系和相关的社会网络资源，以较低的成本迅速集聚人才，全身心投入，团结奋斗，甚至可以不计报酬，能够在一个很短的时期内获得竞争优势，较快地完成原始资本的积累。②反应迅速。从家族整体利益来看，在通常情况下，利益的一致性使得各成员对外部环境的变化具有天然的敏感性，外部尤其是市场变化的信息能很快传递至企业的每位成员；同时，家长制的权威领导，能使得公司的决策速度达到最快：在执行上，由于内部信息沟通顺畅，成员之间容易达成共识，在政策贯彻和决定执行上较为顺畅；家族整体利益使得家族成员本身由于更高的诱因而努力工作，自然地帮助公司的价值趋向最大化。③心理契约成本低，可以帮助企业降低监控成本。家族成员彼此间的信任及了解的程度远高于其他非家族企业的成员，家族企业成员之间可能负担较低的心理契约成本。成员之间特有的血缘、亲缘关系，使家族企业具有强烈的凝聚力，加上心理契约成本较低，再加上经营权与所有权的合一，家族企业的总代理成本可能较非家族企业低。

作为首家上市的中国家族企业，“天通股份”及其创业者潘广通父子格外引人注目。在浙江海宁郭店镇，与潘氏父子同时起步的企业有 30 余家，但 10 几年后，只有天通成了气候——成了国内软磁行业最大的企业，号称“中国软磁王”，占据了国内同行业 35%的市场份额。同样在浙江，“柳市现象”引起了经济学家们浓厚的兴趣。正泰、德力西等企业在低压电器行业的崛起同样令人瞩目。家族企业在创业初期所具有的优势已得到了广泛的认同。深圳太太药业集团董事长朱保国的认识具有典型性：家族企业之所以能够长大和发展，是因为家族企业不会形成股东间的矛盾，因为特定的血缘关系，大家相互了解，不太容易引起纠纷，不像其他企业，股东之间动不动就闹起来了。正是由于这种特殊的优势，才使得相当一部分家族企业发展很快，甚至影响和控制了整个行业，如四川的希望集团。

家族企业的劣势：①难以得到最优秀的人才。企业要做大，要发展，需突破的一个重要瓶颈就是专业化和规范化，家族企业也不例外。吸引大量的专业人才进入公司的核心层是专业化和规范化的必由之路。单纯在家族成员中选择人才的结果，会使选择面变得越来越窄，可用的人越来越少。②家长制管理、作风独断。长期的家长制管理会使上层管理者变得自负，总觉得自己是最能干的，这恰恰排斥了社会上更优秀的人才的加盟。③排他主义思想难以避免。基于家族关系建立起来的内部信任，自然会对没有类似关系的员工产生不信任感。这就使得企业虽然深知自己的企业因缺乏人才而“长不大”，却又很难创建获得和留住人才的机制与环境。

的确，家族企业在创业初期，有它独到的地方：家族制在血缘、地缘、学缘关系上结成了强大的联盟，蕴含了共同的需求和利益，从而使得家族企业能够得以发展。其实，与普通企业相比，家族企业最大的优势在于管理成本方面。创业初期，如前所述，家族企业能以较低的成本迅速聚集人才，团结奋斗，甚至可以不计报酬，在很短的一个时期内获得竞争优势，较快地完成原始资本的积累。同时，家族整体利益的一致性，使得各成员对外部环境变化具有天然的敏感性，市场变化的信息能很快传递至企业的每位成员，而且在执行上成员之间更易达成共识。此外，家族成员的心理契约成本低，彼此间的信任及了解程度远高于其他非家族企业的成员，从而使家族企业具有很强的内在凝聚力。

虽然家族企业有这样的优势，但与其他形式的企业相比，家族企业也有其与生俱来的通病，即在用人上的任人唯亲。这一点，是许多家族企业之所以“长不大”或衰落的根本原因。

一个企业要做大、做强，关键是管理模式(体制)的选择与运用。在家族企业中，任人唯亲的问题不仅难以避免而且相当严重。这种“近亲繁殖”的后果，就是家族企业在用人方面选择面非常狭窄，可用的人范围很小。家长制的管理体制及创业初期的成功，使许多老板昏了头，自以为是，忘乎所以，而这恰恰又排斥了其他更优秀人才的加盟。另外，家族企业通过血缘关系建立起的信任，也会在自觉或不自觉中对其他员工产生不信任感。这种“排外性”的存在，一方面使企业缺乏人才，另一方面又缺少留住人才的机制与环境，家族企业便会在“近亲繁殖”这个怪圈中止步不前，甚至走向没落。典型的例子国外有王安电脑，国内有三株和爱多。因此，家族企业既是一种高效的工具，也可能成为失败的根源。

就国内的家族企业与国外的比较研究表明，无论从企业寿命还是从经营业绩方面来看，海外华人家族企业的状况都远远强于国内的家族企业。这主要是由中国文化与西方文化的不同而造成的。在中国人的心目中，“家”占据了相当重要的位置，家文化的影响是最大的，而海外华人受西方文化的长期影响，在家族企业的管理模式等方面形成了中西合璧的优势。一方面，为了企业的发展不惜以牺牲股权为代价走公众化之路；另一方面，又以“大家”的心态摒弃了中国传统中的“子承父业”的企业模式，而这种“外人”经理的企业，又恰恰维护了其家族利益。这一点对于正摸索走公众化之路的国内家族企业来说，无疑有积极的借鉴意义。对此，太太药业董事长朱保国坦言，如果下一代真有能力的话，还是希望他能继承自己的事业。但如果没有能力，他也不会眼看着把企业毁掉。言下之意，就是宁愿让“外人”统领，也不愿让没有能力的子孙管理企业。这应该是家族企业发展壮大的“秘密”所在。

44.2 家族企业可持续发展的应对措施

44.2.1 注重继承人的选拔与培养

成功的家族企业十分注重企业继承人的选拔和培养。李嘉诚为了培养孩子独立生存的能力和能够掌握现代科学技术，以便将来承担重任，将两个儿子都送到了美国留学深造。两个儿子的零用钱，都是他们在课余兼职，通过做杂工、侍应生挣来的。青出于蓝而胜于蓝。数年前便有人预言：当两位儿子独当一面之日，便是“李超人”退出“江湖”之时。李嘉诚两位儿子学成之后，很快在商界初露才华，果然，1998 年年初，身为香港长江实业主席兼董事长的李嘉诚便向新闻界宣布，自 1999 年 1 月 1 日起，他将卸任退休，由其长子李泽钜接任。

44.2.2 改革公司组建体制

改革组建体制，就是改变那种传统的家族世袭制，引入股份制。有人曾说：股份制是人类最伟大的发明之一，其对人类的贡献，不亚于蒸汽机。的确，股份制这种源于西方的现代企业资本组织形式，有利于所有权和经营权的分离，有利于提高企业和资本的运作效率。对于这一点，海外华人的管理经验是值得借鉴的。华人在海外经商，便于触摸世界经济的脉搏，他们很早就在企业中借鉴、采用或全面实行了股份制。这种股份制，虽然从个人所控股份来看，还是代代相传，但从更宽层面看，他们已经不仅仅是在为本家族劳作，而是在为天下人打工了。

44.2.3 “洋为中用”的管理模式

洋为中用的管理模式，就是借鉴国外先进的管理模式，结合中国的特色，创造出中西合璧的管理模式。海外华商为了家族企业蓬勃兴旺，除了采取措施培养好企业继承人、实行股份制以外，就是建立一种中西合璧的管理模式。新加坡学者林学胜对新加坡的家族企业做过深入研究。他认为，李光前家族的管理模式是华人经济现代化的范例。李光前家族企业管理模式内容丰富，其要点是：第一，在家族成员中，按其地位及作用，合理分配公司股权，免去了争夺家产的纠纷。第二，始终保持家族对企业的控股权，不会产生大权旁落的现象。第三，推行西方现代管理原则，把企业的所有权与管理权分离，形成一种法治价值取向的家族管理模式。当董事的家族股东只扮演决策者的角色，实际管理及执行则放手由专业经理人和下属负责。这些专业经理人和下属可以是家族成员，也可以是“外来人员”，尤其要重用有才华的“外人”，这可以达到“士为知己者死”的境地。

44.2.4 建立合理的内部事务管理机构

建立有效的财务制度和治理结构，把家族事务和企业经营活动区别开来。成功的家族企业会设置专门的机构来讨论与经营相关的家族事务，这些形式包括家族理事会、家族完全控制公司和家族股东会等。正是因为这些机构的存在，董事会成员能够从繁杂的家族事务中脱身，集中精力去考虑公司战略问题，考虑如何创造长期的股东价值。同样，当设置了家族理事会这样的机构后，企业就可以更容易根据“功能互补”的原则，选择在阅历、观念和能力上与家族董事会成员互补的董事会成员，而不是出于亲情或家族责任的考虑来选择董事会成员。当然，这种做法的前提是外部的董事会成员会努力为公司增加价值。在经济发达的国家，职业经理人体系比较完备，增加股东价值是经理人的一个基本责任，尤其是对那些有过公众公司背景的职业经理人来说更是这样。

44.2.5 注重“净现金流”的增长，而不仅仅是业务量的增长

沃伦·巴菲特在进行投资选择和评估时唯一的重要指标就是现金流，而不是销售额的增长。销售额的增长当然可以带来长期的业务增值，因为只有现金流增长，公司才有财力支付股东红利，才能保证股东权益增长。在测量现金流时，成功的家族企业使用的指标是“净现金流”，即销售额减去投资和红利，只有“净现金流”才能保证企业在开拓新业务、多元化发展，甚至是股份赎回等方面在财务上得到充分的支持。

44.2.6 确保股份适当的流动性

在私人公司中，股票的价值可能会在某一段时间内快速升值，但是股票持有者却很难认识到这点。因为他所持有的股份是不流通的，很难立刻找到合适的买家反映股票的真实价值，所以对股份价值的评估成为一个专业性很强的问题，这也导致了股东们对股票价值意见不统一，并由此引发冲突。如果股份一点都不能流通，股东就会有被套住的感觉，他们会要求更多的分红，但是太多的现金分红又消耗了业务发展所必需的资金，这又会反过来损害公司股份的长期价值。

一个解决的方案就是，制定一些规则，能够保证股东可以向公司或其他有意向的家族成员出售部分股份，以此来促使参与公司管理的和不参与公司管理的股东都更注重股份长期价值的增长。通常情况下，当设置了这样的条款后，很少有股东愿意出售他所持

有的股份。

44.2.7 建立透明的薪酬福利体系

股东们对公司管理的介入程度是不同的，他们之间的关系应建立在相互信任的基础上，但是这种信任是不牢靠的，不参与公司管理的股东很容易怀疑管理层的股东是不是为自己攫取了过多的利益。当管理层的股东享有公司的轿车、俱乐部会员资格和低息贷款（即便这些是其他非家族企业的高级经理们普遍享有的待遇）时，管理层之外的股东们就会觉得恼火。

由于近期商业丑闻频频被曝光，股东对管理人员的报酬过多抱怨很大，所以家族企业给予外部经理公平合理的报酬，就显得尤为重要。

通过保持行业一般的报酬水平可以打消非管理层的股东、银行、债权人和员工的非议和疑虑。会计师事务所和薪酬专家能够给你提供不同行业不同规模公司的经理人的薪资数据。将薪酬福利控制在行业内可接受的范围之内，并通过文件的形式向他人传达，能够保护自己免受流言的困扰。

44.2.8 采用现代的会计准则

当一个私人公司决定转变成公众公司时，通常会很吃惊地发现为了符合公众公司的标准，它的财务制度不得不做出许多调整。很明显，两套财务制度的同时存在是一种不合理的现象。年度审计和内部会计控制能够使公司得到股东更多的信任，同时也为制定决策提供了重要的依据。因此，聘请专业的遵守通用会计准则的会计师事务所来进行年度审计是明智的选择。

44.2.9 全球化的战略眼光

全球化是老生常谈，但的确越来越多的家族企业有这方面的现实需要。即使没有海外业务，也应该在制定战略时考虑到国外的因素，因为可能很快就有外国竞争者进入本属于你的国内市场。

全球化同时也意味着资本市场上的全球化。中国已经加入了 WTO，越来越多的中国企业增加了在国外的业务，随着这部分业务的成长，中国企业考虑的不仅仅是打开国外市场或是在国外建立生产基地，如何利用更广泛的国外资本也被提上了议事日程。

曾有人预测，家族企业迟早要消亡。或许正是为了不让这种预言成为现实，国内的家族企业纷纷走上了公众化之路，上市无疑是其中重要的一步。但正如家族企业的缔造者们的创业经历一样，家族企业公众化要做的工作还很多，要走的路还很长，甚至要走许多弯路。然而，为了更好地发展壮大家族企业，公众化乃是必由之路，公众化对于家族企业来说，更显得尤为迫切。

参 考 文 献

安鸿章. 2007. 企业人力资源管理师(三级). 北京:中国劳动社会保障出版社: 189-190.
安鸿章. 2007. 如何实现企业人力资源的合理配置. HR 管理专栏, (6): 40-42.
包庆华. 2006. 企业人力资源法律管理技巧. 北京: 中国纺织出版社.
包晓闻, 宋联可. 2001. 中国企业核心竞争力经典——企业文化. 北京:经济科学出版社.
保罗・S. 麦耶斯. 1998. 知识管理与组织设计. 蒋惠工, 等译. 珠海: 珠海出版社: 69.
彼得・德鲁克. 1999. 变动中的管理界. 王喜六, 等译. 上海: 上海译文出版社.
柴英. 2008. 如何进行有效的招聘.人口与经济, (4): 168.
陈爱华. 2003. 美国妇女就业问题研究与思考. 湖州妇女网, (6): 4.
陈放. 1999. 企业病诊断. 北京: 中国经济出版社.
陈丽华. 2002. 性别平等的劳动力市场政策分析. 中国福建省委党校学报, (10): 67.
陈民科. 2001. 提高面试效度的有效途径. 中国人才, (6): 51-52.
陈一君. 2007. 盐业企业文化建设初探. 中国井矿盐, 38(2): 5-8.
陈宇. 1998. 人力资源经济活动分析. 北京: 中国劳动出版社: 54.
崔玉玲, 吴谅谅. 2006. 人才招聘及其规避策略. 人才开发, (2):32.
崔凤垣. 2001. 关于我国妇女就业问题的思考. 人口与经济, (5): 35.
达人. 2001. 如何调动员工的集体优势. 公司用人 36 计. 北京: 企业管理出版社: 243-245.
戴维・K. 赫斯特. 1998. 危机与振兴——迎接组织变革的挑战. 王恩冕, 等译. 北京: 中国对外翻译出版公司.
戴志强. 2004. 如何培养知识型企业员工的忠诚度. 企业文化, 25: 33-35.
党文焰. 2006. 浅析盐业企业文化建设. 中国井矿盐, 37(6): 10-12.
邓红, 夏建华. 2005. 浅议盐业企业文化与人力资源管理机制构建. 中国井矿盐, (5): 47-48.
第五次全国人口普查公报, 北京: 中国统计出版社.
董志凯. 2006. 当代中国盐业产销的变迁. 中国经济史研究, (3), 11-19.
窦胜功, 卢纪华, 戴春风. 2005. 人力资源开发. 北京: 清华大学出版社: 204.
窦胜功, 卢纪华, 周玉良. 2008. 人力资源管理与开发(第 2 版). 北京: 清华大学出版社: 238.
杜洁. 2000. 女性注意与社会性别分析——社会性别在发展中的应用. 浙江学刊, (2): 95.
段万春. 2001. 组织行为学. 重庆: 重庆大学出版社.
樊睿萍. 2003. 培育和提升企业核心竞争力的途径.统计与咨询, 6: 40-41.
范宸瑞. 2010. 浅议合理的人力资源结构配置.甘肃科技, (3): 88.
范逢春. 2009. 管理心理学. 成都: 四川大学出版社.
范庆华. 2002. 探讨多于实践的人力资源配置. 人力资源开发与管理, (3): 20.
范言. 2007. 黄金组合—刚柔相济强弱结合的团队法则. 中国时代经济出版社: 136.
方振邦, 罗海元. 2011. 战略性绩效管理(第三版). 北京: 中国人民大学出版社: 8.
费娟洪. 2001. 提高妇女就业质量的根本是发展社会劳动生产力. 探索与争鸣, (3): 25.
弗朗西斯・赫瑞比. 2000. 管理知识员工. 郑晓明, 等译. 北京: 机械工业出版社: 19-27.
付亚和, 许玉林. 2009. 绩效考核与绩效管理(第二版). 北京: 电子工业出版社: 82.
傅永刚. 2000. 如何激励员工. 大连: 大连理工大学出版社: 45-50.
高惠. 2003. 全球化环境下我国人才资源市场化配置研究. 中国流通经济, (6): 25.
高晶. 2010. 企业在人员招聘中存在的问题及对策浅析. 决策探索(下半月), (03):49.

高香丽. 2007. 浅析如何加强盐业企业人力资源管理工作. 中国盐业协会, (5): 34-35.
高延, 张矢. 2002. 聚焦就业中的歧视现象. 职业, (7): 32-33.
管益沂. 2002. 企业核心竞争力. 中国财政经济出版社, 4: 49-51.
郭云馥, 陈宇欣. 2010. 中小企业员工管理激励机制探讨. 经营管理者, (7): 81.
国务院发展研究中心发展战略课题组. 2001. 21 世纪初的中国经济. 北京:人民出版社:72.
寒冰. 2005-03-09. 什么是和谐社会. 环球时报, 第 6 版
何兵, 沃尔・玛特. 2000-3-1. 成功的企业文化典范. 河北经济日报.
何操. 2002. 杰克・韦尔奇的企业文化观. 中国物流与采购, (6): 29-31.
何国玉. 2004. 人力资源管理案例集. 北京：中国人民大学出版社: 35.
何辉. 2007. 企业培训风险管理研究. 首都经济贸易大学博士学位论文.
贺炳红. 2006. 绩效沟通的“三重境界”. 人力资源, 9: 56-58.
洪英芳. 2003. 论新时期的人力资源开发. 科学新闻, (17): 10-11.
洪云涛. 2004. 论知识型员工的激励. 贵州师范大学硕士学位论文.
侯轶雯. 2007. 企业培训风险管理问题研究. 山西财经大学硕士学位论文.
胡红娟. 2002. 食品企业中人才的激励机制. 山西食品工业, (4): 41.
黄成. 2006. 东西方商业革命中的两淮盐业文化. 四川理工学院学报, 21(5): 1-3.
黄锋. 2000. 中国私营经济: 贡献与前景. 管理世界, (5): 41-48.
黄桂芳. 2008. 男女平等基本国策与两性和谐发展. http://www.hbycfl.com/onews.asp?id=168 [2008-03-25].
黄先勇. 2001. 面试考官要克服错误心理效应. 人才开发, 11: 37.
计淑玲，刘彦国，韩兴国. 2004. 企业招聘工作中存在的问题与对策. 石家庄经济学院学报, (1): 30.
加里・贝克尔. 1996. 歧视经济学. 蓝科正译. 台北: 正中书局: 78.
蒋春燕，赵曙明. 2001. 知识型员工流动的特点、原因与对策. 中国软科学, 2: 86-88.
金延平. 2006. 人员培训与开发. 大连: 东北财经大学出版社: 3.
金永红. 2007. 沃尔玛: 文化制胜的典范. 上海商业, (1): 49-52.
胡彩霄. 我国禁止就业歧视问题的法律思考. 2007. 河南财经政法大学学报, (4): 133-137.
阚言琨, 宋吉泉, 隋金雪. 2006. 如何改善企业的招聘面试. 商场现代化, (12): 38.
克林・盖尔西克. 1998. 家族企业的繁衍: 家庭企业的生命周期. 贺敏译. 北京: 经济日报出版社.
李宝元. 2001. 人力资本运营. 北京: 企业管理出版社, 9:416.
李宝元. 2005. 是什么阻碍了女性晋升. 人力资源高端访谈, (5): 52.
李保民. 2007. 企业员工培训风险管理研究. 山东大学硕士学位论文, (18): 17.
李红梅. 2005. 国有企业中人力资源配置的分析研究. 中国水运， 5(6): 130-132.
李珲. 2009. 好马也吃回头草离职管理最重要.人力资源管理, 6: 26.
李建刚. 2009. 人力资源开发方法浅析. 煤炭经济研究, (2): 78-79.
李建新, 赵瑞美. 1999. 性就业歧视与女性就业. 女研究论丛, (6): 79.
李瑾. 2003. 心学与管理. 苏州: 苏州大学出版社: 33-50.
李景森, 贾俊玲. 2005. 劳动法学. 北京: 北京大学出版社, (9):214.
李军, 蔺馨歆. 2010. 浅谈企业人力资源管理中的激励机制. 黑龙江对外经贸, (1): 96.
李军, 于咏华. 2003. 知识型员工流失风险管理. 山东社会科学, 3: 35-37.
李克春. 2008. 论企业的激励机制. 吉林地质, 45: 150-155.
李林. 2003. 商业银行经营管理人员资源优化配置问题探讨. 广东青年干部学院学报, (2):82-87.
李鹏. 2008. 中美知识型员工激励因素差异及其经济文化背景分析. 河南工程学院学报(社会科学版), 23: 29.
李三梅. 2005. 劳动力市场歧视行为分析. 合作经济与科技, (9): 25.
李霞. 2002. 谈职业女性的角色负担冲突及对策. 兵团工运, (7): 89-90.
李兴山, 刘潮. 2000. 西方管理理论的产生与发展. 北京:现代出版社.

李颖. 2006. 我国企业培训现状问题及对策研究. 天津大学硕士学位论文: 36.
李志, 薛艳. 2005. 我国知识型员工激励研究述评. 重庆大学学报, 2: 117-120.
林建珍. 2000. 21 世纪我国妇女就业问题思考. 中共福建省委党校学报, (6) : 27.
林民书. 2001. 核心竞争力是企业制胜之本. 财经科学, 3: 27-29.
林泽炎. 2003. 组织设计与人力资源战略管理. 广州: 广东经济出版社.
刘峰. 2007-8-28. 税率新政推动盐业技术进步. 消费日报, 第 2 版.
刘光明. 2001. 企业文化(第二版). 北京: 经济管理出版社.
刘光明. 2002. 中外企业文化案例. 北京: 经济管理出版社.
刘继同. 2003. 社区就业与社区福利. 北京: 社会科学文献出版社, 12: 188-189.
刘刘节, 萧鸣政. 2006. 企业面试中存在的常见问题及对策浅析. 人才资源开发, 12:25-27.
刘霓. 2001. 社会性别——西方女性主义的中心概念. 国外社会科学, (6) : 57.
刘宁. 2005. 劳动力市场歧视原因与对策分析. 改革与战略, (11) : 32.
刘培. 2010. 德鲁克公共行政目标管理研究. 湖南师范大学硕士学位论文: 21.
刘青山. 2004. 知识型员工流失原因初探. 经济论坛, 11： 82-83.
刘伟晶. 2008. 中国企业知识型员工激励机制构建研究. 中国商界， 23: 156.
刘炜. 2007. 企业内部冲突管理研究. 首都经济贸易大学博士学位论文.
刘卫民. 2006. 基于玛汉・坦姆仆理论探讨知识型员工的激励措施. 商场现代化, 4: 25.
刘新. 2010. 我国石油企业员工冲突问题探讨. 商业经济研究, (2): 81-83.
刘彦群. 2007. 罗城古盐镇旅游开发与新农村建设探析. 盐业史研究， (4): 47.
刘晔. 2005. 知识型员工流失的原因及对策. 人才开发, 6: 28-30.
刘志毅. 2010. BV 公司生产线员工绩效考核体系研究. 北京交通大学硕士学位论文: 51.
娄耀雄. 2004. 我国就业歧视的法理分析及对策. 北京邮电大学学报, (3):67.
卢江, 吕孟仁. 1998. 组织行为学. 北京: 中国商业出版社: 115-116.
鲁亚曦. 2001. 中国家族企业的背景与前景. 经济管理文摘, (12): 12.
陆红军. 1987. 人员测评与人事管理. 郑州: 河南人民出版社: 165-173.
陆珊珊. 2008. 浅论如何提高中小企业招聘效率. 人口与经济, (4):182.
路德珍. 1999. 女性人力资源优先开发与管理的战略思考. 中华女子学报, (3) : 221.
罗峰, 苗维亚. 2003. 现代管理中的团队战略. 管理科学文摘, 4: 62-64.
罗润东. 2002. 中国劳动力就业——从转轨经济到知识经济. 北京: 经济科学出版社: 53.
罗莎贝丝・M. 坎特. 2002. 世界级——地方企业如何逐鹿全球. 王成至译. 上海: 上海人民出版社.
马宝强，马宝军，朱永跃. 2010. 基于全程沟通视角的组织绩效计划管理研究. 科技管理研究, 12:118-120.
马克・布劳格. 1990. 经济学方法论. 黎明星, 等译. 北京: 北京大学出版社.
马江. 2004. 论知识型员工流失风险与控制. 经济师, 7: 122.
马克思. 1995. 马克思恩格斯选集 (第一卷). 北京: 人民出版社.
马向群. 2004. 管人心理学. 广州: 暨南大学出版社: 83.
麦彩萍. 2006. 浅论人力资源的配置与途径. http: //www.globrand. com/2006/29755. shtml[2006-04-07].
蒙娜德・波伏娃. 2004. 第二性. 陶铁柱译. 北京: 中国书籍出版社: 69.
孟鑫. 2002. 研究当前我国女性就业弱势问题的原因与对策. 理论前沿, (6): 31.
欧明臣. 2003. 自助餐式的员工福利——弹性福利制. 中国人力资源开发, (7): 25-27.
潘琦华. 2005. 企业员工激励的有效措施. 北京: 经济师, (5): 245.
彭聃龄. 2002. 普通心理学(修订版). 北京: 北京师范大学出版社: 331.
戚晓红. 2009. 浅谈企业员工激励. 苏盐科技, (3): 85.
齐少波. 2009. 中小企业员工激励问题与机制建立. 现代企业, (3): 46.
秦志华. 2000. 人力资源管理. 北京: 中国人民大学出版社.

冉晓丽，李慧. 2009. 浅谈人力资源管理中的激励理论. 人力资源开发, (6): 63.
娆先国，陈凌. 1999. 中国人力资源开发与就业压力分流. 学术周刊, (11): 14-19.
邵艳菊. 2007. 知识型员工组织忠诚度测评及相关问题研究. 兰州理工大学硕士学位论文.
宋光明. 2002. 企业文化. 北京：经济管理出版社.
宋涛. 2001. 中国人口问题报告. 北京：人口绿皮书: 36.
宋艳红. 2006. 浅谈企业员工福利设计的几个问题. 商业时代, (13): 24.
宋知程. 2004. 不晋则退. 北京：中国商业出版社: 66.
苏东水. 2001. 管理学. 上海：东方出版中心.
苏国勋. 2005. 社会理论的诸理论. 上海：华东师范大学出版社, 6: 386-387.
苏进和. 2007. 建立绩效管理体系优化人力资源配置. 人力资源, (5): 128-129.
孙建敏. 1999. 人力资源开发与管理卷. 北京：中国人民大学出版社: 8.
孙彤. 1991. 组织行为学. 北京：中国物资出版社: 190-193.
孙宗虎，李艳. 2009. 岗位绩效目标与考核实务手册. 北京：人民邮电出版社: 6.
汤飞. 2009. 现代企业如何实现人力资源的合理配置与管理. 今日苑, (1): 17.
田恩舜，杨雅清. 2004. 企业培训的风险及其防范策略. 中国人力资源开发, (8): 31-34.
田辉. 2007. 增进现代福利的激励性. 北京劳动保障职业学院学报, (2): 25-26.
田蕾. 2005. 人员配置——用对的人做对的事. 通信企业管理, (5): 112.
田新豹子. 2001. 新时期就业歧视及对策. 山西财经大学学报, (12): 23.
汪安佑，曾宝成. 2000. 人力资源管理理论. 长沙:中国国防科技大学出版社.
王春利，李大伟. 2001. 管理学基础. 北京：首都经济贸易大学出版社: 28.
王殿卫. 2008. 中小型企业人员如何合理配置. 环渤海经济瞭望, (7): 50-51.
王光甫，王筝. 2000. 企业战略管理. 北京：中国财政经济出版社.
王国庆，孙仪，杨生斌. 2010. 人力资源开发的内涵与外延界定. 人力资源管理, (2): 46-47.
王金铃. 2006. 中国妇女发展报告. 北京：社会科学文献出版社: 123.
王锦秀，黄红发. 2003. 现在企业人力资源配置及管理模式探讨. 江西社会科学, (12): 153-156.
王连娟，田旭. 2001. 我国家族企业产权制度变迁因素分析. 经济理论与经济管理, (12): 52-56.
王珉. 2002. 人力资源管理价值论. 昆明：云南社会科学出版社: 15.
王萍. 2008. 企业文化对员工激励的作用探讨. 中国市场, 16: 55.
王琪延. 2009. 企业人力资源管理. 北京：中国物价出版社: 26-30.
王胜刚. 2007. 整体优化劳动组合合理配置人力资源. 科技文汇, (2): 143.
王诗品. 2008-04-25. 天车：见证千年盐都. 自贡日报, 第 4 版.
王秀勤. 2009. 企业人力资源配置的目的和意义. 合作经济与科技报, (12): 54-55.
王一江，孔繁敏，易纲，等. 1998. 现代企业中的人力资源管理. 上海：上海人民出版社.
王一江. 1994. 现代企业中的人力资源管理. 上海：上海人民出版社: 6.
王悦. 2002. 弹性工时制——人力资源配置的一剂良方. 农场经济管理, (3):44.
王志棠. 2001. 我国人力资源现状分析及开发与管理策略研究. 博锐管理在线.
魏杰. 2002. 企业制度安排——企业存亡诊断书. 北京：中国发展出版社.
魏祥适，杨永杰. 2008. 人力资源管理. 北京：化学工业出版社: 10.
魏晓彤. 2006. 企业培训风险的分析与预测.科技进步与对策. (1): 105-107.
吴红梅. 2004. 组织支持：解决知识员工冲突的良方. 人才开发, (12): 25-27.
吴晓波. 2001. 大败局. 杭州：浙江人民出版社.
吴勇男. 2003. 制约我国民营企业发展的路径依赖效应. 中南财经政法大学学报, (3): 70-73.
肖兴政，陈正. 2008. 对人力资源配置中性别差异的几个问题分析. 职业时空, (6):22.
肖兴政，彭礼坤，陈正. 2008. 影响人力资源配置中的性别差异原因及对策.管理科学文摘, (4): 221-223.
肖兴政，石莉莉. 2008. 对人力资源性别合理配置的思考. 经济理论研究, (2): 30-31.

肖兴政. 2005. 家族企业可持续发展的思考. 生态经济, 11: 71.
小鱼儿. 2004. 浅议盐业集团人力资源管理. http: //74314021024sj. com[2004-05-13].
谢斌. 2005. 论就业中的性别歧视. 前沿, (7): 63.
谢冰. 2003-09-18. 再就业工程与人力资源开发. 湖北日报理论周刊.
谢晋宇. 2005. 人力资源开发概论. 北京: 清华大学出版社: 136.
谢康. 2001. 企业激励机制与绩效评估设计. 广州：中山大学出版社: 15.
徐汉明, 王敏. 2010. 生产型中小企业车间人员配置实证研究. 经济论坛, (11): 16.
徐君. 2002. 企业在人员招聘中存在的问题及对策. 价值工程, (3): 43.
徐明. 2000. 企业人力资源管理师. 北京：经济管理出版社: 18-19.
徐姝嘉. 2008. 如何采用股权激励制度. 合作经济与科技, 55: 25.
许小东, 孟晓斌. 2004. 工作压力应对与管理. 北京: 航空工业出版社: 109.
颜志华. 2006. 基于绩效管理流程的企业绩效沟通研究. 厦门大学硕士学位论文: 26.
杨东红, 谭玉杰, 尹志红. 2010. 企业人力资源配置影响因素分析. 江苏商论, (12): 194-195.
杨健. 2003. 中小企业如何有效激励员工. 现代管理科学, (4): 98.
杨静宗. 2004. 如何构建企业核心竞争力. 北京: 北京大学出版社: 172-181.
杨明刚. 2002. 微软在中国的市场策略. 中国广告, (1): 45-49.
杨文京. 2006. 中小型企业怎样有效开展招聘工作. 人才资源开发, (4):58.
姚先国, 谢嗣胜. 2004. 西方劳动力市场歧视理论综述. 中国海洋大学学报(社会科学版), (6): 149.
叶畅东. 2006. 基于员工的团队内冲突管理对其绩效影响研究. 同济大学硕士学位论文.
叶灵珍. 2006. 女性人力资源开发与经济可持续发展. 江西金融职工大学学报, (19): 32.
叶迎春, 聂锐, 戴昌亚. 2009. 浅析企业人力资源开发的利益相关者网络. 中国建材, (1): 107-108.
叶映. 2004. 我国知识型员工的流失风险及对策. 市场论坛, 8: 79-81.
伊兰伯格, 史密斯. 1999. 现代劳动经济学. 刘昕译. 北京: 中国人民大学出版社: 413.
尹华. 2004. 如何改进企业员工福利. 人力资源开发, (21): 101.
游旭平. 2003. 我国家族制企业发展的外部约束与制度创新. 商业经济与管理, (3): 27-30.
余凯成. 2003. 人力资源开发与管理. 上海: 上海交通大学出版社: 15.
虞炜, 阳鑫. 2007. 浅谈面试的信效度. 人才开发, 8: 47-48.
约翰・拉尔森. 2004. 管理圣经. 胡邓译. 北京: 企业管理出版社.
昝廷全. 2003. 制度的拓扑模型. 数量经济技术研究, (8): 102-104.
曾凡英. 2006. 盐文化研究论丛(第一辑). 成都: 四川出版集团巴蜀书社: 152.
詹姆斯・S. 特里斯曼. 2002. 风险管理与保险. 裴平译. 大连: 东北财经大学出版社: 23.
张必波. 2004. 浅析民营企业面向新世纪的可持续发展战略. 揭阳论丛, (3): 44-49.
张得夫, 王晓均. 2002. 心理测量与干部选拔. 南昌：江西未来出版社: 45-76.
张德. 2001. 人力资源开发与管理, 北京: 清华大学出版社, 10:59.
张紧跟. 2001. 浅谈西部大开发中的人力资源开发. 江西行政学院学报, 3 (3): 2-6.
张莉. 2006. 职业女性的工作——家庭冲突研究. 厦门大学硕士学位论文: 2.
张琳琳. 2009. 浅析人力资源开发. 合作经济与科技, (4): 44-45.
张墨英. 1995. 谈我国妇女的法律地位及实现状况. 青岛大学师范学院学报, (3):44.
张清华. 2003. 知识团队的管理新探. 管理观察, (5): 42-44.
张伟强. 2010. 美国企业人力资源管理模式特性分析. 劳动经济与人力资源管理, (4): 20-22.
张旖旎, 徐爽. 2007. 知识员工管理. 科学与管理, 4：65-101.
张营. 2009. 人力资源的优化配置及开发利用. 商场现代论, (5): 300.
张友谊, 王培芝. 2003. 管理心理学. 济南: 济南出版社：129-146.
章学军. 2002. 优化中小企业人力资源配置. 观察与思考, (6):46.
赵曼, 陈金明. 2007. 人力资源开发与管理 (第二版). 北京: 中国劳动社会保障出版社: 52.

赵曙明. 2002. 新经济时代的人力资源管理. 南京大学学报, 3: 33-35.
赵曙明. 2010. 国际企业: 人力资源管理. 南京: 南京大学出版社: 30-33.
赵燕平. 2007. 浅析企业文化的积极作用. 山西科技, (3):24.
赵扬，李坚强. 2007. 企业核心竞争力构成因素研究. 经济师, 12: 216-217.
赵友亮. 2005. 女性就业歧视的经济性分析. 山东科技大学学报, (3): 70.
郑刚. 2008. 从信息化走向知识管理. 吉林省教育学院学报, 31: 69.
郑绍廉. 2001. 现代企业人力资源开发与管理. 北京: 中国对外经济贸易出版社: 114.
郑晓兰. 2010. A 公司绩效管理体系研究. 西南交通大学硕士学位论文:29.
中共中央马克思恩格斯列宁斯大林著作编译局. 2002. 马克思恩格斯全集(第 3 卷). 北京: 人民出版社: 132.
中华人民共和国国务院新闻办公室. 2004.《中国的就业状况和政策》白皮书. http://weku.baidu.com/view/47681c5aa00652 acjc7ca85. Html.
钟长永, 黄健. 2002. 千年盐都. 成都: 四川人民出版社: 26.
周乐诗. 2005. 女性学教程. 北京: 时事出版社: 330-343.
周秋光. 2004. 文化是明天的经济. http: //bbs. VDC. com. cn/voewthread. php? tid=248718.
周三多. 2009. 管理学(第二版). 北京:高等教育出版社: 254.
朱小梅. 2004. 企业人才使用与管理中存在的问题及对策.经济师, (5): 65.
朱艳, 戴良铁. 2003. 就业歧视的比较研究. 经济问题探索, (12): 23.
J. 保罗·彼德, 杰里·C. 奥尔森. 2000. 消费者行为与营销战略. 徐瑾, 等译. 大连: 东北财经大学出版社.
Xiao X, Ran J, Deng H. 2009. Analyzing on Psychological Effects of HR Interviewer. London:CHOL: 161-163.

后　记

很早就有一个心愿，就是将多年来的研究成果结成集子出版，但由于长期忙于教学和管理工作，一直没有付诸实施。正好利用暑假这个时间，就下定决心来做这件事，在其他同志的帮助下，终于完成了这个心愿。加之在科学出版社的大力支持下，有这么一个机会把自己散见于各杂志的文章有机地结集起来，方便读者查阅，是一件益事，也算是对人力资源管理研究工作尽一点绵薄之力。

本书内容是笔者十多年来在人力资源管理领域的研究成果小集，因此把书名定为“人力资源管理集论”。本书内容分为七篇，每篇由若干章构成。每章虽自成体系，但又相互联系，形成各篇的内容体系。由于社会发展的原因，文中某些观点在今天看来可能有些局限性，请读者注意甄别，但每篇文章都具有针对性，都是在调查研究的基础上写成的。

在编撰过程中，笔者参考、借鉴、吸收了前人的一些研究成果，虽然在文后列出了参考文献，但不免挂一漏万，敬请谅解。同时，请读者对书中不当之处进行批评指正，以利改正完善。另外，我们在研究某些问题时，是以某公司为例来进行调查研究的，一些数据虽做了技术处理，但可能在某些内容上存在对公司情况的描述，如对公司存在问题的分析等，就此，希望相关公司不要“对号入座”，如有不当之处敬请谅解，研究者并没有恶意，只是用于研究，以利于公司更好地发展。

参加本书成书工作的还有：冉景亮、陈正、刘燕、王露梅、刘自山、刘文钦、石莉莉、郭维纳、刘国鑫、马黎、朱万、罗茜、阮丹等，在此一并表示衷心的感谢！

肖兴政

2016 年 7 月于盐都